Unterirdische Anlagen,
die es nicht geben dürfte

1. Auflage Dezember 2021

Satz und Layout: Martina Kimmerle
Umschlaggestaltung: Arif Turhan

ISBN: 978-3-86445-859-0

Gerne senden wir Ihnen unser Verlagsverzeichnis
Kopp Verlag
Bertha-Benz-Straße 10
72108 Rottenburg
E-Mail: info@kopp-verlag.de
Tel.: (0 74 72) 98 06-10
Fax: (0 74 72) 98 06-11

Unser Buchprogramm finden Sie auch im Internet unter:
www.kopp-verlag.de

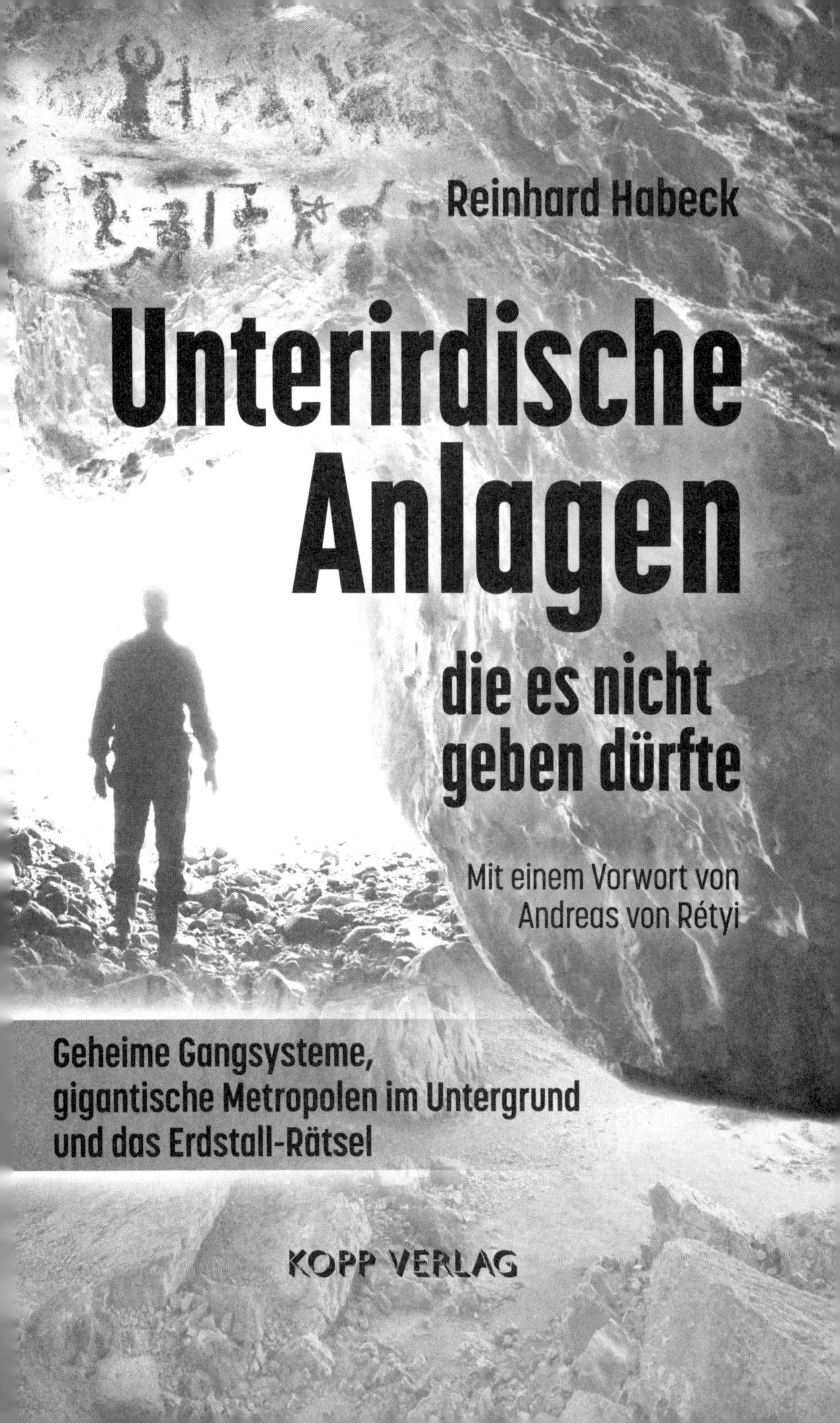

Reinhard Habeck

Unterirdische Anlagen

die es nicht geben dürfte

Mit einem Vorwort von Andreas von Rétyi

Geheime Gangsysteme, gigantische Metropolen im Untergrund und das Erdstall-Rätsel

KOPP VERLAG

Inhalt

In Memoriam

meinem Freund und Förderer

Wolfgang Schmidt

(1963–2020)

der zeitlebens der Faszination des Unfassbaren folgte
und mit der Gründung des Galileo-Parks einen einzigartigen
Ort des Staunens und Wunderns realisierte.

Andreas von Rétyi

Zum Geleit

»Was man heute als
Science-Fiction beginnt, wird man
morgen vielleicht als Reportage
zu Ende schreiben müssen.«

Norman Mailer
(1923–2007)
amerikanischer Schriftsteller

Würde mich heute jemand fragen, welcher Autor auf ganz besondere Weise wirklich überirdisch, außerirdisch und unterirdisch zugleich ist, würde mir momentan wohl nur ein Name einfallen – der meines guten und hochgeschätzten Freundes und Kollegen Reinhard Habeck. Denn kaum ein anderer hat sich in den letzten Jahren so unermüdlich durch den Dschungel überirdischer Phänomene, außerirdischer Rätsel und unterirdischer Reiche gekämpft wie er! Was er dabei ausgegraben hat, stellt die Welt auf den Kopf und althergebrachte Weltbilder infrage.

Es kostet schon eine Menge Energie, so tief zu graben und gleichzeitig auch noch gegen den Strom zu schwimmen. So etwas machen eigentlich nur Masochisten – oder Nonkonformisten. Eben Reinhard Habeck, der den Zugang zum geheimen Quell unendlicher Energie gefunden zu haben scheint. Anders kann man sich sein Tun und Nichtlassen kaum erklären.

Das bringt mich auf eine seltsame Geschichte aus Ägypten. Erzählt hat sie mir einst ein leitender Ägyptologe in der Nekropole von Sakkara. Dort entdeckten Forscher bereits vor langer Zeit eine geheimnisvolle Phiole, gefüllt mit undefinierbarer Flüssigkeit. Die Archäologen hatten das kleine Ding aus einem sehr tiefen Schacht ans Tageslicht befördert und rätselten fortan, worum es sich bei jener Essenz handeln könne. Allerdings war niemand in der Lage, die komplette chemische Zusammensetzung zu entschlüsseln. Eines Tages sei das Behältnis mit der mysteriösen Flüssigkeit dann urplötzlich verschwunden, unauffindbar. So blieb das Rätsel ungelöst. Ein Fläschchen Zaubertrank, verloren während der unvergesslichen Ägyptenmission zweier legendärer gallischer Helden? Wer mopste die Phiole? Etwa der humorvolle Schöpfer jenes in Perry-Rhodan- und Paläo-SETI-Kreisen gleichermaßen legendären galaktischen Eulenspiegels »Rüsselmops, der Außerirdische«? Denkbar wäre es – und eine Erklärung für so manches. Nur, sofern wir es hierbei nicht mit dem Grafen von Saint Germain höchstpersönlich zu tun haben, dürfte das Zeitschema nicht so ganz passen. Denn das Fläschchen verschwand bereits in den 1930er-Jahren …

Auch als Redaktionsleiter des populären *mystery*-Magazins, für das Reinhard Habeck schon seit 2007 tätig ist, greife ich immer wieder mit Freude auf das Habeck'sche Füllhorn zurück, das zuverlässig spannende Neuigkeiten aus aller Herren Länder in unseren geheimnisvollen Blätterwald gießt. Allein die Tatsache der permanenten Vielbeschäftigung meines umtriebigen Autorenfreundes sorgt zuweilen für schier unerträgliche Durststrecken, die unter anderem auch der Entstehung dieses außergewöhnlichen Buches geschuldet waren. Da gibt es dann bange Fragen in buchstäblich jenseitigen Mails – nämlich weit jenseits von Mitternacht: Klappt es für die nächste Ausgabe mit dem Beitrag? Ah, wieder ein neues Buch in Arbeit! Dilemma: Manuskriptabgabe vorvorgestern in einer Woche, Schnittstelle Hirn-Computer – Stau auf der Datenautobahn. Artikel? Ja, liebend gerne. Zeit? Null! Dieses 24-Stunden-Limit, eine unsinnige Erfindung! Artikel – wirklich?

Nein, das käme einem Mordanschlag gleich! Also durchhalten bis zur nächsten Ausgabe. Oder klonen …

Unser Planet steckt eben noch voller Rätsel, da geht die Arbeit nicht aus. Rund um den Globus liegen viele Geheimnisse allerdings in unterirdischen Welten, das belegt dieses Buch sehr anschaulich. Zahi A. Hawass, ehedem Generalsekretär der ägyptischen Altertümerverwaltung und wegen seines Egos auch »der letzte Pharao« genannt, erklärte mir einmal: »70 Prozent aller ägyptischen Altertümer ruhen noch unter dem Wüstensand.« Woher auch immer er das wusste, zu entdecken gibt es wahrlich genug.

Dabei tauchen ständig neue Rätsel auf, die so gar nicht in unser Weltbild passen wollen. Die meisten Menschen scheren sich nicht darum. Ob nun aus Desinteresse, wegen Vorurteilen oder Berührungsängsten. Es gibt viele Beweggründe, sich vor der Wahrheit zu verschließen. Was nun die Wahrheit ist, darüber lässt sich ohnehin ausgiebig streiten – mit dem ergebnislosen Resultat subjektiver Wahrheiten, auf denen wohl letztlich alle Menschen ihr individuelles Weltbild gründen. Was bleibt, sind jene kaum verlässlicheren Wahrheiten, wie sie uns über die altbekannten (Des-)Informationskanäle vermittelt werden.

Anachronistische archäologische Funde oder seltene Ereignisse, die nur wenige Menschen erleben, sind nicht minder wahr als das Alltägliche, das jedermann begegnet. Doch der durchschnittliche Zweibeiner tendiert dazu, all jene Artgenossen für Fantasten oder Fabulierer zu erklären, die Ungewöhnlicheres gesehen oder erlebt haben als er selbst. Das kann man zwar niemandem verdenken, trotzdem sollte doch kein Zweifler zum Dogmatiker werden, sondern Impulse als Chance wahrnehmen. Impulse, wie sie Autoren à la Habeck ständig geben.

Jeder nur einigermaßen offene Geist dürfte während seiner bioaktiven Verweildauer auf dem Planeten Erde eine Initialzündung erleben, ob nun durch ein aufrüttelndes Buch oder persönliches Erleben. Dann geraten plötzlich Weltbilder ins Wanken. In meinem persönlichen Fall ging das recht einfach – auch wenn ich es damals beinahe nicht überlebt hätte: Eine außerkörperliche Erfahrung in früher Kindheit lieferte den ersten Zündfunken für die Beschäftigung mit dem Ungewöhnlichen. Andere einschneidende Erlebnisse folgten, die mich auf eine ähnliche Spur brachten wie den Autor dieses bemerkenswerten Buches. Und nicht zuletzt liefert die Begegnung mit Reinhard Habeck selbst immer wieder neuen Zündstoff!

Stets auf der Jagd nach den verborgensten Geheimnissen unserer Welt, konnten ihn selbst die Restriktionen in Corona-Zeiten nicht aufhalten. Als Auslandsreisen plötzlich und unerwartet zu einem Ding der Unmöglichkeit wurden, musste es fortan zwangsläufig heißen: Warum in die Ferne schweifen? Sieh, das Geheimnisvolle liegt so nah!

Und es ist in der Tat unfassbar, was Reinhard Habeck in den vertrauten Breitengraden gefunden hat! Insofern hatten die allgemeinen Einschränkungen ausnahmsweise auch einmal etwas Gutes. Davon zeugt das vorliegende Buch! Manchmal führt eben der Zufall, manchmal die Notwendigkeit zu spannenden Entdeckungen. Und zuweilen beides. Nun aber wird es höchste Zeit, in das diesmal gänzlich unterirdische Universum meines lieben Freundes ein- oder besser abzutauchen!

Andreas von Rétyi

Coburg im September 2021

Prolog aus dem Untergrund

»Das Überirdische
lebt am stärksten unterirdisch.«

Sigbert Latzel
(*1931)
tschechischer Philosoph und Aphoristiker

Liebe Leserin! Lieber Leser!

Januar 2020. Da war nicht alles, aber doch vieles noch ganz normal. Mit meiner Partnerin Elvira kroch ich in Ägypten durch enge Pyramidenkorridore und dunkle Tempelkrypten. Das Land der Pharaonen war meine vorerst letzte Studienreise in die Ferne. Nur wenige Wochen später bescherte das Coronavirus der Weltbevölkerung gespenstische Lockdowns und anderweitigen Ärger. Eine bittere Erfahrung für freiheitsliebende Erdenbürger und reiselustige Schriftsteller.

Ich halte mich mit Jammern trotzdem zurück, denn: Als Autor ist man in Pandemiezeiten privilegiert. Sitzt man doch als Schreiberling ohnedies gerne in selbst auferlegter Quarantäne und arbeitet im stillen Kämmerlein an einem neuen Buchmanuskript. Abgesehen von der Liebsten sind meine einzigen Begleiter übersinnliche Phänomene, erstaunliche Entdeckungen und rätselhafte Relikte. Das sind die großen Themenkomplexe, die ich seit Jahren in meiner Sachbuchreihe über Dinge, die es nicht geben dürfte, präsentiere. Zuletzt folgte ich mit *Gräber, die es nicht geben dürfte* den Spuren geheimnisvoller Mumien und Grüfte. Wer das Buch gerne gelesen hat, wird auch an dem vorliegenden siebten Titel der Serie seine Freude haben. Indem es unterirdische Mysterien in den Fokus nimmt, schließt es thematisch an den Vorgängertitel an.

Doch woher kommen die wundersamen Geschichten, die ich in meinen Büchern thematisiere? Das werde ich von meiner treuen Leserschaft immer wieder gefragt. Die Antwort ist kein Geheimnis: Zeitungsartikel oder Online-News-Portale können ebenso meinen Forschergeist wecken, wie der Tipp eines Kollegen. Lockt das Thema, wird weiter recherchiert. Man stöbert in alten Archiven, studiert Publikationen und befragt Fachexperten und Zeitzeugen. Im Idealfall ermittelt man außer Haus weiter und verschafft sich am »Tatort« einen persönlichen Eindruck. Nicht selten ergeben sich erst vor Ort neue Erkenntnisse, die dem Fall eine unerwartete Wendung verleihen.

Doch die spannendsten Informationen kommen meist von Ihnen, liebe Leserinnen und Leser! Für dieses Vertrauen bin ich ewig dankbar. Nur dem Gleichgesinnten öffnet man Herz und Verstand. Beinahe täglich erreicht mich Post aus aller Welt. Aufmerksame Zeitgenossen stellen berechtigte Fragen zu meinen Büchern und den grenzwissenschaftlichen Rätseln dieser Welt. Sie versprühen Lob, tadeln mit gut gemeinter Kritik oder machen mich auf ungelöste Probleme aufmerksam, die jenseits aller Logik zum Nachdenken zwingen. Das betrifft bevorzugt archäologische Rätselfunde, für die es bis heute noch keine schlüssigen Erklärungen gibt.

Ab und zu sprechen mich Leute auch direkt an. So war es auch im Mai 2018 im Festsaal Zentrum Simmering in Wien. Damals stand ein Multimediavortrag des ungestümen Schweizer »Alienjägers« Erich von Däniken auf dem Programm. Im Foyer zum Vortragssaal tummelten sich Hunderte Gäste. Ein gut gelaunter Mann trat an mich heran und fragte: »Sie sind doch Herr Habeck?« »Ja, in voller Pracht!«, erwiderte ich keck. »Sehr gut! Mein Name ist Anton Fink aus der Steiermark. Ich bin Tiefbauingenieur und erforsche mit Freunden eines historischen Vereins unterirdische Anlagen in Kirchberg. Vielleicht wäre das ein Thema für Ihre Bücher?« Dabei drückte mir der Steirer seine Visitenkarte sowie Fotos der Geheimgänge in die Hand. Mit Dank versprach ich, mich bei passender Gelegenheit bei ihm zu melden. Schande über mein Haupt, aber es kam prompt so, wie es leicht geschehen kann: Kontaktdaten werden verlegt, interessante Mystery-Fälle landen »für später« im Archiv, und aktuell dringlichere Arbeiten überlagern angesammelte Notizen. Monate vergehen, manchmal Jahre, bis eine Wiederentdeckung gelingt. Dann, wenn der »kosmische Joker« mitspielt und den richtigen Zeitpunkt festmacht.

Als ich mit der Vorarbeit zu *Unterirdische Anlagen, die es nicht geben dürfte* begann, erinnerte ich mich wieder an den Fingerzeig aus der Steiermark. Seit Jahrhunderten wird in regionalen Sagen und Erzählungen von mysteriösen Erdlöchern und einem kilometerlangen, weitverzweigten unterirdischen Gangsystem berichtet. Im Mai 2021 folgte ich dieser vernachlässigten Fährte. Was ich vor Ort und im Untergrund gesehen und erlebt habe, hat mich nicht mehr losgelassen.

Covid-19 führte zu weltweit auferlegten Einschränkungen, die alle Reisevorhaben ins ferne Ausland boykottierten. Meine Recherchen haben sich deshalb auf heimische Gefilde konzentriert. Kein Grund zur Panik, denn Unglaubliches, Außergewöhnliches und Spannendes gibt es auch in vertrauter Nähe zu entdecken! Vieles an den aufgespürten Ungereimtheiten macht Wissenschaftler ratlos und nötigt zum Hinterfragen.

Ganz ähnlich verhält es sich mit den verblüffenden Funden auf und unter dem Gizeh-Plateau am Stadtrand von Kairo. Die jüngsten Pyramidenentdeckungen über verborgene Hohlräume, das ungelöste Geheimnis der »Felsenkammer« sowie unerforschte Schächte und Grotten belegen, dass die Rätsel rund um das Pharao Cheops zugeschriebene Bauwerk noch lange nicht gelöst sind. Warum aber erfährt die Öffentlichkeit kaum etwas über diese drängenden Sachverhalte? Es lohnt sich, den verborgenen Spuren zu folgen, Ungeklärtes zu dokumentieren und kühne Hypothesen auf ihren Wahrheitsgehalt zu überprüfen. Zudem ist es ein überaus komplexes Thema, das analog zu Steiermarks geheimer Unterwelt nicht auf wenigen Seiten befriedigend dargelegt werden kann. Mehr noch: Als ich mich in die Materie vertiefte, stieß ich auf überraschende Querverbindungen zu weiteren Rätseln.

Im dritten Themenkomplex folge ich unterirdischen Mysterien in nah und fern. Es gibt sie überall, in jedem Winkel der Erde lassen sich verborgene Unterwelten aufspüren. Insofern musste ich eine strenge Auslese treffen. Repräsentativ stelle ich in diesem Band meine persönlichen Highlights vor, die am vertrauten Weltbild rütteln und wissenschaftliche Nachforschungen herausfordern.

Die Spurensuche beginnt am Golf von Neapel und dem Tor zum Hades, führt zu den sardischen Totenstädten der Nuraghen und weiter zu Anatoliens unterirdischen Wohnsilos bis hin zum Kronberger Kellerlabyrinth mit seinen verborgenen Templerschätzen.

Wer auf sensationelle Enthüllungen über antarktische UFO-Basen, Aliens in der Area-51, Geheimlabore von Dr. Mabuse oder Beweise zur »Theorie der hohlen Erde« gehofft hatte, den muss ich enttäuschen. Mein Interesse galt vorrangig archäologischen Rätseln, die ich selbst in Augenschein nehmen konnte und die nicht wegzuleugnen sind. Bei der Interpretation der Funde gibt es freilich facettenreiche Erklärungsbemühungen der Fachwelt. Genau diese Unsicherheit macht das Thema und die Suche nach Wahrheiten so spannend. Nicht alle, aber die meisten vorgestellten Mysterien können von meiner treuen Leserschaft besichtigt und überprüft werden.

Wenn nun Kritiker argwöhnen, der neue Habeck sei »echt unterirdisch«, kann ich es ihnen wirklich nicht verübeln. Es stimmt, auf den folgenden Seiten geht es unter die Erde – vorrangig in meiner Heimat Österreich, aber auch in Ägypten und in Form von kurzweiligen Streifzügen anderswo. Vielleicht sind wertvolle Anregungen in

Wort und Bild für eigene Erkundungen dabei? Das wäre eine große Freude! In diesem Sinne wünsche ich Ihnen eine vergnügliche und spannende Lesereise ins verborgene Reich der Unterwelt!

Mit besten Wünschen aus der Gruft

Reinhard Habeck

Wien im September 2021

Teil 1

Steiermarks unbekannte Unterwelt

»Ob Sonnenschein,
ob Sterngefunkel:
Im Tunnel bleibt es
immer dunkel.«

Erich Kästner
(1899–1974)
deutscher Schriftsteller

Höhlenforscher
Dr. Heinrich Kusch
erkundet die
Frauenhöhle
bei St. Stefan
in Hofkirchen

Geheime Tunnel, der Urlas-Spuk und das Erdstall-Rätsel

Fenster in die Vergangenheit

Startklar fürs Unbekannte

Freitag, 14. Mai 2021: Von Wien aus geht es per Bahn ins südlich gelegene Leobersdorf. Hier treffe ich die Filmemacherin Dr. Johanna Pötsch und steige um ins bequeme »Taxi«. Wir steuern die Ortschaft Kirchberg an. Sie befindet sich am Oberlauf der Raab in günstiger Höhenlage inmitten des steirischen Vulkan- und Thermenlandes. Nur 40 Kilometer östlich von hier liegt die steirische Landeshauptstadt Graz. Nach 2-stündiger Fahrtzeit entlang der Südautobahn E59 erreichen wir unser Ziel. In Kirchberg erwartet uns bereits ein munteres Empfangskomitee aus Vertretern des »Historischen Vereins für das Kirchberger Ländchen«. Mein Informant, der Ingenieur Anton Fink, ist ebenso unter den Teilnehmern wie der Historiker und Obmann Prof. Dr. Johann Köhldorfer. Die derzeit rund 140 Vereinsmitglieder sind engagiert und redlich bemüht, die bewegte Geschichte ihrer Heimatregion bis zurück in prähistorische Zeiten fundiert aufzuarbeiten. »Was wir heute nicht aufzeichnen und festhalten«, mahnt die Kirchberger Forschergruppe, »wird morgen unwiederbringlich verloren sein!«

Genau diese Problemstellung verknüpft sich mit der Kirchberger Unterwelt. Wir wissen, dass das Gebiet von zahlreichen unterirdischen Gängen durchzogen ist wie ein Schweizer Käse. Es sind künstlich angelegte Höhlen, die irgendjemand irgendwann geschaffen hat. Es wird angenommen, dass die Gänge und Stollen aus verschiedenen Zeiten stammen und ebenso unterschiedlichen Zwecken dienten. Konkrete Schriftzeugnisse fehlen. In den letzten Jahren hat der Verein etliche Tunnel unter dem Vulkanland lokalisiert und zugänglich gemacht. Manche sind weiterhin verschüttet, andere wurden wegen akuter Einsturzgefahr wieder versiegelt. Einige Gangsysteme lassen an ihrem vermeintlichen Endpunkt erahnen, dass es dort noch weitergehen müsste. Aber wohin und wie weit?

Bevor wir den Abstieg in die Tiefe wagen, folgen wir der freundlichen Einladung des Kirchberger Bürgermeisters Helmut Ofner. Bei Hades und Pluto! Fast hätte ich es vergessen: Wir befinden uns ja noch mitten in der Coronapandemie! Im Gemeindezentrum herrscht strenge Pflicht zum Tragen einer FFP-2-Maske. Ich lasse meinen ersten »Nasenbohrer-Antigen-Schnelltest« über mich ergehen, werde als »sauber« akzeptiert und darf an der kulinarischen Lagebesprechung teilnehmen. Dabei legen wir fest: Unsere Exkursion soll mit dem Gangsystem Urlas beginnen, das rund 700 Meter südlich des Gemeindeamtes liegt.

Das Urlas-Vermächtnis

Entlang der Hauptstraße Kirchberg an der Raab erreichen wir den Urlaswald. Es ist ein Gelände mit auffälligen Einschnitten und erhöhten Plätzen. Johann Köhldorfer erinnert daran, dass »bei archäologischen Ausgrabungen festgestellt wurde, dass es sich bei diesen markanten Erhebungen um keltische Hügelgräber aus der Hallstattkultur handelt, die teilweise Jahrhunderte später in der Römerzeit überbaut wurden.«

Eingang in die Unterwelt von Kirchberg an der Raab

Das Areal liegt an einer markanten Stelle, dort, wo von der Landstraße rechtwinklig in Richtung Osten zur Raab der Stadlteichweg 1 abzweigt. Ein paar Meter dieses Weges entlangspaziert, und wir stehen vor der verschlossenen Eisentüre in den Untergrund. Dabei fällt etwas auf: Vom südöstlich gelegenen Nachbarort Berndorf führt ein Pfad namens Urlasweg direkt zum Eingang ins Tunnelsystem! Verlängert man die gedachte Linie nach Nordwesten weiter, landen wir in der Waldung Urlas mit den Hügelgräbern.

Urlaswald? Urlasweg? Urlas-Gang? Urlas ist ein kauziger Name. Davon hatte ich noch nie gehört. Aus der Kirchberger Chronik erfahren wir, dass Urlas der älteste urkundlich nachweisbare besiedelte Platz der Region ist. Ein gewisser Urleug, der anno 1135 Erwähnung findet, wird als Namensgeber angenommen. In der Tat besaß der Edelmann ein Grundstück in der Größe von drei »Königshuben«, das er als königliche Schenkung erhalten hatte. Diese Liegenschaft gilt als Ursprung für das nach ihm benannte Dorf Urlas. Es reichte weit über die heutige Gemeindegrenze von Kirchberg hinaus. Erstmals schriftlich bezeugt wird Urlas anno 1265 als »Urleugsdorf«. Die alten Flurbezeichnungen Urlasberg, Urlaswald und Urlas sind demnach verblasste Erinnerungen an den edlen Urleug, der um 1160 verstarb. Wo sich sein Edelsitz genau befand, weiß man nicht. Die Anhöhe im Urlaswald gilt als Favorit. Das wäre eben jener Platz, wo sich die vorzeitlichen Hügelgräber mit der unterirdischen Anlage befinden. (Siehe Abb. 1 im Farbbildteil)

Aus der Regionalchronik *Kirchberg im Wandel der Zeit* geht hervor, dass Urlas und Kirchberg lange Zeit annähernd gleich große Dörfer waren. Im 15. Jahrhundert wurde »Urlas der Herrschaft Kirchberg einverleibt und verödete«. Aus dieser Epoche, die auch mit schrecklichen Pestwellen verknüpft wird, werden die letzten Nennungen als »Urleugsdorf«, »Urleinsdorf« und »Urleinsperg« registriert. Gleichbedeutend mit dem verkürzten Namen Urlas? Wahrscheinlich. Folgt man allerdings der älteren Geschichtsschreibung, dann ist Urlas ebenso eine Bezeichnung für »Durchlass«. Das passt zur Tatsache, dass »durch den Urlasberg an der Stelle, wo heute die Gemeindestraße in das Raabtal führt, ein Durchstich erfolgte, der das Tiefernitzbachtal mit dem Raabtal verband«. Ein ehemaliger Schlupf *durch* den Urlasberg? Das kann als historischer Fingerzeig für die nun freigelegten unterirdischen Gänge verstanden werden.

Unergründlicher Urlas-Gang

Erste Erkundungen unter der Erde

Professor Köhldorfer greift in seine Manteltasche, holt einen Schlüssel hervor und öffnet uns das Tor in die Unterwelt. Ob der heutige Eingang die ursprüngliche Pforte ins Gangsystem war, ist ungewiss. Als gesichert gilt indes, dass jenes der Öffentlichkeit zugänglich gemachte Areal nur ein kleiner Abschnitt einer einst wesentlich größeren Anlage gewesen ist. Seitengänge östlich des Eingangsbereichs lassen das erahnen. Sie sind inzwischen verschüttet und nicht mehr begehbar. Ältere Kirchberger erzählen, dass sie als Kinder in diesen Gängen spielten, die damals geschätzt einige 100 Meter weit in den Berg hineinführten. Wegen akuter Einsturzgefahr wurden sie in den 1970er-Jahren geschlossen, bis Vertreter des Historischen Vereins ihre Freilegung und Erforschung beschlossen. Wie vernetzt und weitläufig die Kirchberger Unterwelt ist, bleibt vorerst Spekulation, da die Untersuchung und die Vermessung noch lange nicht abgeschlossen sind.

Was wir derzeit wissen, ist gut dokumentiert: Der Hauptgang führt über einen 10 Meter langen geschützten Stollen schräg hinab in die Tiefe. Etwa 5 Meter unter der Erde geht es auf etwa gleichbleibendem Bodenniveau weiter voran. Insgesamt misst der Hauptgang 28,2 Meter. Bisher sind sechs Seitengänge mit insgesamt 45,9 Metern freigelegt worden. Zwei davon verdienen unsere besondere Aufmerksamkeit: Der eine wird »Grabgang« genannt. Gleich nachdem man im Untergrund angekommen ist, zweigt er im exakt rechten Winkel nach links ab. Er misst 9,5 Meter und endet direkt unterhalb eines der Hügelgräber im Urlaswald. Zufall? Suchten irgendwann Grabräuber nach begehrten Schätzen? Oder war das Urlas-Gangsystem von Anfang an Bestandteil im Bauplan des darüber liegenden hallstattzeitlichen Hügelgräberfeldes? (Siehe Abb. 2 im Farbbildteil)

Temperaturanomalie

Gangsystem unterhalb eines Hügelgrabes im steirischen Kirchberg

Gleichermaßen seltsam ist der sogenannte »Krumme Gang«. Etwa 25 Meter vom Portal geht er 14,6 Meter in einem spitzen Winkel ab und verläuft in einer flachen Kurve weiter ins Berginnere. Am Ende der Krümmung, dort, wo der Gang ungefähr parallel zum Hauptgang weist, aber dann deutlicher nach Norden weiterführt, kann eine Anomalie festgestellt werden. Während in allen Gängen das ganze Jahr über eine konstante Temperatur von 8 Grad Celsius gemessen werden kann, wird es an dieser Stelle plötzlich um 2 Grad kälter! Es heißt, dass sich hier »bei sensitiven Besuchern immer wieder die Gesamtwahrnehmung deutlich verändert.« Ich habe das selbst überprüft. Herr meiner Sinne bin ich geblieben, aber der »Kälteschock« ist tatsächlich spür- und messbar. Was ich noch bemerke: Im gesamten Gangsystem herrscht frische Luft; das Atmen fällt überraschend leicht, viel angenehmer als an der Erdoberfläche. Eine radiästhetisch-geomantische Untersuchung des Phänomens wäre interessant, steht aber noch aus.

Zugang nur für Zwerge

Könnte es einen Zusammenhang mit der Querung eines tieferliegenden Tunnels am Ende des Hauptgangs geben? Man bedenke: Die Urlas-Gänge haben eine Höhe von 1,6 bis 2,7 und eine Breite von 2,4 bis 3 Metern. Anders beim Quergang, der von östlicher Richtung zum Hauptgang führt und dann schräg vis-à-vis in westliche Richtung weiterverläuft. Die auf Bodenniveau befindlichen Öffnungen beider Röhren haben einen Durchmesser von nicht einmal einem halben Meter. Ihr Inneres, das jeweils links und rechts vom Hauptgang wegführt, ist noch unerforscht. Das liegt wohl daran, dass in ihnen eine Fortbewegung nur kriechend möglich ist. Ich versuche es, komme aber nicht weit. Die bedrückende Enge und das Risiko, womöglich verschüttet zu werden, halten mich von weiteren Nachforschungen ab. Als ich mit der Taschenlampe ins Innere der Tunnel leuchte, kann ich ihr Ende nicht erkennen. Wer weiß, vielleicht führen sie zu einer unbekannten Kammer oder in einen größeren Bereich, der inzwischen eingebrochen ist?

»Bei der Überprüfung des Kanalsystems kommen spezielle Kameras zum Einsatz, die einen elektronischen Tiefblick über mögliche Schäden von Rohrleitungen erlauben«, erklärt Tiefbauexperte Anton Fink. Sein Tipp: »Der Einsatz eines solchen mobilen TV-Miniaturfahrzeuges wäre hier innerhalb der engen Röhren sinnvoll.« Der Verein will diese Idee aufgreifen und demnächst eine digitale

Inspektion realisieren, die mehr Licht ins Dunkel der noch unerforschten Gangbereiche bringen soll.

Skeptiker halten dagegen, die Röhren seien nichts weiter als tierische »Belüftungsanlagen«, die ein Dachs oder Fuchs gegraben hat. Tatsächlich gibt es im strittigen Schlussteil des Hauptgangs auch kleinere Löcher in Bodennähe, deren Durchmesser nicht mehr als 20 Zentimeter betragen. Nicht einmal ein Kleinkind könnte hier hineinkriechen. Es scheint plausibel, dass diese engen Höhlungen von Tieren verursacht worden sind. Bei den größeren Öffnungen, die röhrenartig tief ins Berginnere führen, überzeugt diese Annahme nicht wirklich. Was ebenso nicht recht zur »Tier-These« passen will: Es fehlen verräterische Spuren wie angehäuftes Aushubmaterial oder hinterlassene Fährten.

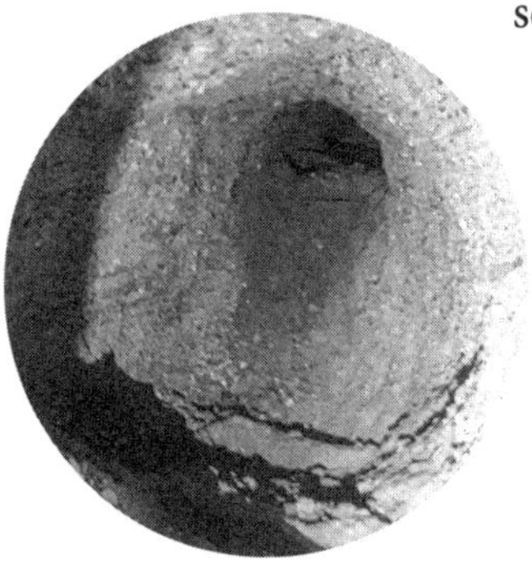

Unerforschte Röhren im Urlas-Gang von Kirchberg an der Raab

Licht für Urlas

Das große Rätsel bleibt die Frage nach dem Ursprung des Urlas-Gangsystems. Wer hat es geschaffen – wie, wann, weshalb und mit welchen Mitteln? Es gibt Nischen, die in Spitzbogenform herausgearbeitet worden sind. Ein bautechnisches Merkmal, das an Erdställe erinnert. Der seltsam anmutende Begriff »Erdstall« bezeichnet indes keine unterirdische Behausung für Tiere, sondern eine künstlich angelegte »Stätte unterhalb der Erde«. Erdställe wurden vor allem im nordöstlichen Alpenvorland zahlreich gefunden. Die Konstrukteure und die Funktion dieser künstlichen Labyrinthe sind genauso ungeklärt wie beim Urlas-Gang. Allerdings ist die Raumhöhe bei einem Erdstall meist deutlich geringer als 1,60 Meter. Ein Fortkommen kann nur in Bauchlage oder bestenfalls in gebückter Haltung erfolgen. Das Urlas-Gangsystem hingegen, so wie es sich uns heute präsentiert, erlaubt wesentlich mehr Bewegungsfreiheit.

An den Wänden fallen immer wieder kleine Mulden auf, die aus dem Sandstein herausgearbeitet worden sind. Dienten sie Beleuchtungszwecken? Waren in den Wandvertiefungen einst Öllämpchen oder Kerzen platziert? »Der Gebrauch von Öllämpchen kann in unserer Region vollkommen ausgeschlossen werden!«, stellt Prof. Dr. Köhldorfer klar. »Dazu gibt es nirgendwo Hinweise. Die Verwendung von Kerzen in früheren Zeiten ist aus Kostengründen ebenfalls sehr unwahrscheinlich.«

Doch wie könnten die Höhlen stattdessen beleuchtet worden sein? Der Historiker vermutet, dass »Kienspäne« als Lichtquelle gedient haben. Kien aus Harz und Holz gilt als älteste bekannte Grubenbeleuchtung in Mitteleuropa und ist bereits im bronze- und eisenzeitlichen Salzbergbau in Hallstatt nachgewiesen. Gegenüber einfachem Feuerholz hat Kienspan den Vorteil, dass er kontrolliert abbrennt. Allerdings spendet diese Methode nur für bestenfalls eine halbe Stunde Licht, was bei einem längeren Aufenthalt im Untergrund nicht sehr praktisch ist. Wie wurde das anderswo gelöst? Man denke etwa an die Krypten und Gräber der alten Ägypter, die oft mit prachtvollen Reliefs und bunten Wandmalereien ausgeschmückt sind. Mancherorts fehlt jede Spur von Ruß, was die Ägyptologen ratlos machte. Die Überlegung kreativer Altertumsforscher lautet: Vielleicht verwendeten die Erbauer unterirdischer Anlagen »nichtrußende Fackeln«, oder es kam ein raffiniertes Spiegelsystem zum Einsatz, bei dem Sonnenlicht in die tiefsten Winkel des Untergrunds gelenkt wurde.

Für Kirchbergs finstere Gangsysteme bleiben nicht viele Möglichkeiten: »Falls es eine andere Beleuchtung als Kienspäne gegeben haben sollte, was eigentlich auszuschließen ist, dann allenfalls Unschlittkerzen. Diese Kerzen aus tierischem Talg wurden auch zur Beleuchtung herrschaftlicher Wirtschaftsgebäude verwendet. Das aber war frühestens im 17. und 18. Jahrhundert der Fall. Diese

Kerzen haben derart stark gerußt, dass wir ungleich stärkere Rußablagerungen haben müssten als in den Gängen nachgewiesen. Daher ist diese Hypothese nicht wirklich überzeugend. Es bleiben nur die Kienspäne übrig!«

Wozu diente die Anlage?

An einigen Stellen sind im Gestein morsche Holzreste festzustellen. Ist es Wurzelwerk vom Urlaswald oder sind es Überbleibsel von Stützpfeilern, die in früheren Jahrhunderten der statischen Absicherung gedient haben? Eine Analyse zur Altersbestimmung sollte möglich sein, liegt aber noch nicht vor. Haben Bauern im 19. Jahrhundert das Höhlensystem angelegt, um Schotter abzubauen? Das wäre die banalste Erklärung für den Urlas-Gang und andere Bergstollen in der Region. Der Haken bei der »Schotter-Theorie«: Warum sollten die Menschen tiefe unterirdische Tunnel graben, um das Baumaterial dann mühsam, weil schräg nach oben, ans Tageslicht zu befördern? Logisch ist das nicht, denn das hätte man wesentlich einfacher haben können: Schon in vorigen Jahrhunderten sind durch Erosion an den Waldhängen Kirchbergs reichlich Schotterbänke freigelegt worden. Dieses Sediment an der Erdoberfläche abzugraben, wäre für Arbeiter wesentlich naheliegender und vor allem leichter gewesen.

Die streng geometrische Anordnung der Gänge und ihre topografische Ausrichtung zur höchsten Stelle des Ortes Kirchberg lässt einen anderen älteren Verwendungszweck vermuten. Hinzu kommt, dass niemand mit Bestimmtheit zu sagen vermag, wie die Gänge ursprünglich ausgesehen haben. Genauso wie die keltischen Hügelgräber im Urlaswald nachweislich in der Römerzeit überbaut worden sind, könnte das Gangsystem darunter von späteren Generationen umgestaltet worden sein. Ich halte es für wahrscheinlich, dass die originalen Wände und Decken erst in späteren Zeiten vergrößert worden sind und die Räume beispielsweise als Zufluchtsort oder für den Bergbau Verwendung fanden.

Die Hügelgräber im Urlaswald

Tunnel für die Toten?

Mit Dr. Köhldorfer betrete ich den Urlaswald, der nur wenige Schritte entfernt von jener Pforte beginnt, wo es hinab in die Unterwelt geht. Oder anders ausgedrückt: Teile des geheimnisvollen Urlas-Gangsystems liegen etliche Meter tief unterhalb des Gehölzes. Zahlreiche Legenden ranken sich um diesen Wald, der sich von den Niederungen des Raabtales hinauf zum Kirchberger Friedhof erstreckt. Es heißt, es sei das Besitztum des edlen Urleug gewesen. Angeblich soll sich irgendwo im Gehölz sogar das Grab von Attila dem Hunnenkönig aus dem 5. Jahrhundert verstecken. Tatsächlich erlebte die Oststeiermark zwei Schreckenszüge des Herrschers und seiner Kriegerschar. Bis heute weiß man nicht, wo Atilla beerdigt liegt. Ein Dutzend Orte in der Schweiz, in Deutschland, Österreich und Ungarn reklamieren Attilas letzte Ruhestätte für sich. Das Kirchberger Ländchen konkurriert mit ihnen.

In den Jahren 2005 und 2007 leitete Dr. Georg Tiefengraber archäologische Untersuchungen im Urlaswald. Dabei rekonstruierte er nahe zur Gemeindestraße insgesamt acht unterschiedlich große Hügelgräber. Ihre Durchmesser variieren heute zwischen 5–30 Metern und erreichen eine maximale Höhe von bis zu 8 Metern. Straßenbau, Planierungen, Begradigungen und ältere Grabungen haben das ursprünglich kuppelartige Erscheinungsbild mancher Erdaufschüttungen maßgeblich verändert. »Wie viele Gräber es anfänglich im Urlaswald und insgesamt in der Region Kirchberg gegeben hat, ist nicht genau bekannt, aber es waren bestimmt weit mehr als die heute lokalisierten«, sagt Johann Köhldorfer.

Eine Überraschung brachte die Untersuchung von »Hügel 5«. Er wurde in der römischen Kaiserzeit genau über einem rund 900 Jahre älteren Keltengrab errichtet und diente offenbar einer Familie als letzte Ruhestätte. An zwei Stellen innerhalb des Grabhügels konnten in unterschiedlicher Tiefe hitzegerötete Brandflächen festgestellt werden. Es sind jene Bereiche, in denen sich die Scheiterhaufen zur Verbrennung der Verstorbenen befanden. In der Aufschüttungsschicht wurden Bruchstücke von Tongefäßen, Trinkbechern, Töpfen und Dachziegeln gefunden. Originell: Eine Scherbe weist den Abdruck einer Hundepfote auf! Vermutet wird, dass die Relikte zu Totenopfern gehören oder Überreste eines Totenmahls sind, die abschließend ins Grab gelangten. Weitere Brandgräber werden innerhalb des künstlichen Erdkegels vermutet.

Könnte es eine bautechnische Beziehung zwischen Totenhügel und Urlas-Gangsystem geben? Johann Köhldorfer darauf angesprochen, will diese Möglichkeit nach derzeitigem Wissensstand nicht gänzlich ausschließen, aber »einen kausalen Zusammenhang können wir streng wissenschaftlich nicht herstellen«. Was dafür spricht, ist die räumliche und örtliche Nähe zueinander. Ob Plan oder bloße Zufälligkeit, können im besten Fall nur weitere Forschungen klären. (Siehe Abb. 5 im Farbbildteil)

Orientierung zum Kirchberger Gipfel

Die Urlas-Gänge waren nach ihrer Wiederentdeckung ohne Funde, aber ihr rechtwinkliger Grundriss ist charakteristisch und folgt einer strengen Geometrie. Bis auf den »Krummen Gang« führen alle Seitengänge links und rechts im 90-Grad-Winkel vom Hauptgang ab. Das bedeutet, die Tunnel sind nicht einfach wild in den Untergrund gegraben worden, sondern entsprechen einem beabsichtigten Konzept früher Vermessungsingenieure.

Was zudem beeindruckt: Verlängert man die Richtung des Hauptgangs mit dem darüber befindlichen Hügelgräberfeld in einer gedachten Linie nach Nordwesten, landen wir einen Kilometer weiter auf dem Gipfel von Kirchberg. Hier liegt der Ortskern mit dem nur 200 Meter weiter nordöstlich thronenden Kirchberger Schloss. Der markante Hügel mit dem Barockjuwel überragt das Tal um 70 Me-

Schloss Kirchberg anno 1681. Kupferstich von Georg M. Vischer. Unterirdische Tunnel sollen mit der Pfarrkirche verbunden gewesen sein. Heute existieren nur mehr Reste des Barockjuwels.

ter. Es ist naheliegend, dass man sich die günstige Höhenlage und ihre Schutzfunktion bereits vor Jahrtausenden zunutze gemacht hat. Die archäologische Spurensuche lässt vermuten, dass einst keltische Stämme wie die Noriker auf dem Kirchberg eine Siedlung besaßen.

Was könnten Archäologen alles finden, wenn sie rund um das Kirchberger Wahrzeichen mittels Bodenradar unbekannte Hohlräume lokalisieren und mit Baggern tiefe Löcher buddeln könnten? Eventuell wären die privaten Eigentümer über derart massive Eingriffe nicht sonderlich amüsiert, geschichtlich interessant wäre eine Untergrundinspektion aber allemal. Wir wissen aus historischen Quellen, dass das Schloss dem Kirchberger Feldmarschall Sigbert Graf Heister (1646–1718) gehörte. Er kaufte die Herrschaft Kirchberg für 60 000 Gulden und ließ 1704 den verfallenen Bau früherer Herren abreißen. An dessen Stelle ließ er durch italienische Baumeister das heutige Schloss mit zwei Seitenflügeln um einen Ehrenhof, vier Türmen, Basteien, Gärten und Teichen errichten. Heute ist von der ehemaligen Erhabenheit leider nur mehr der Mitteltrakt erhalten.

Ungeklärte und verschollene Schätze

Alles Kult – oder?

Von Abriss und Zerstörung blieben auch die ältesten Zeugnisse unserer Ahnen nicht verschont. Von der keltischen Hallstattzeit bis zu den Römern war die Beisetzung in Grabhügeln weitverbreitet, besonders in der Steiermark und im Südostalpenraum. Wenn heute Tumuli untersucht werden, dann lässt bereits ihre äußere Erhabenheit Rückschlüsse auf die Bedeutung der darin bestatteten Person zu. Wird eine Grabkammer gefunden, sollten die Votivbeigaben Auskünfte über den Verstorbenen geben können. Sollten. Doch nicht alles, was bisher aus hallstattzeitlichen »Fürstengräbern« geborgen wurde, wird von Archäologen in seiner ursächlichen Bedeutung verstanden. Das gilt besonders für Gegenstände, die mit Kult und Magie verknüpft werden. Warum wurden sie den Toten auf ihre Reise in die »Anderswelt« mitgegeben? Welche Weltanschauung, welche Religion verbirgt sich dahinter? Weshalb wurde den Ahnen geopfert? Welchen Göttern hat man gehuldigt?

Einige Beispiele für keltische Grabfunde mit Erklärungsbedarf: »Zeremonienstäbe« mit ungeklärter Funktion, Stierkopf-Gefäße für einen mutmaßlich »kultisch-magischen Umtrunk«, Gewandnadeln mit vieldeutiger geometrischer Symbolik aus der keltischen Mythologie oder Scheibenfibeln mit filigraner Zirkelornamentik, die an moderne Computerfraktale erinnern. Zu den rätselhaftesten Kultobjekten, die in den letzten 160 Jahren bei Ausgrabungen zutage gefördert wurden, gehören »Mondhörner« mit wiederkehrenden Mustern, Löchern und Kerben. Die Archäologie zerbricht sich den Kopf über Sinn und Zweck dieser Artefakte, die mal als »Feuerbock«, mal als »Schutzzeichen«, »Kopfstütze«, »Kultgeräte« oder »astro-geodätische Instrumente« gedeutet werden.

Ein dreibeiniges »Mondhorn«, das in einem Kirchberger Hügelgrab entdeckt wurde, hat der Historische Verein zu seinem Logo gemacht. Das originale Kultobjekt wird im Grazer Universalmuseum Joanneum aufbewahrt.

Hier kann auch eine weltweit einzigartige Grabbeigabe eines keltischen Adeligen aus dem 7. Jahrhundert v. Chr. bewundert werden: der 50 Zentimeter lange und 33 Zentimeter hohe (ohne Kesselaufsatz) bronzene »Kultwagen von Strettweg«. Dieses Meisterwerk eisenzeitlicher Handwerkskunst wurde 1851 in der Stadtgemeinde Judenburg beim Planieren eines Hügelgrabes entdeckt. Seit der Auffindung zerbrechen sich Gelehrte den Kopf über den Sinn und Zweck des Artefakts. Die Darstellung einer »rituellen Opferprozession« wird vermutet, aber die tatsächliche Funktion dieser und ähnlicher vierrädriger »Kesselwagen« ist bis heute unbekannt. Beim Strettweger Wagenmodell thront im Zentrum eine barbusige weibliche Figur, die mit erhobenen Händen die Schale für den »Kessel« hält. Egal, ob Hohepriesterin oder Göttin: Die Dargestellte muss eine hochverehrte Persönlichkeit gewesen sein. Sie ist umgeben von symmetrisch angeordneten Figuren: berittene Krieger, ein Mann und eine Frau, sowie geschlechtslose Gestalten, die einen Hirsch am Geweih fassen. Die Bodenplatte ist sternförmig durchbrochen. (Siehe Abb. 4 im Farbbildteil)

Welche Funktion hatten bizarre Kultobjekte wie das »Kirchberger Mondidol«?

Verlorenes Wissen

Ein vergleichbares Prunkstück aus Bronze soll bei der Abtragung eines Hügels nördlich von Schloss Kirchberg gefunden worden sein. Es gilt seit etwa 150 Jahren als verschollen. Niemand weiß, was alles vom Erbe unserer Urväter zerstört wurde, welche sagenhaften Wunderwerke aus dem Erdreich geborgen und welche Schätze längst verhökert worden sind. Aufzeichnungen aus dem ausklingenden 19. Jahrhundert wecken eine dunkle Ahnung. In der Kirchberger Pfarrchronik ist vermerkt:

> »Um 1820 standen auf dem Lebernfeld noch viele Kögel, als man nach und nach abgrub, wurden viele merkwürdige und kostbare Sachen ausgegraben [...] 1840 standen nur 3 Kogel und vom Jahr 1865 bis 1866 nur mehr ein einziger nennenswert; etliche bildeten nur mehr Erhöhungen auf dem Ackerfelde [...] Funde wurden bei der Abgrabung der Kogel sehr viele gemacht, was von denselben brauchbar, wurde verwendet und benutzt zum Beispiel Ziegel, Bausteine; ganze Geschirre, Eisen und Metallgeräte; mit Ziegel-Geschirrtrümmern und dgl. wurden die Wege beschottet; die Kostbarkeiten wurden ehestens verkauft, manches Stück davon etwa dem Bezirksgericht Kirchberg überlassen.«

Das Gelände liegt etwa 2 Kilometer südöstlich vom Urlaswald entfernt. Von der Hügelgräbergruppe sind nur mehr karge Reste vorhanden, darunter prähistorische Scherben, römerzeitliche Bruchstücke und verbrannte Knochen. Genauso schmerzlich wie andernorts in unserer Welt haben auch in Berndorf Plünderer, Schatzjäger und Flurbereiniger ganze Arbeit geleistet.

Wer hat Angst vorm »schwarzen Mann«?

Unheimlicher Schattenmann

In Reichweite der Kirchberger Totenhügel hält sich hartnäckig die Sage vom »schwarzen Mann«. Erzählungen über diese zwielichtige Spukgestalt sind im deutschsprachigen Sagenschatz weitverbreitet, aber wenig erforscht. Das Schattenwesen wird meist als große, düster anmutende Person mit Hut und Mantel beschrieben. Spezifische Gesichtsmerkmale sind nicht erkennbar – der Unbekannte ist einfach nur schwarz und erscheint gerne bei Dunkelheit und in der Dämmerung. Nicht nur, aber besonders Kinder berichten von unheimlichen Begegnungen mit diesem Phantom, das meist urplötzlich aus dem Nichts auftaucht und bald darauf ebenso blitzartig wieder verschwindet. In Kirchberg wird ab dem Jahre 1865 über dieses Phänomen berichtet. Die Erscheinungen treten entlang des Urlasweges auf, der in Berndorf beginnt und direkt zur unterirdischen Urlas-Anlage führt. Exakt in diesem Abschnitt mit dem Urlaswald und seinen Hügelgräbern, häufen sich die mysteriösen Vorkommnisse. »Bei diesem Hohlwege«, so heißt es in einem der frühesten Schilderungen, »geht des Nachts öfters ›der schwarze Mann‹ heraus und begleitet die Leute, die nach Kirchberg gehen, auf der Straße hinauf. Oben, wo der Wald zu Ende ist, verschwindet er.«

Ein Augenzeuge der seltsamen Vorgänge ist Anton Meixner, der als Gelehrter und Pfarrer bis 1903 in Kirchberg wirkte.

»Eines Nachmittags im Oktober 1900 musste ich von Kirchberg in Amtssache zu einem Hause nach Berndorf gehen und machte mich um 5 Uhr auf den Rückweg«, notiert Meixner in der Pfarrchronik. Und weiter: »Als ich schon in der halben Entfernung gegen Urlas war, sah ich ein Schulmädchen von etwa zwölf Jahren weinend daher laufen, das zwei

Pakete Spezereiwaren trug, die es in Kirchberg gekauft hatte. Hinter dem Kinde sah ich einen großen schwarzen Mann daher gehen, etwa 30 Schritte entfernt. Es war etwas neblig, so dass ich ihn nicht genau ausnehmen konnte; ich hatte auf ihn auch nicht geachtet. Ich fragte das Mädchen: ›Warum weinst du denn?‹ ›Da geht mir immer ein schwarzer Mann nach; ich fürchte mich vor ihm‹, gab es zur Antwort. Da sagte ich: ›Tue unterwegs immer etwas zum heiligen Schutzengel beten, wenn du ausgehen musst, dann wird dir nichts geschehen.‹ Ich fragte noch: ›Wem gehörst du?‹ und es sagte: ›Dem Johann Kien‹ (einem braven Bauern in Berndorf); damit entließ ich es. Indes hätte jener Mann längst zu uns kommen müssen, allein als ich aufschaute, war er weg. An der Straße sind nur Äcker und diese waren abgeleert, so dass man Jeden schon von weitem sehen musste; der Mann war nirgends zu sehen. Auf einem einzigen Acker in der Nähe standen noch schüttere dürre ›Mais-Stangen‹, die eine volle Durchsicht gestatteten; es war auch kein Mann sichtbar, als ich vorbeiging. Dass sich der Mann in der kurzen Zeit dahin geflüchtet und in eine Furche gelegt habe, ist nicht möglich gewesen. – Überhaupt ist mir auf dem Heimweg in dortiger Gegend gar kein Mensch begegnet.«

Was hat Pfarrer Meixner gesehen? Wer verfolgte das Mädchen? Spielte ihnen das Gehirn einen Streich, indem es nebulose Schatten mit Bildern und Formen aus dem Unterbewusstsein verglich, die dem Gedächtnis vertraut sind? In diesem Fall statt Wolkenfetzen, die an Gesichter oder Tiere erinnern, das Schattenbild eines schwarzen Mannes? Viele Beobachtungen, die dem Übersinnlichen zugeschrieben werden, finden als Aberglaube, Einbildung oder optische Täuschung eine vernünftige Erklärung. Aber eben nicht alle. Was beim Urlas-Spuk stutzig macht: Die Erscheinungen sind ortsgebunden und wiederholen sich seit rund 160 Jahren bis in die Gegenwart.

Es spukt noch immer!

Es wird gegenüber Ortsfremden nicht gerne darüber gesprochen, aber Johann Köhldorfer bestätigt, dass es zwischen Berndorf und Urlas noch heute zu Begegnungen mit dem »schwarzen Mann« kommt. Der Historiker aus Berndorf ist ein rational denkender Mensch, aber bei den paranormalen Sichtungen kommt auch er ins Grübeln. Der Forscher erinnert sich an eine Episode vor einigen Jahren, als er unvermittelt selbst mit dem gespenstischen Phänomen konfrontiert wurde. Damals nahm Köhldorfer nahe dem Urlaswald die »dunkle Silhouette« eines Mannes wahr, der sich vor seinen Augen in Luft aufzulösen schien. Was oder wer der Fremde war, blieb ungeklärt.

Johann Köhldorfer weiß von einem weiteren Augenzeugen der Gegenwart. Diese Beobachtung ist mit einem Suizid im Urlaswald verbunden. Demnach habe »Monate nach dem tragischen Ereignis nächtens einige Male ein ›Schwarzer Mann‹ vor dem Haus der betroffenen Familie gestanden. Der Wohnsitz ist nur einen Steinwurf vom Urlaswald entfernt. Die dunkle Gestalt reagierte auf keinerlei Anrufe und verschwand spurlos, wann immer man sich ihr näherte. Die Gestalt war ›einfach plötzlich weg‹– nicht fortgegangen, nicht langsam verblasst, nein, einfach weg.«

Der »schwarze Mann« wird in Erzählungen häufig als »Kinderschreck« dargestellt. Wer unerwartet Bekanntschaft mit dem Unfassbaren macht, ist verständlicherweise verblüfft, erstarrt und vielleicht auch ängstlich. Mir ist aber keine Episode bekannt, wo sich das gesichtete Schattenwesen bösartig verhalten hätte. Es lässt sich nur »sehen« und begleitet still und stumm die Wanderer ein Stück ihres Weges. Die Berichte über den »schwarzen Mann« in Kirchberg passen nicht zu einer klassischen Gruselgestalt. Die wiederkehrende Erscheinung entspricht eher der Vorstellung eines Wächters oder Schutzgeistes.

Jenseits aller Logik

Doch wenn es keine Halluzinationen waren, was war es dann? Zieht man Paranormales in Betracht, dann könnten es Projektionen von vergangenen Ereignissen sein, die an einem bestimmten Ort – ähnlich einem Fehler in der Matrix – immer wieder auftreten. Das Phänomen ist mit einem Hologramm vergleichbar, das in einer Zeitschleife gefangen ist und unter bestimmten Voraussetzungen von sensitiven Menschen wahrgenommen werden kann. Das Problem bei dieser Hypothese ist die Überprüfung: Die Projektionen lassen sich nicht auf Knopfdruck herbeiführen oder im Labor experimentell verifizieren. Das Schattenwesen tritt spontan und eigenständig in Erscheinung und bleibt unfassbar.

Für kühne Geisterjäger wäre es ebenso denkbar, dass der »schwarze Mann« die Seele eines Totengräbers ist, der zu Zeiten der Pest von der Seuche hingeraffte Menschen einsammelte. Von ortsgebundenem Spuk wird oft behauptet, dass er seine Kraft aus den Energien ehemaliger Schlachtfelder, von Friedhöfen und historischen Stätten schöpft, die Jahrzehnte oder gar Jahrhunderte später für Momente freigesetzt und beobachtet werden können. Sucht der rabenschwarze Urlas-Geist womöglich bis auf den heutigen Tag nach Opfern des »Schwarzen Todes«?

Zugegeben, das ist reine Spekulation. Doch wie real ist das, was wir für die Wirklichkeit halten? Historisch belegt ist: Das zauberhafte Raabtal, so wie es sich heute Einwohnern und Touristen präsentiert, war in vergangenen Jahrhunderten Schauplatz blutiger Kriege und fürchterlicher Schicksale. Von den Einfällen der Hunnen, Türken, Franzosen, Kuruzen bis hin zu diversen Adelsfehden, Hexenprozessen, Religionskriegen und Kämpfen mit der Roten Armee blieb den Menschen dieser Region nichts erspart. Hinzu kommen schwerste Verwüstungen durch Wetterkatastrophen, Hagelstürme, Überschwemmungen, Erdrutsche, Feuersbrünste und Heuschreckenplagen. Nicht zu vergessen die Pest-Epidemien des Mittelalters und der

Renaissance mit verheerenden Bevölkerungsverlusten, die auch zum Aussterben des Dorfes Urlas führten.

Schreckliche Synchronizitäten

Lässt sich in den Schicksalswirren irgendwo ein besonders merkwürdiger oder tragischer Todesfall festmachen, der vielleicht mit dem Phänomen des »schwarzen Mannes« verknüpft werden könnte? Ich frage Dr. Köhldorfer, ob ihm dazu aus der Kirchberger Geschichte etwas Ungewöhnliches bekannt ist. Der Historiker gibt offen zu, dass er sich darüber noch nie Gedanken gemacht hat. Nach kurzem Sinnieren fällt ihm ein Name ein: Johann Uhl aus Urlas! Er soll ein auffällig großer Mann gewesen sein, der Ende des 19. Jahrhunderts als katholischer Priester in Pfarreien der Region wirkte. Sein Leben endete auf tragische Weise am 28. Juni 1909: Der Geistliche erhängte sich wenige Tage vor seinem 42. Geburtstag in Kogelhof bei Birkfeld. Er soll an einem »bösen Kopfleiden« gelitten haben.

Das Irritierende: Selbsttötung galt im Christentum lange Zeit als Sünde, nach römisch-katholischer Glaubenslehre sogar als Todsünde. Heute wird das vom Kirchenregiment nicht mehr so streng ausgelegt. Man weiß, Menschen, die sich das Leben nahmen, litten extrem und sahen in einer für sie bedrückenden Situation keinen anderen Ausweg mehr. Zu Zeiten von Pfarrer Uhl und erst recht Jahrhunderte davor, war man weniger nachsichtig. Die sterblichen Überreste von Selbstmördern wurden in ungeweihter Erde bestattet, da man befürchtete, sie würden einen 3-tägigen Sturm hervorrufen oder noch schlimmer, die Toten würden als Wiedergänger zurückkehren. Um das zu verhindern, wurden ihre Leichen entweder geköpft, gepfählt oder in einem Sumpf versenkt. Der Aberglaube behauptete, der Strick, an dem sich ein Selbstmörder erhängt hatte, habe besondere Zauber- und Heilwirkung. Es hieß auch, »am Grab eines Selbstmörders holt sich der Magier vom Teufel Zauberkraft«. Bis hinein ins 20. Jahrhundert kamen nach christlichem Glauben die Seelen von

Selbstmördern nicht in den Himmel. Das alles macht den Freitod von Johann Uhl tatsächlich zu einem ungewöhnlichen Ereignis. Zufall oder nicht: Auch der Tatort Kogelhof ist bemerkenswert. Kogel ist die alte Bezeichnung für ein Hügelgrab!

Was nicht mit dem ersten Auftauchen des »schwarzen Mannes« in Einklang zu bringen ist, ist das Datum. Die ersten Erzählungen von Begegnungen mit dem Schattenmann tauchen bereits 5 Jahrzehnte früher auf. Eine unheimliche Komponente gibt es trotzdem. Nachdenklich macht mich Johann Köhldorfer auf eine traurige Synchronizität aufmerksam: »Im Geländeabschnitt zwischen Berndorf und dem Urlaswald mit den Hügelgräbern und den unterirdischen Gängen gibt es kaum einen Bauernhof oder ein Einfamilienhaus, das in seiner Familiengeschichte nicht ein Selbstmordopfer zu beklagen hätte.«

Für große Bestürzung sorgten zwei erschütternde Vorfälle, die sich im Urlaswald zugetragen haben. Zwei befreundete junge Männer erhängten sich auf dem »Galgenhügel«. Der jüngere Ende der 1990er-Jahre, der ältere wenige Jahre später am selben Platz. Ob es jemals eine Hinrichtungsstätte auf dem Hügel gegeben hat, ist nicht belegt, aber der Volksmund nennt ihn so. Merkwürdig ist, dass dieser »Galgenhügel« nahe dem Kirchberger Friedhof identisch ist mit dem höchsten keltischen »Fürstengrab« im Urlaswald.

Wie lässt sich das schreckliche Gesetz der Serie plausibel erklären? Ein neuer Fall für Detektive des Übersinnlichen? Wirkt ein unheimlicher Fluch? Gibt es womöglich doch eine dunkle Verbindung zum Urlas-Spuk?

Schauriges unter dem Gotteshaus

Mysteriöse Totenkammer

In der Nähe von Schloss Kirchberg thront an der höchsten Stelle, auf 373 Metern Seehöhe, majestätisch die barocke Pfarrkirche zum Heiligen Florian. Sie steht auf römischen Fundamenten, die wiederum auf einem noch älteren Unterbau aus vorrömischer Epoche ruhen. Das deckt sich mit einer Sage, wonach anstelle des heutigen Sakralbaus ein heidnischer Tempel gestanden haben soll. Glaubt man diesen alten Legenden, dann hat es einen unterirdischen Verbindungstunnel gegeben, der einst die Kirche mit dem Schloss verband. Vom Barockjuwel soll ein weiterer kilometerlanger »Fluchtweg« hinunter ins Tal zum Urlaswald geführt haben.

Wer tief genug gräbt, kann schaurige Entdeckungen machen. Das zeigt der zufällige Fund einer über Jahrhunderte verborgenen Totenkammer unterhalb der Pfarrkirche. Sie dürfte mit der Sage um den Geheimgang zum Schloss verwoben sein. Als man 1977 bei Sanierungsarbeiten die Stiege zur Sakristei entfernte, brach der Teil einer Steinmauer ein, die man bis dahin für das Fundament gehalten hatte. Zum Vorschein kam ein gemauerter 12 Quadratmeter großer Keller, in dem sich fast bis zur Decke die Knochen und Schädel von mehreren Tausend Toten stapelten.

Man war auf ein Ossarium gestoßen, auch Beinhaus oder Seelenhaus genannt. Bis hinein ins 19. Jahrhundert war das Ossarium Bestandteil der römisch-katholischen Bestattungskultur. Gibt es einen Zusammenhang mit Opfern todbringender Seuchen wie der Pest, die im Mittelalter wütete und dazu führte, dass die Sterberate unter der Bevölkerung anstieg? Stimmt die Erzählung, wonach die kleinen Friedhöfe rund um die Dorfkirchen damals zu klein wurden? Hatte man in der Not separate Totenkammern für Massengräber angelegt?

Thront an der höchsten Stelle
von Kirchberg an der Raab:
Die Pfarrkirche St. Florian.
Hier schlägt's um 12 Uhr Mittag
und um Mitternacht immer 13!
Grund: Ein falsches Ziffernblatt!

Unterhalb der Pfarrkirche St. Florian stieß man 1977 auf eine mit Knochen verfüllte Kammer, die zunächst wieder verschlossen wurde

Keller mit Knochenberg unterhalb der Sakristei bei der Wiederöffnung im Jahre 2012

Professor Köhldorfer widerspricht dieser Annahme und begründet:

> »Die These, dass die Pesttoten die bestehenden Friedhöfe ›überfüllt‹ hätten, ist falsch! In der Oststeiermark wurden auch keine ›Totenkammern‹ angelegt – was tatsächlich angelegt wurde, das waren die Pestfriedhöfe! Davon hatten wir allein in Kirchberg einige – immer außerhalb der damaligen Ortschaften. Heute sind die Orte, auch in Kirchberg ist es so, über diese Pestfriedhöfe drüber gewachsen.
>
> Der springende Punkt dabei: Die Pesttoten durften damals nicht in geweihter Erde beigesetzt werden! Denn: Wen die Pest erwischte, der musste ein schwerer Sünder gewesen sein, denn die Krankheit galt als eine Strafe Gottes, die man aus irgendeinem guten Grund bekommen hatte – und deshalb hatten diese Toten auf dem dafür vorgesehenen ›Gottesacker‹ auch nichts verloren! Das ging so weit, dass Pesttote auch in den kirchlichen Totenbüchern gar nicht erst verzeichnet worden sind!«

Der Skelettberg im Ossarium hat mit Seuchenopfern also nichts zu tun. Doch wer waren die namenlosen Toten dann? Inzwischen weiß man: Rund um das Kirchberger Gotteshaus stießen Totengräber beim Ausheben neuer Gräber immer wieder auf Knochen früherer Verstorbener. Diese haben sie dann im Ossarium aufgeschichtet. Das ging über viele Generationen so, bis im Jahre 1890 der große Kirchberger Kommunalfriedhof angelegt wurde. Er beginnt genau dort, wo der sagenhafte Urlaswald endet. (Siehe Abb. 3 im Farbbildteil)

Verheimlichter Tunnel

Was fehlt, sind schriftliche Aufzeichnungen, die Auskünfte über Größe und Lage verborgener Tunnel in Kirchberg geben könnten. Es findet sich nur ein bescheidener Hinweis auf einen Gang in der Pfarrchronik, der mit der Anlage unter dem Urlaswald jedoch nichts zu tun hat, sondern eine unterirdische Verbindung zum Schloss gewesen war. Berichtet wird, dass »Bischof Martin Brenner, begleitet von einer Kommission und rund 400 Soldaten, am 4. Juni 1600 nach Kirchberg kam, um die Bevölkerung mit Waffengewalt wieder zum katholischen Glauben zu bekehren.« Es heißt, dass die Menschen Zuflucht »in einem unterirdischen Tunnel« gefunden hätten, wo sie schließlich entdeckt und dann offenbar durch Ausräucherung qualvoll erstickt wurden.

Ein Zusammenhang könnte mit Skelettfunden bestehen, die im 19. Jahrhundert mitten in der Ortschaft gefunden wurden. Prof. Dr. Johann Schleich schreibt dazu in seinem Buch *Oststeirische Volkssagen und Hausgeschichten:*

> »Beim Bau des Hauses nahe dem Pfarrhof zwischen 1820 und 1840 wurde ein unterirdischer Gang von der Kirche zum Schloss entdeckt. Der Gang war mit Gerippe vollgefüllt.« Dr. Köhldorfer darauf angesprochen bestätigt mir: »Das Gangstück mit den – noch immer darin befindlichen – Skeletten muss sich direkt unter dem heutigen Pfarrheim befinden!«

Ein Chronist des ausgehenden 19. Jahrhunderts bezeichnete diese Skelette als Opfer der Türkenkriege. Johann Köhldorfer schmunzelt: »Das ›Gschichtl‹ mit den Türken wurde dem ›Volksglauben aufs Aug' gedrückt‹ – geschrieben und in die Welt gesetzt hat diese These ein katholischer Pfarrer, der gar kein Interesse daran gehabt haben dürfte, dass denkbare Untaten aus der Zeit der Gegenreformation thematisiert werden!«

Jüngste Befunde halten es für wahrscheinlich, dass die Toten tatsächlich vertriebene Protestanten waren. Könnten einige dieser menschlichen Überreste später ins Ossarium gelangt sein? Das frage ich Dr. Köhldorfer, doch der Historiker winkt ab:

»Kein einziges dieser Skelette wurde ins heutige Ossarium verbracht, ja nicht einmal eine Beisetzung der Toten war angedacht worden! Die Skelette aus dem geheimen Gang liegen mit Sicherheit alle nach wie vor in dem wieder verschlossenen Hohlraum unter dem heutigen Pfarrheim begraben.«

Sonderbare Skelette

Für immer verschlossen sollte auch das verborgene Ossarium bleiben, nachdem es vor 40 Jahren überraschend wiederentdeckt wurde. Ein Füllhorn brisanter Fragen blieb damit unbeantwortet: Aus welcher Epoche stammt der Keller? Wie hat er ursprünglich ausgesehen? Wo befand sich der eigentliche Eingang? Ab wann wurde der Raum als Knochenlager genutzt? Führt von der Totenkammer ein Tunnel weiter zum Schloss? Gab es eine Beziehung zum Urlas-Gang? Warum wurden die Toten unterhalb der Kirche vergessen? Wer sind die Verstorbenen?

In Kooperation mit dem Bundesdenkmalamt, der Pfarrei und dem Historischen Verein wurde 2012 der Entschluss gefasst, den desolaten Kellerraum zu sanieren und offene historische Fragen zu klären. Im Sommer 2017 war es dann so weit: Das Ossarium wurde erneut geöffnet und konservatorische Maßnahmen eingeleitet, die von Archäologen und Anthropologen begleitet und dokumentiert wurden. Mit dabei waren an die 200 freiwillige Helfer.

Einer davon war Anton Fink. Der Zeitzeuge erinnert sich: »Mit speziellen Boxen haben wir die wild durcheinander gestapelten Skelette aus der Totengruft herausgetragen und von Lehm und Schmutz befreit. In der Zeit, als die Krypta mit neuem Boden, Beleuchtung und Treppenzugang restauriert wurde, lagerten die Knochen im Pfarrhofgebäude und wurden anthropologisch begutachtet.«

Laut dem begleitenden Befund von Dr. Silvia Reinhardt, Anthropologin am Universalmuseum Joanneum, stammen die Skelettteile von mehr als 8000 Menschen. Ihre genaue Analyse brachte einige überraschende Erkenntnisse: Die Verstorbenen waren Einheimische und wurden zwischen dem 15. und 17. Jahrhundert im Ossarium bestattet. Alle Altersgruppen sind vertreten: von Neugeborenen bis

Schlossherr Sigbert Heister. Kupferstich aus dem 17. Jahrhundert. Was wusste der Graf über Kirchbergs Unterwelt?

zu Greisen, ja sogar Menschen, die mit 90 und mehr Jahren damals echte Methusalems waren. Nicht nur die Altersverteilung ähnelt jener des 21. Jahrhunderts, gleiches gilt für die Körpergröße. Einige Gebeine gehörten zu Menschen, die beachtliche 1,90 Meter maßen und zu Lebzeiten als Hünen gegolten haben müssen. Festgestellt wurde ebenso, dass die Toten gut genährt waren und gesündere Zähne aufwiesen als mancher Mensch der Gegenwart. Tragische Schicksale sind dennoch viele darunter. Das bezeugen glatte Einschnitte an einigen Schädeln, die nur durch Gewalteinwirkung entstanden sein können. Oder Pseudarthrosen infolge von falsch oder nicht verheilten Knochenbrüchen, die höllische Schmerzen und körperliche Einschränkungen für den Betroffenen bedeutet haben müssen.

64 Skelette konnten als Überreste von Soldaten des Heisterlichen Reiterregiments identifiziert werden. Die Beinknochen weisen unter anderem eine auffällige Besonderheit auf, die man als »Reiterfacette« bezeichnet. Gemeint sind Gelenkflächenerweiterungen am Oberschenkelkopf, die durch häufiges Reiten entstehen. Der Abstand zum Kugelgelenk ist hier länger als bei anderen Menschen.

Überraschend ist auch folgendes Untersuchungsergebnis: Sechs der »Garde-Skelette« gehörten zu Frauen. Sie wiesen ebenfalls kräftige Muskelansätze auf, die auf ein athletisches Erscheinungsbild bis ins hohe Alter schließen lassen. Männergleiche Amazonen in der Steiermark? Die Anspielung auf »Flintenweiber« wird gerne als Märchen abgetan. Doch es gab sie bereits vor Jahrhunderten: Tapfere Soldatinnen, die mit ihren männlichen Kampfgefährten in die Schlacht zogen. Sabina Kummer aus Berndorf liefert den Beweis dafür: Sie starb am 19. Januar 1716 mit 56 Jahren. Im Kirchberger Sterbebuch wird sie schriftlich als »abgedanckte Soldatin« aufgeführt.

Kurioses Kultobjekt im Kirchturm

»Fackeltöter« ohne Rußspuren

Johann Köhldorfer führt mich zum Kirchturm, wo sich hinter einer gut gesicherten Panzertür eine kleine Kammer mit sakralen Schätzen versteckt. Meine Aufmerksamkeit gilt nicht den prunkvollen Reliquienmonstranzen, den mit Gold bestickten Priestermänteln oder der kostbaren Bibel aus dem 16. Jahrhundert, sondern einem schlichten runden Steinrelikt, das im Durchmesser etwa 30 Zentimeter misst und 15 Kilo wiegt. Offiziell wird es als »rätselhafter spätgotischer Schalenstein mit sieben Aushöhlungen« bezeichnet. Das Objekt wurde zufällig bei Restaurierungsarbeiten im Jahre 1972 entdeckt. »Als man mit Minibaggern den Kirchenraum aushob, um eine Fußbodenheizung zu installieren, kam dieses seltsame Steinrelikt zutage«, erinnert sich Johann Köhldorfer. Die Erklärung »mittelalterlicher Schalenstein« überzeugt den Historiker nicht: »Was immer mit diesem Gegenstand aus Sandstein bezweckt wurde, ein echter Schalenstein sieht anders aus.

Der erste Eindruck lässt vermuten, dass der Gegenstand Beleuchtungszwecken gedient haben könnte und die Mulden für Öllämpchen oder Kerzen gedacht waren. Tatsächlich wurden ähnliche runde Steinplatten schon mehrmals in Mitteleuropa gefunden. Meist weisen sie an der Oberfläche 4–7 kreisrunde Vertiefungen auf. Die Artefakte werden als »christliche Kultgeräte« bezeichnet, die für »das Totenzeremoniell innerhalb des Kirchenfriedhofes« bestimmt waren.

»Auch wenn man sie formal nicht in die Kategorie der Totenleuchten einreihen kann«, heißt es dazu in der Fachliteratur, »so kommen sie, als kollektives Totenlicht, diesem sehr nahe. Wir finden sie im Eingangsbereich von Kirchen und Beinhäusern (Karner), teils eingemauert, teils freistehend mit einem Sockel. In den zumeist symmetrisch angeordneten Vertiefungen wurden für die ›Armen Seelen‹ Lichter entzündet, wobei Wachs, Unschlitt oder Öl verwendet wurde. In sekundärer Lage finden wir diese Steine manchmal vertikal eingemauert vor, wobei der eigentliche Verwendungszweck schon in Vergessenheit geraten war.«

Man nannte diese Gegenstände »Lichtersteine«, »Ölsteine« oder »Fackeltöter«. Der Fundort im Kirchenbezirk würde dafürsprechen, dass das »Kirchberger Kultobjekt« dieser Kategorie zugeordnet werden kann. Was allerdings nicht dazu passt: Analysen der Oberfläche haben ergeben, dass sich in den Mulden niemals Öl befunden hat. Rußspuren fehlen ebenso.

Christliches Kultgerät aus dem Mittelalter für Beleuchtungszwecke? Wieso fehlen Spuren von Öl und Russ?

Rillen oder Runen?

Einen praktischen Nutzen kann Dr. Köhldorfer dem Unikat nicht abgewinnen, er vermutet eher einen »magisch-kultischen« Hintergrund. Auch die geschätzte Datierung ins Spätmittelalter erscheint ihm zu jung. Funktion, Alter und Herkunft des Artefakts bleiben ungeklärt. War es bereits vor der Christianisierung Bestandteil eines früheren Totenkults? Ist es ein Relikt aus einem Heiligtum, das in vorrömischer Zeit den Gipfel der Anhöhe überragte? Oder stammt es aus einem der Hohlräume, die zahlreich unter Kirchberg vermutet werden? Niemand weiß es. Einen Hinweis könnten vielleicht Zeichen und Kerben liefern, die rund um den äußeren Rand des Steines angebracht sind. Einfache Rillen, entstanden durch Beschädigungen? Oder bewusst fixierte Markierungen? Könnten es gar die verwitterten Spuren von runenartigen Schriftzeichen sein? Eine Studie sowie eine Interpretation durch Sprachwissenschaftler liegen noch nicht vor.

Das unerforschte Gangsystem im Harrachberg

Geheimnisvoller Hügel

Von den bisher in Kirchberg lokalisierten unterirdischen Anlagen ist nur ein Teil des Urlas-Gangs für Besucher zugänglich. Die freigelegten Gänge wurden statisch geprüft und vermessen. Eine raffinierte Lichtinstallation taucht die düstere Unterwelt in ein mystisches Farbenspiel. Führungen sind möglich und sehenswert. Dabei muss den Sicherheitsanweisungen der Guides unbedingt Folge geleistet werden. Besucher erhalten für die Zeit ihres Besuches Schutzhelme, dennoch mahnt ein Hinweisschild an der Pforte: »Das Betreten des Schaugangs erfolgt auf eigene Gefahr!«

Das gilt erst recht für jene unterirdischen Kirchberger Schauplätze, die zwar aufgespürt, aber noch nicht wissenschaftlich erforscht worden sind. Jedem »Sonntagsforscher« schlägt hier das Herz höher. Professor Köhldorfer und Freunde des Historischen Vereins führen mich zu einem Geheimgang, dem mein besonderes Interesse gilt. Mit dabei Bauingenieur Anton Fink und Filmproduzentin Johanna Pötsch, die die Exkursion exklusiv dokumentiert.

Das entdeckte Gangsystem liegt 1,6 Kilometer »Luftlinie« westlich vom Urlas-Gang entfernt. Hier, zwischen den Straßen nach Oberndorf und Hof, erhebt sich der dicht bewaldete Harrachberg auf 409 Meter Seehöhe. Niemand würde darunter ein komplexes Tunnelsystem ver-

Versteckt im Kirchberger Wald:
Eingang ins geheimnisvolle Harrachberg-Gangsystem

muten. Im Jahre 2011 wurde es entdeckt und von Vereinsmitgliedern freigelegt. Für den Zugang hat man einen gemauerten Eingangsbereich geschaffen. Er tarnt sich perfekt hinter dichtem Geäst und Gebüsch, sodass selbst Forscher des Historischen Vereins Mühe haben, ihn auf Anhieb wiederzufinden. Über feuchte Wiesen und Äcker erreichen wir unser Ziel. Vor uns befindet sich eine solide Eisentüre, die hinein in den Berg lockt. Niemand weiß, wo sich das ursprüngliche Tor ins Unbekannte befindet. Es könnte in einem Gangbereich liegen, der längst verschüttet und noch nicht erschlossen ist.

Inspektion im Berginneren

Erst durch einen Zufall wurde man auf das Höhlensystem aufmerksam. Einheimische bemerkten, dass im Winter Nebelschwaden vom Hügel aufstiegen, die offenbar aus einem Fuchsbau stammten. Man wollte wissen, was der Grund dafür sein könnte. Anton Fink führt mich einige Meter das steile Gelände hinauf und zeigt mir die Fundstelle. Dazu verrät Johann Köhldorfer eine Anekdote, die bei der Entdeckung für Schmunzeln sorgte:

»Der Fuchsbau wurde vergrößert und einer unserer Vereinsfreunde an den Beinen festhaltend in die Tiefe hinabgelassen. Dabei erblickte er den ersten Hohlraum! Aber nicht nur das. Am Boden funkelten Geldstücke, und wir waren in freudiger Erwartung auf einen bedeutenden historischen Schatz. Schnell stellte sich jedoch heraus, es waren Euromünzen. Unser Entdecker verlor kopfüber sein eigenes Geld aus Hemd- und Hosentasche!«

Wir betreten das Gangsystem. Es ist stockdunkel, gespenstisch und etwas gruselig. Ohne Taschenlampe ist man in der Finsternis verloren. Was im Vergleich zum Urlas-Gang sofort auffällt: Die Tunnel wirken urtümlicher. Verständlich, denn seit ihrer Auffindung vor einigen Jahren sind die Gänge unberührt. Alles, was es zu sehen gibt, befindet sich noch im »Rohzustand«. Die Höhe der Gänge beträgt um die 2 Meter, in einem kurzen Abschnitt fast 3 Meter. (Siehe Abb. 6 im Farbbildteil)

Genau wie beim Urlas-Gang sind die Wände von geologisch bedeutsamen Ablagerungsschichten durchzogen, die für das Kirchberger Konglomerat typisch sind.

»Die roten und braunen Streifen weisen auf eisenhaltige Schichten hin«, klärt Dr. Köhldorfer auf. »Spannend ist die Körnung dieser Schichten, denn sie zeigt uns, dass es im Ablauf der erdgeschichtlichen Zeitalter

Noch weitgehend unerforscht: Tunnel unter dem Harrachberg

mehrere abwechselnde Kalt- und Warmphasen gegeben hat.« Einige Wände sind mit schwarzen Linien durchzogen. »Es sind vulkanische Ablagerungen, die vor vielen Millionen Jahren entstanden sind, als in unserer steirischen Region noch Vulkane aktiv waren.«

Die Geologie ist das eine, der Baustil das andere. Die Anlagen unter dem Urlas-Hügel gleichen jenen unter dem Harrachberg. Waren dieselben Architekten am Werk? Da wie dort gibt es einen Hauptgang von dem rechtwinklig nach links und rechts Seitengänge abzweigen. Der bisher erforschte Bereich führt etwa 180 Meter tief in den Berg hinein. Etwa zehn Seitengänge sind bekannt. Manche sind bis über 20 Meter lang, andere enden bereits nach einem Meter. Bis auf ein paar Holzreste sind die Gänge vollkommen leer. Die Luftzirkulation in den Stollen ist gut, aber schlechter als im Urlas-Gang, das Atmen fällt schwerer.

Der Autor in einem noch unerforschten Abschnitt der unterirdischen Harrachberg-Anlage

Die Erkundung der Unterwelt ist spannend und fordert jeden Forschergeist heraus, aber nach stundenlangem Aufenthalt kehrt gerne jeder wieder zurück ins Tageslicht.

Erneut stellt sich mir die Frage nach dem Zweck solcher Anlagen. Die »Schotter-Theorie«, wonach es lediglich Bergwerksstollen zur Gewinnung von Bau- und Schuttmaterial waren, ist in derselben Weise fragwürdig wie beim Urlas-Gang. Zudem würde man annehmen, dass eine solche wirtschaftliche Nutzung irgendwo als kleine Notiz in der langen Historie Kirchbergs vermerkt worden wäre. Nichts davon. Die Harrachberg-Anlage besteht im wahrsten Sinne des Wortes aus uralten Geheimgängen mit ungeklärtem Verwendungszweck.

Die Erdkammer von Fladnitz

Rätselhaftes Schlupfloch

Die Abenteuer in Kirchberg waren brisant und erlebnisreich. Johanna hat ihren Dreh im Kasten, und ich gewann neue Erkenntnisse für das Einstiegskapitel zum vorliegenden Buch. Doch die steirische Unterwelt lässt sich nicht an einem Tag hinreichend erkunden. Das war bereits vorher abzusehen. Je tiefer man in die Geheimnisse aus vergangenen Zeiten vordringt, desto größer werden die Fragezeichen. Als Johann Köhldorfer von einer absonderlichen Erdkammer erzählt, werde ich hellhörig. Wir vereinbaren erneut eine filmisch begleitete Exkursion, die uns diesmal in ein unerforschtes Erdloch führen soll. Zu diesem Zeitpunkt wusste ich noch nicht, was mich vor Ort erwarten würde.

Mit Eifer mache ich mich am 3. Juni 2021 auf den Weg und erreiche gegen Mittag Kirchberg. Johanna Pötsch und ein halbes Dutzend Freunde vom Historischen Verein sind bereits startklar für die neue Exkursion. Mit Film- und Expeditionsausrüstung folgen wir einem Autokonvoi, der uns zum östlich von Kirchberg gelegenen Fladnitzberg bringt. An einem schmalen Fahrweg heißt es »Stopp!«. Johann Köhldorfer deutet ins freie Gelände zu einer Waldung: »Dort drüben im nordöstlichen Ende des Fuchsgrabens versteckt sich die Erdkammer!« Inzwischen wechseln Vereinsmitglieder die Kleidung und schlüpfen in blaue Overalls, wie man sie für Kanalinspektionen benötigt. Ich ahne, es wird wieder schmutzig werden.

Bewaffnet mit Rucksäcken, Spaten, Hacken, Lampen und schwerem Kamera-Equipment marschieren wir im Gänsemarsch etwa 200 Meter entlang eines Trampelpfades. Plötzlich Endstation. Wir stehen an der Kante zu einer Böschung, die fast 10 Meter senkrecht in die Tiefe führt. Mir ist mulmig. Wir seilen uns ab zu einem kleinen Geländevorsprung, an dem sich die Einstiegsluke zur Erdkammer befindet. Gleich dahinter führt die Schlucht wiederum etliche Meter

Filmemacherin Dr. Johanna Pötsch beim Einstieg in die Fladnitzer Erdkammer

hinab in den Abgrund. Abwärts geht es immer leicht, grüble ich im Stillen, aber wie komme ich anschließend wieder hoch?

Wüsste man es nicht besser, könnte man annehmen, man sei irgendwo im Regenwald des Amazonas. Die Natur präsentiert sich in diesem Winkel der Steiermark unberührt und wild. Der Erdstollen ist wirklich perfekt vor neugierigen Blicken versteckt. Man wundert sich darüber, wie er überhaupt entdeckt werden konnte. Noch vor wenigen Wochen lag der Eingang komplett hinter dem Schutz einer mächtigen Buche verhüllt. Ein heftiges Unwetter hat den Baum entwurzelt und in die Böschung gezogen. Dabei wurde das vordere Drittel der Anlage gleich mitgerissen. Die Öffnung in die Erdkammer liegt nun frei, ist aber nur zu erkennen, wenn man direkt vor ihr steht.

»Die Wiederentdeckung des Erdstollens verdanken wir erneut einem Zufall, der in diesem Fall beinahe tödlich endete«, weiß Johann Köhldorfer. »Mitte der 1970er-Jahre fanden spielende Kinder den Eingang. Sie krochen hinein, gruben nach und machten in der Kammer ein Lagerfeuer. Innerhalb nur weniger Minuten war der Sauerstoff aufgebraucht, und die Buben wären fast erstickt. Mit Mühe und Glück retteten sie sich gerade noch rechtzeitig an die Erdoberfläche.«

Wie Erdferkel im Erdbunker

Der Eingang ist gleichzeitig der Ausgang. Ich krieche mit Anton Fink hinein. Es geht etwa 2 Meter hinunter in die Tiefe. Die Fortbewegung ist nur in Nacktmullmanier, das heißt, auf dem Bauch liegend, möglich. Die Enge ist bedrückend, man kommt ins Schwitzen. Nach ein paar Metern erreichen wir rechter Hand eine große Kammer, in der man aufrecht stehen kann. Hier befinden sich Nischen und Sitzbänke, die sauber aus dem Sandstein herausgearbeitet wurden. Es heißt, sie seien erst im 20. Jahrhundert entstanden. An den Wänden sind Namen und symbolhafte Zeichen eingeritzt, darunter ein Hakenkreuz. Kein Zweifel, Unterweltler waren vor uns hier und haben sichtbare Spuren ihrer Präsenz hinterlassen.

Anton bleibt in der Kammer. Ich krieche linksseitig weiter im Rundbogen um einen säulenartigen »Mutterboden« herum, bis ich wieder in die Nähe des Eingangsbereichs gelange. Leider ist dieser letzte Abschnitt verschüttet. Ich höre Stimmen von draußen und blicke durch eine schmale Öffnung ins Freie. Es fehlt an Kraft und Zeit, um den Tunnel vom Erdreich für einen Durchschlupf zu vergrößern. Ich kehre um und robbe auf demselben Weg wieder heraus.

Eine Vorratskammer kann diese Anlage nicht gewesen sein, dafür ist sie zu unpraktisch angelegt. Vielleicht war es ein Versteck für wertvolle Güter, die man in Kriegsjahren vor Feinden sichern wollte? Das schon eher, aber es bleibt eine Hypothese.

Mich erinnert die Grundstruktur stark an einen Erdstall in Niederösterreich. Er liegt im nördlichsten Zipfel des Waldviertels, außerhalb der Ortschaft Kleinzwettl. Hier thront auf einem ehemaligen »Hausberg« eine Templerkirche aus dem 12. Jahrhundert. Hebt man mitten im zentralen Kirchenraum eine schwere Steinplatte beiseite, kommt ein Loch zum Vorschein, das in eine unterirdische Anlage des

Hügels führt. Manche Historiker vermuten, dass dieser enge Gang bereits lange vor dem Kirchenbau existiert hat. Der Einstiegsbereich ist ähnlich einer Megalithanlage gemauert, danach führt ein direkt aus dem natürlichen Gestein geschlagener Tunnel weiter ins Innere. Wegen drohender Einsturzgefahr hat die Gemeinde das Betreten in diese geheime Unterwelt inzwischen untersagt. Das kann statisch durchaus begründet sein. Vielleicht ist es auch nur ein Vorwand, um ungebetene Gäste von eigenen Nachforschungen abzuhalten? Vor etlichen Jahren war der Zutritt ins enge Labyrinth jedenfalls noch möglich. Ich bin hineingekrochen und habe das 52 Meter lange Gangsystem, meist auf dem Bauch vorwärts robbend, erkundet. Im hinteren Abschnitt kommt es zu einer Verzweigung. Es ist egal, ob man nach links oder rechts weiterkriecht, denn der Stollen ist in diesem Sektor kreisförmig angelegt und führt jeweils wieder zum Ausgangspunkt zurück.

Es ist fast dasselbe Baukonzept wie beim runden Kriechgang in Fladnitz, der circa 250 Kilometer südlich von Kleinzwettl entfernt liegt. Was jedoch fehlt, ist die spitzbogenförmige Deckenstruktur, die für Erdställe typisch ist. Wurde sie erst in späterer Zeit bei Nachgrabungen verändert? »Wenn es tatsächlich ein Erdstall ist«, so Dr. Köhldorfer nachdenklich, »dann wäre es der am südlichsten liegende in der Steiermark.« Von wem und warum der Stollen mit der Erdkammer geschaffen wurde, bleibt ein Rätsel. »Er ist ein Unikat«, bestätigt der Historiker und fügt hinzu: »Wir haben hier im Kirchberger Ländchen sehr viele weitverzweigte unterirdische Tunnel aufgespürt, aber es gibt keinen einzigen, der eine Ähnlichkeit mit diesem Gang aufweist.« (Siehe Abb. 8 im Farbbildteil)

Unbestimmtes Alter

Eine wichtige Frage bleibt offen: Wann wurde der Gang angelegt? Die Schätzungen reichen vom Mittelalter bis zurück in graue Vorzeit.

Nicht weit entfernt gibt es noch einen anderen bemerkenswerten Fund in der Fladnitzer Region: eine heute bewaldete Höhensiedlung namens Fuchskogel auf 350 Metern Seehöhe. Sie versteckt sich nur wenige 100 Meter nordöstlich des Bahnhofs Studenzen-Fladnitz und ist über den Frühwirt Weg zu finden. Die Entdeckung macht deutlich, wie problematisch eine gesicherte Aussage über das Alter archäologischer Relikte sein kann. 1983 entdeckte der Vermessungstechniker und Heimatforscher Kurt Kojalek die Reste des künstlich aufgeschütteten Walls mit Graben. Bis 2013 wurde angenommen, es sei eine neuzeitliche Wehranlage aus dem 15.–17. Jahrhundert. Als älteste angenommene Datierung kam eine »Turmburg« aus dem 10. Jahrhundert infrage. Doch dann brachten Radiokarbonanalysen von aufgefundenen Hinterlassenschaften die Überraschung ans Licht: Die befestigte Anlage bestand aus wenigstens zehn Gebäuden und war bereits vor 4500 Jahren, also in der Frühbronzezeit, errichtet worden! Damit ist sie die derzeit älteste bekannte befestigte Siedlung in der Steiermark.

Könnte es Beziehungen zur »Kirchberger Unterwelt« geben? Aus welcher Epoche stammen die ältesten Gangsysteme? Welche plausible Erklärung gibt es für sie? »Wir haben keine Erklärung. Weder zur Funktion noch zum Alter und auch nicht zu den Erbauern. Das ist die einzige ehrliche Aussage, die wir treffen können«, bedauert Dr. Köhldorfer. »Die ältesten Quellen, die einige wenige Hundert Jahre alt sind, sprechen bereits von ›Gängen aus uralter Zeit‹. Mit anderen Worten: Schon damals wusste man nicht, wer diese Tunnel wann und wozu geschaffen hat.«

Das Erdstall-Phänomen

Irrgärten unter der Erde

Wer behauptet, es gibt in unserer aufgeklärten Zeit keine archäologischen Geheimnisse mehr, der ist noch nie durch einen Erdstall gekrochen. Ob die Erdkammer von Fladnitz im engeren Sinne diesem

Typus zugerechnet werden darf, bleibt eine Frage der Interpretation. Wissenschaftlich belegt ist: Allein in der Oststeiermark sind bislang nahezu 900 tatsächliche Erdställe sowie erdstallähnliche Gänge von Archäologen und Heimatforschern lokalisiert worden! Viele hat man zufällig aufgefunden, etwa beim Bau von Bauern- und Einfamilienhäusern oder wenn Traktoren im freien Gelände auf Wiesen oder Äckern plötzlich im Erdreich eingebrochen sind. Ein Großteil der Geheimgänge ist unpassierbar, sei es aus Gründen der Sicherheit oder weil sie nach ihrer Entdeckung wieder durch den Menschen zugeschüttet wurden. Andere haben sich erneut aufgrund eingeschwemmter Sedimente verfüllt oder sind längst eingestürzt.

Jedes dieser von Menschenhand geschaffenen unterirdischen Gangsysteme ist für sich betrachtet einzigartig, aber ihre bautechnischen Grundmuster sind immer ähnlich.

Erdställe bestehen aus eigentümlichen Tunneln und Hohlräumen, die 3–10 Meter tief ins Erdreich gegraben wurden. Die Gänge sind etwa 60 Zentimeter breit, meist maximal bis zu 1,40 Zentimeter hoch und besitzen ein auffälliges Deckengewölbe, das spitz oder rund verläuft. Es ist grotesk, denn die Stollensysteme können mehrere verzweigte Etagen aufweisen und sind scheinbar sinnlos verwinkelt angelegt. Um in tiefere Bereiche, Kammern und Seitengänge zu gelangen, muss sich der Gast durch vertikale oder horizontale Engstellen zwängen. Sie werden Schlupfe genannt mit einem Durchmesser, der höchstens 40 Zentimeter beträgt. An den Seitenwänden der Erdställe sind vielfach »Lampen-«, »Tast-« und »Sitznischen« aus dem Gestein herausgearbeitet. Eine weitere Eigenheit: Die Anlagen haben nur einen Eingang, der gleichzeitig der Ausgang ist. Im Normalfall sind diese Gänge 10–50 Meter lang. Es gibt Ausnahmen, wie das Höhlenlabyrinth unter dem Kapellenberg von Althöflein in der niederösterreichischen Marktgemeinde Großkrut. Mit 270 Metern Länge ist dieses Gangsystem vorerst die größte zusammenhängende Erdstallanlage Mitteleuropas.

»Was sind das doch für sonderbare Menschenwerke, diese künstlichen Höhlen, nah unserer Wahrnehmung und doch so fern unserer Erkenntnis, so wenig beachtet und doch so wert, Denken und Schaffen einer längst vergangenen Zeit aus ihnen zu erschließen! Diese, in wunderlichen Windungen und überraschendem Zickzack tief in die Erde eindringenden Gänge, die mehr einer Röhre gleichen, durch die man sich, oft nur wie ein Wurm, durchzuzwängen vermag, an die sich dann Kammer an Kammer reiht, aber auch nicht größer als sechs oder acht Menschen Raum finden und sich eben noch aufrichten können ...«

So anschaulich beschreibt Dr. Matthäus Much im Jahre 1903 die archäologischen Wunderwerke. Erdställe werden häufig unter alten bäuerlichen Besitztümern, Kirchen, Friedhöfen und Hausbergen entdeckt. Und das in großer Anzahl. Besonders angereichert in der Oststeiermark, aber keineswegs nur in dieser Region der Alpenrepublik. Bekannte Fundstellen liegen ebenso im Burgenland, in Niederösterreich und besonders verbreitet in Oberösterreich.

Mein erster Erdstall-Kontakt

Nordöstlich der Landeshauptstadt Linz im Kurort Bad Zell versteckt sich mein Lieblings-Erdstall. Vielleicht deshalb, weil ich hier in den 1990er-Jahren meine erste Erfahrung mit und in einem Erdstall erleben durfte. In Bad Zell sind mehrere Erdstollen bekannt. Einer davon wird teils als Bier- und Weinkeller genutzt und ist öffentlich zugänglich. Er befindet sich unter dem Gasthof Populorum »Zum feuchten Eck«. Diese Gänge meine ich nicht, sondern eine verborgene Welt auf dem Privatgrund Maierhof 18 der Familie Wansch. Das Familienoberhaupt Johann Wansch empfing mich herzlich und erzählte mir, wie es zur unvermuteten Entdeckung des Höhlensystems gekommen war:

Kein »Plumpsklo«: Der Autor beim Erstkontakt mit einem Erdstall Mitte der 1990er Jahre

»Im Jahre 1933 wurde mein Vater auf eine Merkwürdigkeit aufmerksam. Nach einem schweren Unwetter schoss das Regenwasser vom Hang unseres Grundstücks herunter und sammelte sich an jener Stelle, wo sich heute der Eingang zum Tunnelsystem befindet. Genau dort versickerte damals das Wasser nicht und mein Vater wurde stutzig. Schließlich fand er das dunkle Loch. Bei der Freilegung stellte man verblüfft fest: Ein Teil unseres Grundstückes ist mit begehbaren Hohlräumen durchsetzt, in drei Höhenlagen angeordnet, rund 40 Meter lang, aber teilweise mit Schwemmsand und Wasser gefüllt.«

Ich staunte nicht schlecht, als mich Johann Wansch durch sein Bauernhaus führte und in einem Nebenraum plötzlich stoppte: »Hier ist es!« Tatsächlich, da war in einem Abstellraum eine unscheinbare Öffnung im Boden erkennbar, auf den ersten Blick nicht unähnlich einem Plumpsklo. Mithilfe einer Strickleiter stieg ich abwärts und zwängte mich durch die schmale Luke in die erste Etage. Feiner Sand rieselte von den Wänden. Das Licht meiner Taschenlampe machte ihn dann sichtbar: Vor mir lag ein enger, verzweigter Gang, oben an der Decke spitz zulaufend. Die Wände waren säuberlich aus dem weichen Löß gearbeitet, gegraben, geschaufelt und gekratzt worden. Über Steine und Holzbretter versuchte ich in gebückter Haltung Wasserpfützen zu umgehen, bis vor mir auf einmal ein weiteres Schlupfloch auftauchte. Mühsam gelang es mir, von dort in die nächste untere Etage vorzudringen. Ich befand mich nun etwa 5 Meter unter der Erdoberfläche. Alles wirkte in diesen Momenten friedlich, still und gleichzeitig unheimlich. Das Heute hatte man hinter sich gelassen. Die Zeit stand scheinbar still, so jedenfalls meine Wahrnehmung. Auf allen Vieren tastete ich mich weiter an den Wänden vorbei an kleinen Nischen zur nächsten Einstiegsluke ins dritte Untergeschoss. Da dieser Gang größtenteils unter Wasser lag, entschloss ich mich zur Umkehr. Inzwischen waren meine Kleidung und das Schuhwerk durchnässt, aber was ich gesehen und erlebt hatte, entschädigte mich für sämtliche Strapazen. In diesem Augenblick packte mich die Faszination für das Unterirdische. Die Rätsel der Vergangenheit liegen oft näher als man glaubt, manchmal sogar direkt vor unserer Haustüre.

(Siehe Abb. 7 im Farbbildteil)

Geografische Reichweite

Das Spannende: Die geografische Verbreitung der Erdställe reicht weit über die Landesgrenzen meiner Heimat Österreich hinaus. Man kennt das Phänomen ebenso aus dem Untergrund der deutschen Bundesländer Bayern, Baden-Württemberg und Sachsen-Anhalt und sogar in Polen, Tschechien, der Slowakei und Ungarn. Die Schweiz galt lange Zeit in Sachen Erdstallforschung als »Terra incognita«. Es gibt zwar jede Menge sagenumwobene »Erdmannli-Löcher« und andere unterirdische Mysterien, aber typische Erdställe sind dort kaum bekannt. Erst vor wenigen Jahren wurden derartige Anlagen zwischen Bodensee und Genfersee entdeckt. Weitere Gangsysteme, die mit dem Erdstall-Rätsel in Beziehung gebracht werden, existieren gehäuft in der französischen Bretagne sowie in der britischen Grafschaft Cornwall. Überdies können Gebiete in Schottland, Irland und Spanien ebenfalls auf diese rätselhafte Unterwelt verweisen.

Die große Dunkelziffer solcher künstlich angelegten Stollensysteme ist schwer abzuschätzen, da nur wenige in ihrer ursprünglichen Architektur erhalten geblieben sind. Aktuelle Studien der Erdstallforschung zeigen aber, dass es im mitteleuropäischen Verbreitungsgebiet einst einige Tausend dieser tiefliegenden Stollen gegeben haben muss. Sie sind zweifelsfrei von Menschen gemacht. Doch wer waren die Erbauer? Was war der Zweck und Nutzen dieser bizarren Unterwelten?

Die Magie der Frauenhöhlen

Schrazeln und Wildfräulein

Unabhängig von Alter, Größe und Gestalt haben alle Erdställe ein gemeinsames Merkmal: Ein Fortbewegen im Inneren ist nur in gebückter Körperhaltung oder kriechend möglich. Behausungen für Gnome und Pygmäen? Das klingt skurril, doch angesichts der zwergenhaften Bauformen könnte man das tatsächlich mutmaßen.

Im Volksmund lassen sich dazu passende Bezeichnungen für die unterirdischen Labyrinthe finden: Alraunhöhle, Graslgang, Grufen, Erdloch, Quergloch, Rätselloch oder Zwergenloch. In Bayern, wo über 700 Anlagen nachgewiesen sind, nennt man die künstlichen Höhlen Schrazellöcher. Der urige Name lässt sich von alten Geschichten über koboldartige Natur- und Erdgeister ableiten, eben Schraten, Schrazeln oder Schranzen.

In manchen Gegenden werden die Erdställe »Erdweiberschlupf« oder »Frauenhöhle« genannt. Vermutlich deshalb, weil die Erde seit alters her als weibliche Gottheit und »Mutter Erde« verstanden wurde, der gehuldigt und geopfert werden musste. Oder wie der Volksglaube erzählt, weil in unterirdischen Höhlen »Waldfrauen«, »Wildfräulein« und »Erdweiblein« wohnen. In Tirol und Salzburg stehen sie mit dem Sagenschatz über »Salige Frauen« im Zusammenhang. Nach den Studien des Südtiroler Volkskundlers Ignaz Vinzenz Zingerle (1825–1892) werden diese Wunderwesen als »menschenscheue, gutmütige weiße Frauen« beschrieben, die bereits vor dem Sündenfall der Menschheit auf der Erde gelebt haben. Damit sie ihre Unschuld bewahren, so heißt es in alten Erzählungen weiter, müssen sie sich in Höhlen und Wälder zurückziehen, »um nicht durch Kontakte mit den Menschen ihres paradiesischen Zustandes verlustig zu gehen.« Viele *natürliche* Fels- und Gletschergrotten der Alpenregion tragen deshalb den Namen »Frauenhöhle«. Die Gleichsetzung mit den künstlich erbauten Erdställen ist nicht ganz schlüssig, dennoch gab man ihnen vielerorts die gleiche Bezeichnung »Frauenhöhle«.

Erdweiberschlüpfe

Ein Dutzend Erdställe, die den Namen »Frauenhöhle« tragen, soll es allein in der oststeirischen Hügellandschaft Kaindorf bei Hartberg geben. Die Region liegt etwa 30 Kilometer nördlich vom Kirchberger Ländchen entfernt. Einige dieser Höhlen wurden wiederentdeckt, sind freigeschaufelt und vermessen worden.

Als bedeutendste Anlage gilt die »Frauenhöhle« im Waldstück von Hinterbüchl. Ludwig Stampfer, ehemaliger Stadtkaplan von Hartberg, hat sie 1887 in seinen historischen Aufzeichnungen über *Die künstlichen Höhlen bei Kaindorf* beschrieben. Daraus geht hervor, dass er den »verschütteten Eingang« und die mit »aufgehäuftem Sand« unzugänglichen Kammern und Gänge freigelegt hat. Im Zuge der Untersuchung des Unbekannten fertigte er einen Lageplan an, der mit modernen Vergleichsmessungen aus dem Jahre 2011 gut übereinstimmt. Die rund 90 Meter lange Anlage, die in frühen Zeiten im Eingangsbereich 10 Meter länger gewesen sein soll, besteht aus mehreren Kammern, Durchschlupfen, Nischen und drci Rundgängen, von denen heute nur mehr zwei vollständig erhalten sind. Der

Steirer dokumentierte außerdem zahlreiche Namen und Jahreszahlen, die dreiste Besucher auf den Wänden und Decken hinterlassen haben. Die ältesten stammen aus dem 15. Jahrhundert. Eine gesicherte Auskunft über das wahre Alter der Anlage ist damit keineswegs gegeben, denn die »Verschönerungen« könnten Gravuren sein, die erst viel später ins Gestein geritzt worden sind.

Einige röhrenartige Passagen sind so eng, dass nur ein Zwergerl durchhuschen könnte. Stampfer hat sich darüber gewundert und notiert:

> »Da diese Schläuche so eng sind, dass kaum ein Kind durchkriechen kann, wie sind sie dann aus dem Löss herausgearbeitet worden?« Der Geistliche vermutete zunächst, dass »Füchse und Dachse hier ihre Schlupfwinkel« gehabt hätten, doch dagegen spräche »allein ihr regelmäßiges Vorkommen« und »unverkennbare Zeichen schaffender Menschenhände«.

Vielleicht meinte der »Höhlenkaplan« fast bis obenhin mit Sand aufgefüllte Gänge, die in Wirklichkeit in tiefere Ebenen führen? Es hält sich das Gerücht, dass es noch unentdeckte kilometerlange Verbindungsstollen zu benachbarten Erdhöhlen geben soll. Wenn das stimmt, wäre es ein Novum, denn soweit bekannt, gibt es keine Erdställe dieser Ausdehnung, und sie besitzen gewöhnlich nur einen Eingang. Dennoch kann eine heute längst verschüttete Tunnelbeziehung nicht völlig ausgeschlossen werden. Eine könnte bis zur »Frauenhöhle« in der Nachbargemeinde Hofkirchen bestanden haben, die seit 2015 an die Marktgemeinde Kaindorf angeschlossen wurde.

Die »Frauenhöhle« von Hofkirchen

Der Wald von Hofkirchen ist Schnittpunkt einiger Pilgerpfade zur nahegelegenen Wallfahrtskirche Maria Fieberbründl. Da sich in diesem Bereich Wanderer davor fürchteten, sie könnten vom richtigen Weg abkommen, erhielt der Platz den Namen »Irrbrunnen«. Irr auch deshalb, weil man an dieser Stelle eine Wasserquelle vergeblich sucht. Dafür ist ein »steirisches Wahrzeichen« in Sichtweite: die Kirche von St. Stefan, errichtet als unverputztes Bruchsteinmauerwerk anno 1384. Sie ist eine der wenigen gotischen Gotteshäuser der Oststeiermark, die ihren originalen Bauzustand weitgehend unverändert erhalten haben. Im Inneren ist seitlich des Hochaltars ein großes Fresko erhalten. Es zeigt die apokalyptische Glaubensvorstellung vom »Jüngsten Tag«, an dem Christus als »Weltenrichter« wiederkehrt und zwischen neuem Himmelreich und ewiger Verdammnis geurteilt wird.

Frauenhöhle in St. Stefan

Wenige Meter von der Kirchenrarität entfernt, befindet sich im Keller des Bauernhauses Buchberger die Pforte in die Finsternis. Nicht ins Höllenreich, aber hinab zu einem Erdstall. Er wird »Frauenhöhle« genannt, genauso wie die circa 3 Kilometer südlich entfernte Anlage in Hinterbüchl.

Kaplan Stampfer schildert Ende des 19. Jahrhunderts, wie der Erdstall von St. Stefan entdeckt wurde:

»Es war vor mehreren Jahrzehnten zur Zeit eines Jahrmarktes, als ein Krämer in der Nähe der Kirche seinen Stand aufschlagen wollte. Er war soeben damit beschäftigt, mit einer eisernen Stange die Löcher zur

Befestigung der Standhölzer in den Boden zu machen, als nach einem allzu kräftigen Stoß das Werkzeug in die Erde verschwand. Wahrscheinlich ist er auf ein längst verschüttetes Luftloch geraten, welches das Instrument auf Nimmerwiedersehen in eine unterirdische Höhle entführte.«

Zieht man alte Legenden heran, die sich Einheimische erzählen, dann muss die Anlage ursprünglich recht groß gewesen sein. Der Sage nach soll ein Gang hinab zum Saifenbach geführt haben und eine andere Abzweigung zur Kirche, die knapp 50 Meter entfernt liegt. Tatsächlich gibt es bei der Kirchenaußenwand nahe der Apsis und im Inneren beim Orgelaufgang zugeschüttete Bereiche, die wahrscheinlich in früheren Epochen als Einstiegsluken ins unterirdische Reich gedient haben. Heute ist nur mehr ein Tunnelstück von rund 25 Metern Länge erhalten.

Wenn wir den Gang erkunden, kommen wir zuerst in eine gemauerte Kammer, die in einem für Erdställe ungewöhnlich breiten Kriechgang mündet. 2 Meter weiter erreichen wir eine Kreuzung. Links zweigt ein enger Stollen in Richtung Nordwesten ab, der nach 3 Metern endet. Er ist verschüttet, aber man ahnt, hier ging es einmal weiter, vielleicht sogar zu einem Schlupfloch. Rechts führt der breite Hauptgang nach Südosten weiter, macht nach knapp 3 Metern einen Knick und endet etliche Meter weiter in östlicher Ausrichtung abrupt. Hier wäre es interessant zu erfahren, wohin der verschüttete Stollen führte. In diesem hinteren Sektor des Erdstalls existiert auch noch eine Seitennische nach Süden, wo ursprünglich ebenfalls ein Fortgang bestanden haben könnte. Wann und wozu das unterirdische Höhlensystem angelegt wurde, ist unklar. Die meisten Erdstallforscher halten das Hochmittelalter für die wahrscheinlichste Zeit. Überliefert ist, dass die Anlage später im 16. und 17. Jahrhundert während der Türkenbelagerungen als Versteck für Frauen und Kinder diente. Ob der Name »Frauenhöhle« aus dieser Zeit stammt oder doch auf ältere, archaische Kulte um die mütterliche »Terra Mater« zurückgeht, wissen nur die Götter. (Siehe Abb. 9 im Farbbildteil)

Zugängliche und verborgene Unterwelten

Gelegenheiten für Erdstall-Erkundungen

Vor wenigen Jahrzehnten war die Besichtigung eines Erdstalles noch ein rechtes Abenteuer. Damals nahm kaum ein Archäologe Notiz von den merkwürdigen Geheimgängen. Lexika verschwiegen ihre Existenz, und architektonische Handbücher erwähnten sie ebenso wenig wie Standardwerke der Volkskunde. Inzwischen hat sich das dank vieler engagierter Forscher und Denkmalpfleger gewandelt. Der kulturhistorische Wert der Anlagen wurde erkannt und wird geschützt. Wer sich für das unterirdische Rätselreich interessiert, findet vielfältige Fachliteratur und wertvolle Informationen auf den Internetplattformen etlicher Forschungsvereine.

Ebenso laden sehenswerte Ausstellungen ein, die dem Erdstall-Phänomen gewidmet sind. Die interessantesten Sammlungen zeigen der »Schießl-Hof« im bayerischen Neukirchen-Balbini, das »Heimathaus-Stadtmuseum« im oberösterreichischen Perg und das »Erdstallmuseum Althöflein« im niederösterreichischen Weinviertel.

Kein noch so lehrreicher Schauraum oder digitaler Rundgang kann das leibhaftige Erlebnis in einem Erdstall ersetzen, doch der Tourismus bereitet auch Probleme. Die meisten Eingänge befinden sich auf Privatbesitz im freien Feld oder in Kellern von Bauernhäusern. Es ist nachvollziehbar, dass die Besitzer wenig Freude daran haben, wenn Menschen in Gruppen über ihre Grundstücke trampeln oder durch ihr Wohnzimmer marschieren. Dazu kommt, dass viele Hohlräume nicht ganz sicher sind, es also nicht ganz ungefährlich ist, wenn man die Gänge erkundet. Es ist verständlich, wenn Tourenveranstalter das Risiko nicht übernehmen wollen. Bei Dreharbeiten in Erdställen nannte mir die Filmemacherin Johanna Pötsch noch einen Grund: »Bei unerfahrenen Besuchern besteht mit der Besichtigung von Erdställen die Sorge, dass es zu Beschädigungen oder sogar Zerstörungen kommen kann. Denkmalschützer und Wissenschaftler haben deshalb beschlossen, dass sie lediglich eine kleine Anzahl dieser Gänge dem Tourismus opfern. In Fachkreisen werden diese daher auch ›Opferställe‹ genannt.«

Kein Grund für Unmut. All diese für den interessierten Laien zugänglich gemachten Gänge sind äußerst beeindruckend. Gelegenheiten zur Begehung, besser gesagt Bekriechung, erlauben vor allem die Erdställe in den oberösterreichischen Gemeinden Kleinmollsberg (Haus Nr. 2; Neustift im Mühlkreis), Münzkirchen (Einstieg im Gasthof Wösner), Hellmonsödt (unter dem Denkmalhof Mittermayer im Freilichtmuseum Pelmberg), Wartberg ob der Aist (in einem Waldstück hinter dem Haus Reitling Nr. 26) und das mit 106 Metern Gesamtlänge leicht begehbare Gangnetz von Perg, genannt Ratgöbluckn.

Pöllau und Vorau unterirdisch

Für mediale Aufmerksamkeit sorgten in den letzten Jahren vor allem spektakuläre Entdeckungen unterirdischer Gangsysteme in der nordöstlichen Steiermark. Mit Aberhunderten gemeldeten Erdställen ist die waldreiche Region um die Marktgemeinden Pöllau und Vorau zum Hotspot der österreichischen Erdstall-Forschung avanciert. Die Ortschaften im sogenannten Joglland nahe Hartberg liegen wenige Kilometer nördlich von Kaindorf.

In Pöllau bietet »Masenberg-Tours« mit Leiterin Monika Zörrer-Buchas fantastische Reisen in die Unterwelt an, die zum Staunen zwingen. Neben der Erdstall-Anlage »Polzhofer« und einem Gang am Sternbauerkogel, der meist von Fledermäusen bewohnt wird, ist die »Franzosenhöhle« bei Miesenbach besonders interessant. Sie wurde aus Trockenmauern errichtet und besitzt eine 3 mal 2 Meter große Kammer, in der man aufrecht stehen kann. Vermutet wird, dass die künstliche Höhle als Schutzraum einer prähistorischen Bergsiedlung diente. Damit in Verbindung stehen könnten auch andere Rätselhaftigkeiten, etwa die am Südhang des Pongrazerkogels errichteten drei Steinterrassen unbekannten Alters und ungeklärter Bedeutung.

Vergleichsweise viele unterirdische Anlagen finden sich im Umfeld des 1163 gegründeten Vorauer Augustiner-Chorherrenstiftes. Die in dieser Gegend entdeckten Stollen sind unterschiedlich alt, dienten wohl nicht immer gleichen Zwecken und variieren auch in der Bauweise. Dr. Heinrich Kusch, Prähistoriker und Lehrbeauftragter der Universität Graz, hat gemeinsam mit seiner Frau Ingrid, Archäospeläologin und Geologin, Hunderte archäologische Wunderwerke seiner Heimat aufgespürt und untersucht. Das Forscherehepaar stellte dabei fest, dass viele Gänge bis zu ihrer Freilegung nicht nur durch natürlich eingeschwemmte Sedimente aufgefüllt waren, sondern mit Steinbrocken und Erdreich verschlossen wurden. Augenscheinlich eine beabsichtigte Versiegelung, die im 17. Jahrhundert erfolgt sein dürfte. Die Gründe dafür sind noch nicht geklärt. Erst ein Bruchteil des gesamten Tunnelnetzes ist wissenschaftlich erforscht. Laufend tauchen bei Bauarbeiten oder durch Hinweise aus der Bevölkerung neue auf. Allein seit 2018 sind rund hundert bis dahin unbekannte künstliche Gänge lokalisiert worden.

Klostergeheimnisse

Höhlenforscher Heinrich Kusch vermutet unterhalb des Vorauer Stiftes ein kilometerlanges Stollensystem, das in mehreren Stockwerken bis in 70 Meter Tiefe führen soll. Auf die Spur brachte den Steirer ein Relikt, das ein ortsansässiger Landwirt 1976 beim Entfernen des Dachstuhls im Mauerwerk seines Gehöfts vorfand: eine Kanonenkugel mit Hohlraum (mutmaßlich aus dem Ersten Weltkrieg), in der die Kopie eines Plans aus dem 15. Jahrhundert steckte. Das Schriftstück nimmt, wie es scheint, Bezug auf ein mittelalterliches Gangnetz unterhalb des Stiftareals. Das Original soll in der Stiftsbibliothek aufbewahrt sein.

Chorherrenstift Vorau.
Unter dem Kloster wird ein mehrstöckiges Tunnelsystem vermutet.

Im Zuge radiästhetischer Messungen wurde tatsächlich ein unterirdisches Labyrinth »gemutet« und »geortet«. Für eine überzeugende archäologische Beweisführung reicht die »übersinnliche Methode« der Strahlenfühligkeit jedoch nicht aus. Erst gezielte Bohrungen könnten Gewissheit bringen, ob das Gangsystem tatsächlich existiert. Hinweise dafür liefern zumindest geophysikalische Untersuchungen mittels Bodenradar. An einigen Plätzen im Stift Vorau wurden Hohlräume registriert, etwa im Kirchenraum und in der Gruft der St. Thomaskirche. Aber wie sollten die Daten überprüft und zudem weit unterhalb der Bodenplatten geforscht werden? Wer hier im barocken Kunstjuwel mit umfassenden Grabungen das Gotteshaus auf den Kopf stellen will, darf dafür nicht mit kirchlichem Segen rechnen.

Ungeklärte Funde im Bereich unterirdischer Anlagen, darunter ein »Schlangenrelief«

Lokalaugenschein im ältesten Erdstall

Das Schlangenrelief

Die Welt unter dem Chorherrenstift bleibt bis auf unbestimmte Zeit versiegelt. Derweil bietet es sich an, rund um den Kirchenkomplex jede Menge anderer Mysterien zu erkunden. Unterirdische Geheimnisse, an deren Authentizität nicht gezweifelt werden kann. Der Verein »Sub Terra Vorau« hat einige Erdstollen »begehbar« gemacht, die im Rahmen von Führungen besichtigt werden können.

In Vorau habe ich dazu ein Treffen mit dem Obmann Ing. Johann Schweighofer. Der Steirer öffnet mir das Tor zu einem kleinen Ausstellungsraum im Waldturm innerhalb des Chorherrenstiftes. Hier werden archäologische Raritäten aus Privatsammlungen aufbewahrt. Die Fundstücke stammen aus der Umgebung des Stiftes und aus den unterirdischen Gangsystemen.

Neben jungsteinzeitlichen Streufunden, Spindeln, Lochbeilen, Klingen, Keramiken und einem römisch-keltischen Altarstein springt dem Betrachter ein »Schlangenrelief« unbekannten Alters ins Auge. Es ist 82 Zentimeter lang, besteht aus Schiefergestein und wurde 5 Kilometer östlich von Vorau in der Ortschaft Reinberg gefunden. Historiker vermuten, dass es eine Darstellung der »Schlange als Urmutter« ist. In der keltischen Mythologie war sie das Attribut der Bethe Ambeth (auch »Einbeth«), die als Lebensspenderin und gebärende Erdmutter verehrt wurde. Gemeinsam mit Wilbeth und Borbeth bildete Ambeth die göttliche Triade der Bethen, die als keltische Mutter- und Schicksalsgöttinnen verehrt wurden. Im Begleittext der Schautafel heißt es dazu, dass »im Rahmen der ›Christianisierung‹ von Ambeth zur Heiligen Margarethe die Schlange als Urmutter zum bösen Drachen oder Lindwurm umgedeutet« wurde. Gab es einen mythologischen Kontext zu unterirdischen Anlagen?

Wenn man weiß, dass Erdställe auch als »Frauenhöhlen« bezeichnet werden, mutet das durchaus plausibel an.

Der »Kandelhofer-Erdstall«

Johann Schweighofer drückt mir einen Schutzhelm mit Stirnlampe in die Hand. Er will mir heimische Erdställe zeigen, die teilweise haushoch im Untergrund liegen.

Eine der interessantesten Anlagen nennt sich »Kandelhofer Erdstall« in Vorau-Puchegg auf 794 Metern über dem Meeresspiegel. Er ist ein Glücksfall für die Archäologen und zählt mittlerweile zu den am gründlichsten untersuchten Erdställen in der Steiermark. Einheimische wussten seit den 1970er-Jahren von Hohlräumen unter der Landstraße, die zum etwa 1,5 Kilometer nördlich befindlichen Chorherrenstift Vorau führen. Bei der Verlegung von Wasserleitungsrohren stieß man auf die Gänge, hatte sie aber nach Beendigung der Grabungsarbeiten wieder mit Schotter gefüllt. 2008 wurde diese 30 Meter lange geheime Unterwelt wiederentdeckt, freigelegt und erforscht. Was hier für Erdställe äußerst ungewöhnlich ist: Es gab zwei alte Einstiegsschächte. Einer liegt auf der westseitigen Böschung und führt 3 Meter hinab in die Tiefe. Die zweite Luke ist heute durch die Asphaltdecke der darüber verlaufenden Straße verschlossen. Dafür wurde für Besucher auf dem östlich liegenden Gelände ein neuer Zugang geschaffen. Die Breite der Tunnel beträgt etwa 0,70 Meter, die Raumhöhe variiert zwischen 1,20 und 1,80 Meter. Es gibt seitliche Erweiterungen, einen gemauerten Luftschacht und ein enges Schlupfloch, das zwei Gänge miteinander verbindet. Eine Rarität ist eine runde Steinplatte, die offenbar als Verschlussstein für den Schlupf gedient hat und im »Sub Terra Vorau«-Museum ausgestellt ist. Neben einem Scherbenhaufen aus Keramik, der offenbar aus dem Spätmittelalter stammt, wurden das Fragment einer Silexklinge und ein Steinbeil gefunden, das prähistorische Völker als Werkzeuge benutzten. Dafür fehlt ein Merkmal, das für Erdställe typisch ist: Licht- und Tastnischen.

Altsteinzeitliche Hinterlassenschaft?

Der »Kandelhofer-Erdstall« zeigt noch eine weitere Eigentümlichkeit: Er besitzt einen bogenförmigen Abschnitt, der nach Norden weist und in einer Kurve in westliche Richtung weiterführt. Er wurde nicht direkt aus dem Flinz gegraben, sondern als Trockenmauergang angelegt. Wer durch den Stollen kriecht, erkennt auffällige Ähnlichkeiten zu megalithischen Strukturen in der westfranzösischen Bretagne und auf den Britischen Inseln. Dort nennt man die unterirdischen Komplexe »Souterrain«. Sie werden meist in die prähistorische Eisenzeit um 500 v. Chr. datiert, wobei ihr Zweck ebenfalls ungeklärt ist.

Unter dem Grundstück Kandlhof in Vorau Puchegg,
liegt der mutmaßlich älteste Erdstall Österreichs

Bisher sind in der Oststeiermark rund fünfzig unterirdische Gangsysteme bekannt, die diesem megalithischen Baustil entsprechen. Dr. Kusch hat sie mit Kollegen der Grazer Karl-Franzens-Universität erforscht und dokumentiert. Dabei kam die chemisch-physikalische

TCN-Methode (*Terrestrial Cosmogenic Nuclides*) zur Anwendung, mit der die Bauzeit der Anlagen bestimmt werden kann. Das Verfahren stellt fest, wann von Menschen bearbeitetes quarzhaltiges Gestein erstmals dem Sonnenlicht ausgesetzt war und unter Tage gebracht wurde. Auf diese Weise untersuchten Heinrich Kusch und sein Team gewaltige in den Gängen befindliche Decksteine. Die Messergebnisse machten die Forscher perplex: Wenn die Daten stimmen, sind etliche in Trockenbauweise errichtete Erdställe der Region Vorau nicht wie angenommen erst im Mittelalter entstanden, sondern bereits gegen Ende der letzten Eiszeit!

Das bedeutet ein Mindestalter von 10 000 bis 12 000 Jahre! Der »Kandelhofer Erdstall« könnte sogar 24 000 Lenze auf dem Buckel haben und wäre somit der absolute Urvater aller bekannten Erdställe. Eine archäologische Sensation, die an unserem vertrauten Weltbild rüttelt. Dr. Kusch räumt ein, dass die Zeiteinordnung auf vorläufigen Richtwerten beruht, versichert aber aufgrund der überprüften TCN-Analysen, dass »die Anlagen auf jeden Fall aus einer prähistorischen Epoche stammen! Dies lässt auch einige der in den letzten Jahrzehnten publizierten Erklärungsversuche, die das Erdstallproblem im Mittelalter verankern, in einem völlig neuen Licht erscheinen und sollte zum Umdenken Anlass geben.«

Der »Strallegger Altarstein« und das Datierungsdilemma

Lochsteine und Menhire

Die Megalithkulturen in Westeuropa werden in die Zeit zwischen 4800–2800 v. Chr. datiert. Nach den Studien von Dr. Kusch sind die steirischen Steinanlagen sogar noch wesentlich älter. Eine historische Vorstellung, die für orthodoxe Archäologen schwer verdaulich ist. Das gilt ebenso für mehr als 550 Menhire und Lochsteine, die in der Region Pöllau und Vorau dokumentiert sind. Ursprünglich müssen es wesentlich mehr gewesen sein. Viele Menhire wurden über Generationen von Grundbesitzern entfernt oder liegen noch heute unbeachtet im Gelände herum, weil sie bei der landwirtschaftlichen Arbeit im Wege standen. Von der Zerstörung verschont blieben vor allem jene Steinkolosse, die nach wie vor als Gatter- oder Grenzsteine genutzt werden. Der bislang größte »Hinkelstein« befindet sich am Masenberg. Er hat eine Länge von über 7,6 Metern Länge und wiegt um die 50 Tonnen!

In Vorau beginnt am Riegersbach ein 4,2 Kilometer langer und beschilderter Rundwanderweg, der zu Originalschauplätzen erhaltener Menhire und Lochsteine führt. Eine zweite Tour mit sehenswerten Steindenkmälern bietet sich mit dem 3,3 Kilometer langen Lochsteinweg in Strallegg an. Er liegt 10 Kilometer westlich von Vorau und führt auf 1254 Metern Höhe zu Steindenkmälern und einer Wegkreuzung mit einer Kapelle, die »Toter Mann« genannt wird. In der Nähe können aufmerksame Wanderer einen einzigartigen Bildstein entdecken, der schon für viele Diskussionen sorgte. Es ist ein seltsamer Altarstein, der im Wald knapp neben dem Forstweg liegt. Er ist etwa 140 Zentimeter lang, 80 Zentimeter breit und ragt einen halben Meter aus dem Boden. Auf seiner Oberfläche sind unverständliche Ritzzeichnungen eingraviert: eine mit Rock bekleidete

Nahe vieler unterirdischer Anlagen: hunderte Menhire und Lochsteine. Wie alt sind sie und was war ihre ursächliche Bestimmung?

menschenähnliche Gestalt, die ihre Arme herabhängen lässt. Ist es ein Weiblein? Oder ein Männlein im Kittel? Über der Figur ist ein Ritzbild zu sehen, das vieldeutige Interpretationen erlaubt. Es sieht wie ein Phallus aus. Fromme Christen werden vielleicht eine Monstranz erkennen, Prä-Astronautiker eine Rakete. Gleich darüber wurde eine Rune in Form eines »Sonnenrades« im Stein verewigt. Strahlenjäger orten beim Altarstein zwei Wasserlinien, wobei eine davon zur naheliegenden Heilquelle, dem »Kühgrantl« weist. Dort und am Wegrand ragt jeweils ein Lochstein empor. Ein ehemals wichtiger Kultplatz wird vermutet, aber niemand kennt mit Sicherheit das Alter und die Bedeutung des »Strallegger Bildsteins«.

Unverstandene Gravuren auf dem Strallegger Bildstein? Zum Gedenken, als Opfer oder Spuren eines steinernen Kalenders?

Da sich prähistorische Kultsteine, Lochsteine und Menhire in auffällig geografischer Nähe zu unterirdischen Anlagen konzentrieren, vermutet Dr. Kusch einen Zusammenhang. Die gewaltigen Steinriesen, die meist bis zu einem Drittel ihrer Größe im Erdreich verankert sind, werden von dem Prähistoriker den Megalithkulturen zugeordnet. Vielleicht sind sie sogar wesentlich älter, denn mit der TCN-Messmethode wird einigen Menhiren sogar ein Alter von bis zu 14 000 Jahren zugeschrieben. Lochsteine als Wegweiser in die Unterwelten? Und sind die anonymen Steinsetzer mit den Erbauern der oststeirischen Gangsysteme gleichzustellen?

Fundraritäten

Die Ungewissheit zum Alter der Lochsteine sowie der Erdställe spaltet die Fachwelt. Für eine zuverlässige Datierung ist die Faktenlage etwas dünn und problematisch, denn: Erdställe wirken fast immer wie ausgefegt. Einige Dinge wurden dennoch gefunden: Lampen, Mühlsteine, Holzschemel, Werkzeuge, Sensen, Münzen, Ringe, Schlacke, Feuersteine, Brandreste, Knochen, Eierschalen, Tongefäße und ein Füllhorn an Scherben aus dem Hausrat. Ferner sind die Wände mancher Gänge graviert mit geometrischen Symbolen, Namen und neuzeitlichen Jahreszahlen. Die bedeutendsten Funde von Artefakten sind dokumentiert, gelten aber inzwischen als verschollen. Dazu gehört das Fragment eines Tongefäßes, das 1889 bei der Entdeckung eines Erdstalls in der oberösterreichischen Gemeinde Arnreit vorgefunden wurde. Es zeigt auf der Unterseite das Motiv eines Bildes, das als »Sonnenrad« interpretiert wird.

Gerne mehr gewusst hätte man auch über jene Skelette, die angeblich in einigen Gängen gefunden worden sind. Der österreichische Pionier der Erdstall-Forschung, der Göttweiger Benediktinerpater

Verschollenes Artefakt mit »Sonnenrad«-Symbolik.
Gefunden 1889 in einem Erdstall in Oberösterreich.

Lambert Karner (1841–1909), notiert in seinem 1887 veröffentlichten Forschungsbericht:

> »Merkwürdigerweise habe ich in den Hunderten Kammern noch keine entscheidenden Funde gemacht, wenngleich mir wiederholt von ›Skeletten, die darin gelegen sein sollten‹, gesagt wurde, und in Mähren und in Röschitz Sagen gehen, dass in denselben Greise gehaust hätten, die, als man sie anrührte, zu Staub zerfielen.«

Hat es diese sagenhaften Gebeine wirklich gegeben? Wenn ja, wohin waren sie verschwunden?

Karner war davon überzeugt, dass die von ihm erforschten Erdställe in »vorchristlicher oder wenigstens zu Beginn der historischen Zeit« angelegt worden sind. Er berief sich dabei auf römische Dichter und Historiker wie Ovid, Tacitus und Plinius, die in ihren frühen Schriften von Menschen genutzte Höhlen im »alten Germanien« erwähnen. Wenn damit wirklich die Erdställe gemeint waren, müssten viele unterirdische Anlagen tatsächlich bereits in der Antike oder noch früher entstanden sein.

Die Mehrheit der modernen Erdstall-Community ignoriert diese Hinweise und geht davon aus, dass die ältesten künstlichen Tunnel erst um das Jahr 1000 n. Chr. angelegt wurden. Im Hochmittelalter wird ihre Blütezeit angenommen, dann um 1400 scheint das Interesse für diese kuriose Bautechnik abhandengekommen zu sein. Dieser Zeithorizont wird durch Holzkohlereste gestützt, die in verschiedenen Erdställen und zugehörigen Bauhilfsschächten gefunden wurden. Es sind nicht viele, aber die wenigen bekannten Prüfungen mittels Radiokarbonmethode datieren die Funde klar ins Mittelalter. Dennoch bleiben Ungereimtheiten: Wie aussagekräftig sind die Analysen für das Gesamtphänomen Aberhunderter Erdställe? Belegen die Zeugnisse tatsächlich das unmittelbare Entstehungsalter? Oder könnten sie nicht ebenso gut erst zu späteren Zeiten im Zuge einer »Nachnutzung« in die Anlagen gelangt sein?

Der Datierungsdisput

Dr. Heinrich Kusch hält das prähistorische Alter der meisten »Unterwelt-Tunnel« für belegt und betont:

> »Die Wurzeln unserer Erdställe in Mitteleuropa liegen viele Jahrtausende in unserer Vergangenheit und nicht erst 800 oder 1000 Jahre zurück! Tatsache ist, dass im Mittelalter und der Neuzeit die Anlagen nur mehr sekundär vom Menschen aufgesucht und auch gelegentlich in vielerlei Nutzungsarten verwendet wurden, aber *nicht* geschaffen!«

Skeptikern, die ihrerseits darauf pochen, dass Erdställe nicht aus der Vorzeit stammen können, hält er entgegen,

> »dass Keramikfunde und C14-Datierungen von Holzkohlestücken oder anderem organischen Material in den Ablagerungen der Erdställe jenen Zeitraum angeben, in dem diese Gegenstände in die Verfüllungen eingebracht wurden und zeigen durch die stratigraphische Dokumentation auf, unter welchen Umständen (Mensch, Tier oder Witterung) diese in die Sedimentablagerungen hineingelangt sind. Daher geben solche zeitlichen Zuweisungen einen konkreten Hinweis auf eine Anwesenheit beziehungsweise Tätigkeit von Menschen in *dieser* Epoche, erlauben jedoch im Gegensatz zu TCN-Datierungen nur mit Einschränkungen Rückschlüsse auf den Errichtungszeitraum solcher unterirdischer Anlagen.«

Zudem stellt sich die Frage, ob man es nicht gleichzeitig mit mehreren unterschiedlichen Phänomenen zu tun hat. Nicht jedes als Erdstall bezeichnete Gangsystem ist auch ein klassischer Erdstall im engeren Sinne. Manchmal betrifft es Anlagen, die von der Architektur her nur an einen solchen erinnern, aber letztlich einen ganz anderen Ursprung und Zweck erfüllten. Dr. Kusch und sein Team messen der Betitelung »Erdstall« heute wenig Bedeutung bei, weil »der eigentliche Entstehungs- und Nutzungszweck völlig anders gelagert war. Außerdem wurden diese Anlagen im Mittelalter anders bezeichnet!«

Die Hypothese, dass die Gänge durchweg aus dem Mittelalter stammen würden, hält der Altertumsforscher für »völlig veraltet«, sie sei »schon lange vom Tisch.« Es gäbe insgesamt nur eine Handvoll C14-Datierungen aus den Erdställen. Welche Schlüsse müssen daraus gezogen werden, wollte ich von dem Altertumsforscher wissen. Kusch hält noch einmal fest:

> »Die vorhandenen Analysen belegen nur, dass in diesem Zeitraum das organische Material (Holz) durch Mensch, Tier oder die Natur hineingelangt ist, aber dies ist kein Hinweis auf das *Entstehungszeitalter*! Es belegt im besten Fall die Anwesenheit eines Tieres oder Menschen in diesen unterirdischen Räumen, mehr nicht! Außerdem gelten die Datierungen nicht für alle Anlagen, sondern nur für die, aus der das Holz stammt. Sie sehen also, dass hier mit falschen Argumenten gearbeitet wird, die auf keiner wissenschaftlichen Grundlage basieren. Tschechische Wissenschaftler konnten Funde aus Erdställen bis ins Neolithikum datieren, aber auch dies kann das Entstehungsalter der Gänge nicht bestätigen, weil die Anlage in dieser Zeit genutzt, aber nicht errichtet wurde. Hierzulande gibt es Funde aus dem Paläolithikum. Nahe Wien hat man sogar den Stoßzahn eines Mammuts in einem Erdstall gefunden. Der ORF hat darüber berichtet. Der Erdstall wurde mit einem Bagger abgetragen und zerstört. Sie sehen, wie kompliziert eine wissenschaftliche Aufarbeitung dieses Themas sein kann.«

Hightechbearbeitung im Streblgang

Der streitbare Prähistoriker setzt sogar noch einen drauf. In einigen Anlagen, die Skeptiker für »gewöhnliche Wassergänge« halten, fand Kusch Wandbereiche, die »viel glatter und feiner gearbeitet sind als die mittelalterlichen Stollen, fast wie mit einem Messer aus dem Berg geschnitten«. Besonders der rund 100 Meter lange »Streblgang« auf dem Grundstück der Familie Rechberger, 2 Kilometer südlich von Stift Vorau in Puchegg, verblüfft den Höhlenforscher. Kusch bestreitet nicht, dass dieser Stollen auch ein »Wassergang« war, allerdings erst in deutlich späterer Zeit in Sekundärnutzung. Dazu gibt es ungeklärte Anomalien: Im Eingangsbereich befindet sich eine 10 Meter lange Verwitterungszone, an der keine Arbeitsspuren mehr zu sehen sind. Speziell bei diesem Höhlengang weiß man nicht, wie sie entstanden ist.

Der Streblgang in Puchegg zeigt präzise Bearbeitungsspuren, die nur mit Zuhilfenahme von Hightechgeräten erklärbar sind. Wer war in grauer Vorzeit dazu imstande?

Unglaublich ist das mutmaßliche Alter: Gemäß der angewandten TCN-Messmethode könnte der Tunnel bis zu 20 000 Jahre alt sein! Unbegreiflich genug, aber es kommt noch verrückter: Nach Untersuchungen mittels Lasertechnik, Teilchenbeschleuniger und Rasterelektronenmikroskop müssen die Gangwände unter enormer Hitze entstanden sein! Grund für diese Annahme sind sichtbar gemachte Werkzeugspuren von Verglasungen. Mit starken Industriemagneten entdeckten Kusch und sein Team einen »zusammengerollten Eisenspan«, der bei der damaligen Arbeit vom verflüssigten Stein eingehüllt worden war. »Dies ist auch der Grund«, bekräftigt Kusch, »warum der Eisenspan überhaupt noch erhalten geblieben ist, also konserviert wurde. Andernfalls hätte er sich schon längst zersetzt.« Für Heinrich Kusch ist das Partikel der Beleg dafür, dass es »an der

Werkzeugspitze eine Temperatur von weit über 1200 Grad Celsius gegeben haben muss, die das Augengneis-Gestein einst verflüssigt hat.«

Das passt zur futuristischen Lasertechnologie aus dem *Star-Wars-* oder *Perry-Rhodan*-Universum, nicht aber in die raue Altsteinzeit. Für Zweifler kann der ominöse Eisenfund deshalb nur natürlichen Ursprungs sein. Doch dem widerspricht der Uni-Wissenschaftler nachdrücklich: »Es ist Eisen, das *künstlich* hergestellt worden ist – von wem und wann auch immer.« Mikrosondenanalysen hätten ergeben, dass es sich bei dem Metallpartikel um Erz handelt, das im untersuchten Gestein nicht vorkommt.

Man kann das Unfassbare vielleicht als Fehldeutung oder geologische Kuriosität abtun, wären da nicht weitere unbegreifliche Entdeckungen, die auf den Einsatz maschineller Arbeitsgeräte schließen lassen. Im erwähnten Streblgang wurden mittels Präzisionslaserscanner gleichmäßige Frässpuren festgestellt, und nicht, wie man hätte annehmen können, Schlagmerkmale von Meißelwerkzeugen. Im Wand- und Deckenbereich müssten nach den Analysen von Kusch viel gröbere Bearbeitungsspuren erkennbar sein, doch die Abweichungen bewegen sich hier im Millimeterbereich. »Eine derartige Präzision ist bei einer von Hand durchgeführten Arbeit unmöglich«, konstatiert der Prähistoriker. Selbst modernste Maschinen hätten Mühe, solche Ergebnisse zu erzielen. (Siehe Abb. 11 im Farbbildteil)

Bei allen Milchstraßen! Wer sollte mitten in der Eiszeit imstande gewesen sein, maschinelle Hightechgeräte herzustellen, um damit unterirdische Bunker zu errichten? Außerirdische? Oder existierte gar eine Menschheit vor »der Menschheit«, eine uns unbekannte Zivilisation der Vorzeit?

»Das alles klingt phantastisch, märchenhaft, fast unglaubwürdig«, gibt Heinrich Kusch ganz freimütig zu, erkennt aber »ganz eindeutig einen Zusammenhang dieser erst ansatzweise erforschten Gangsysteme mit dem Phänomen der Erdställe, die in ganz Mitteleuropa – von Frankreich bis nach Tschechien und weiter in den Osten – zu finden sind, und deren Zweck bis heute ebenso wenig geklärt werden konnte wie die Zeit, in der sie errichtet wurden.«

Ratlose Wissenschaft

TCN-Datierungen, die nicht ins Schema passen

Viele Gelehrte der klassischen Archäologie haben große Mühe mit dem hohen Alter mancher Gänge. Es fällt ihnen ebenso schwer, die Analysen von Dr. Kusch und seinen Kollegen zu akzeptieren, wonach bei einigen Anlagen wie dem »Streblgang« offenbar »Maschinen« zum Einsatz gekommen sind. Als Freund der Fantastik und Beobachter unterschiedlicher Forschungsansätze habe ich den Eindruck, dass die Familie der »Erdstall-Forscher« gegenseitig gewisse Animositäten pflegt. Sagen wir es, wie es ist: Sie wirkt zerstritten und teilweise rechthaberisch. Für eine ergebnisoffene Forschung ist das sehr bedauerlich.

Natürlich muss sich jeder Wissenschaftler, der neue Erkenntnisse präsentiert, die von der bisher gültigen Lehrmeinung abweichen, kritisches Hinterfragen gefallen lassen. Etliche Archäologen erachten es für schlicht »unmöglich«, dass erdstallähnliche Gänge 10 000 Jahre oder älter sein können. Die TCN-Messdaten sagen aber genau das. Jetzt könnte man als Skeptiker einwerfen: Sind denn jemals herkömmliche Datierungen mit jenen des TCN-Verfahrens verglichen worden? Zum Beispiel, indem man eine archäologische Stätte, bei der das Alter allgemein bekannt und völlig unstrittig ist, ebenso mit TCN-Verfahren untersucht. Würden in diesem Fall die Messdaten das nachweisbare Alter besagter Kultstätte bestätigen, dann wäre das doch ein klarer Beleg dafür, dass auch die von manchen bezweifelten Erdstall-Datierungen zutreffend sind. Genau das wollte ich von Heinrich Kusch wissen.

Der Prähistoriker scheut keine Antwort:

»Da kann ich Sie beruhigen, Herr Habeck, denn auch wir haben Referenzdatierungen bei unseren datierten Gängen vorgenommen. Nur wollen einige Leute, die offenbar nicht lesen können, dies nicht zur Kenntnis nehmen. Es ist nämlich immer leichter, alles anzuzweifeln als einzugestehen, dass etwas stimmen könnte. Fest steht, dass jene Kritiker, die sich am lautesten äußern, meines Erachtens keine Ahnung von solchen Langzeitprojekten haben und selbst noch nie solche umfangreichen Untersuchungsserien durchgeführt haben. Belege für archäologische Datierungen mit der TCN-Methode kennen wir aus Nordafrika, Russland und Nordamerika, wo die Archäologie diese Datierungsmethode angewandt hat, um an neue Resultate zu gelangen. Sie sehen, diese Methode ist bereits vielfach erprobt worden. Aber die Archäologie war mit manchen Auswertungen nicht einverstanden, sodass diese unter den Tisch gekehrt worden sind. Ich kenne da einige Beispiele. Bei uns in Österreich konnten wir zwei TCN-Datierungen jüngst sogar mit C14-Datierungen am gleichen Objekt bestätigen.«

Die großen Rätselfragen

Es bleibt spannend! Wer löst nun endgültig das uralte Rätsel? Nach jeder neuen Erkundung im Untergrund frage ich mich aufs Neue: Welchen Nutzen hatten diese Irrgänge? Nach heutigem Verständnis erscheinen diese Bauwerke unlogisch, ohne jeglichen erkennbaren Sinn oder Zweck. Die banale Erklärung »Fluchtgänge« scheidet sicher aus. Es gibt in der Regel nur *einen* Eingang und der ist mit dem Ausgang identisch. Wohin hätte man also flüchten sollen? Hatten Erdställe überhaupt einen *praktischen* Nutzen? Von wem, wann genau und warum oder wofür sind diese irrwitzigen Höhlen gebaut worden? Das sind die drängenden Kernfragen zum Unterwelt-Phänomen.

Seit den ersten wissenschaftlichen Untersuchungen im Jahre 1828 haben sich Erdställe bis heute jeder vernünftigen Erklärung entzogen. Die Gelehrten sind – salopp gesagt – ratlos und in zwei Gruppen gespalten: Die einen favorisieren Auslegungen, die mit Verstecken im Mittelalter verknüpft werden, die anderen vermuten einen kultischen Hintergrund unbestimmter Zeitstellung. Beide Lager haben mannigfache und widersprüchliche »Lösungsvorschläge« zur ursächlichen Bedeutung anzubieten. Sie sind fantasie- und facettenreich, aber keine Hypothese überzeugt endgültig. Da die unterirdischen Gangsysteme nicht alle aus einer gemeinsamen Epoche stammen und ebenso unterschiedlichen Zwecken gedient haben könnten, sind mehrere Erklärungsmodelle denkbar.

Oder zielen womöglich alle – nachfolgend noch einmal zusammengefassten – Erklärungsansätze ins Leere? Schließlich war niemand von uns dabei, als die Höhlensysteme von wem, wann und wozu auch immer angelegt wurden.

Versteck vor Feinden. Weitverbreitet und doch nicht ganz stimmig ist die zunächst »vernünftig« anmutende These als Zufluchtsstätte in kriegerischen Zeiten. Demnach hätte die bedrohte Bevölkerung die unterirdischen, oft unter Bauernhöfen angelegten Stollen als Verstecke genutzt. Nischen und Sitzbänke lassen tatsächlich auf einen Aufenthalt von Personen schließen. Übergewichtige, Schwangere und Kranke hätten bei diesem Szenario allerdings das Nachsehen gehabt. Denn wie sollten sie unbeschadet durch die engen Löcher gekrochen sein? Und jene, die es taten? Wie lange können Menschen im tiefen unwirtlichen Erdreich ohne Frischluftzufuhr überleben? Je nach Personenanzahl und Größe der Anlage bestünde in den beengten Räumlichkeiten schon nach wenigen Stunden akuter Sauerstoffmangel. Dort, wo Luftröhren vorhanden sind, die senkrecht an die Erdoberfläche führen, hält man es im Untergrund länger aus. Experimente zeigten, dass dort drei Menschen bis zu 2 Tage überleben können. Die Frage der lebensnotwendigen Versorgung mit Wasser und Nahrung bleibt bei dieser These dennoch ungeklärt. Ebenso, wie man mit dem Problem der Notdurft umgegangen ist. Die Schutzsuchenden hätten zudem das Risiko und die Unsicherheit gehabt, nicht zu wissen, wann und ob die Friedensstörer wieder abgezogen sind. All das spricht in meinen Augen gegen die »Bunker«-These. Nebenbei bemerkt: Wie hätten die Bauern ihren wertvollsten Besitz, das Vieh, in den Erdstall hineinbringen und damit retten können?

Verteidigungsgänge. Einige Erdstall-Anlagen, wie jene in Kleinzwettl oder Hinterbüchl, besitzen Rundgänge. Manche Forscher schließen daraus, sie seien angelegt worden, um eindringende Feinde zu verwirren oder leichter abzuwehren. Warum aber sollte ein Angreifer überhaupt in das unübersichtliche Gangsystem eindringen? Solange er dort unten Gegner vermutet, wäre das Zuschütten des Eingangs oder das Ausräuchern die für ihn einfachste und sicherste Lösung. Der Erdstall als Verteidigungsanlage wäre damit zur tödlichen Falle geworden.

Bergmännische Nutzung. Abbau von Sand und Kies für Bau- und Haushaltszwecke hat es schon in frühen Zeiten gegeben. Aus dem Mittelalter kennt man die Begriffe »Sandmänner« und »Sandgräber«, die im Tage- oder Untertagebau unter harten Bedingungen Sandgestein abbauten. Arme Frauen waren bei der Schinderei ebenso im Einsatz; man verspottete sie als »Sandhasen«. Was nicht zur »Bergbau-Theorie« passt: Die schmalen Röhren und Schlupflöcher sind oft so eng, dass man nur liegend graben kann. Arbeitstechnisch umständlich und für eine wirtschaftliche Nutzung ungeeignet.

Eiskeller oder Vorratsräume. Waren Erdställe nichts weiter als Kelleranlagen und Vorratsräume? Im Erdstall herrscht eine bedrückende Enge, die jede unbedachte Bewegung ausschließt. Wie sollten durch die kleinen Schlupflöcher, verwinkelten Kriechgänge und senkrechten Schächte größere Vorräte transportiert worden sein? Wer baut unpraktisch verwinkelte Lagerräume mit einer Höhe, die manchmal nicht mehr als 40 Zentimeter misst?

Kultische Verwendung. Eine praktische Verwendung der Erdställe ergibt für viele Heimatforscher keinen Sinn. Viele vermuten deshalb eine »kultische« Bedeutung. Aber *welcher* Kult wurde wann und wieso an diesen unwirtlichen Orten vollzogen? Aussagekräftige Zeugnisse für belegbare rituelle

Typisch für Erdställe sind enge Schlupfe, die Gänge und Etagen miteinander verbinden

Handlungen fehlen. »Kult« ist ein immer gern verwendeter Hilfsbegriff, eine Art »Verlegenheitserklärung« für das tatsächliche oder manchmal auch nur scheinbar Unbegreifliche.

Durchschlupfbräuche. Grotesken Steingebilden mit Löchern oder engen Spalten, durch die man kriechen oder schlüpfen kann, wird seit alters her Heilkraft nachgesagt. Das Durchkriechen und Durchschlüpfen solcher Kultsteine war ein weitverbreiteter Brauch. Gläubige kamen zu diesen Kraftplätzen, um körperliche oder seelische Schmerzen von sich abzustreifen. Die vorchristlichen »Wundersteine« sind vielerorts noch erhalten, etwa oberhalb der Donau im bayerischen Bad Abbach, wo es ein Felsenloch gibt, durch das man gegen Kreuzschmerzen oder »Leibschaden« kroch. Oder der Durchschlupf unter dem Hemma-Altar in der Krypta des Doms zu Gurk in Kärnten. Früher krochen Frauen unter dem Altar durch, um Kindersegen und eine leichte Geburt zu erbitten. Erdställe besitzen häufig verengte Schlupfe, die in andere Gänge, Kammern und tiefere Etagen führen. Wurde ihnen eine ähnlich hilfreiche Wirkung zugeschrieben? Waren Erdställe damit unterirdische Rehabilitationszentren? Weshalb aber tun einem hinterher dann alle Knochen weh, wenn man sich, wie der Autor, längere Zeit gebückt, kriechend und robbend in einem Erdstall aufgehalten hat?

Meditationsorte. Wer einmal das Vergnügen hatte, sich wie ein Wurm in einem Erdstall zu suhlen, weiß: Hier unten ist es totenstill. Zeitgenossen, die an Klaustrophobie leiden, sollten den Aufenthalt meiden. Waren die beengten Gänge besondere Orte der Einkehr und Besinnung? Könnten es unterirdische Visionsräume beziehungsweise Meditationsorte gewesen sein, ähnlich den völlig dunklen und schalldichten Isolationstanks, wie sie heute bei psychotherapeutischen Heilverfahren und für Out-of-Body-Experimente (außerkörperliche Erfahrungen) verwendet werden? Für geistige Übungen würde man sich Besinnlichkeit wünschen. Dazu laden die feuchten Höhlungen im Untergrund nicht wirklich ein.

Wiedergeburtsmagie. Höhlen gelten seit alters her als Orte der »Anderswelt«. Bot der enge Durchschlupf ins Erdreich, hinein zur »Großen Erdmutter«, einen Bezugspunkt zur Magie von Tod und Wiedergeburt? So wie Menschenfrauen und Tiermütter seit Anbeginn der Zeit neues Leben schenken, entspringt auch dem Schoß von »Mutter Erde« Jahr für Jahr immer wiederkehrendes Leben. Sollte der Abstieg in die Unterwelt ein Symbol für das Totenreich sein, wo der Übergang zum Tod und eine Neugeburt nachgeahmt wurden? Waren die Erdställe dazu bestimmt, dass sich Menschen gleich einem ungeborenen Kind durch einen metaphorischen Geburtskanal zwängen? Eine Idee, der man etwas abgewinnen kann, aber es bleibt wiederum Spekulation.

Initiationskammern. Diskutiert wird ebenfalls die Vorstellung von Initiationsräumen. Nach dieser These gehörte das Durchkriechen der unterirdischen Irrgänge zu einer Art Aufnahmeritus. Hat der Schüler oder Außenstehende die Prüfung bestanden, wurde er in die Stammesgemeinschaft oder in einen Geheimbund aufgenommen, ähnlich wie das von antiken Mysterienkulten überliefert ist.

Opferbräuche. Die wenigen Gegenstände, die in den Stollen gefunden wurden, waren meist zerstört: Scherben, Asche, Knochen, angebrannte Holzstücke. Hinweise für einen Brandopferkult? Doch wozu brauchte es in diesem Fall eine aufwendig verwinkelte Baukonstruktion, die an ein Labyrinth erinnert?

Leergräber. Wurden in den unterirdischen Gängen die Ahnen verehrt? Der bayerische Erdstall-Forscher Karl Schwarzfischer (1915–2001) deutete die Erdställe als Leergräber aus der Völkerwanderung. Demnach hätte die immigrierte Bevölkerung ihre verstorbenen Angehörigen nicht ins neue Domizil mitnehmen können. Um sie weiterhin als Beschützer der Familie zu erhalten, hätte man ihnen in der Unterwelt der neuen Heimat symbolische Gräber erbaut. Mit Verlaub: Wer schafft anonyme, feuchte und schmucklose Ruhestätten für seine Liebsten?

Seelenkammern. Der 2007 verstorbene deutsche Heimatforscher Anton Haschner erweiterte die Hypothese um Scheingräber. Er vermutete, dass Erdställe im frühchristlichen Glauben als »Seelenkammern« angelegt worden waren. Religiöser Hintergrund für die unterirdische Bautätigkeit: Um 1000 n. Chr. war die theologische Doktrin des »Fegefeuers« noch nicht weit verbreitet. Gab es andere Vorstellungen eines jenseitigen Ortes, wo Sünder eine spirituelle Reinigung erfahren konnten? Wurden deshalb Erdställe errichtet? Waren es vorrübergehende Aufenthalte für verstorbene Seelen, wo sie bis zum Tag des »Weltgerichts« auf Erlösung und Auferstehung warten mussten?

Bußkeller. Einer anderen Version zufolge waren es nicht etwa imaginäre »Seelenkammern« der Toten, sondern *reale* Bußorte der Läuterung für die Lebenden. Wurden Sünder, die in der Familie oder in der Gesellschaft in Ungnade gefallen waren, für eine bestimmte Zeit in den dunklen Untergrund geschickt? Ähnlich der überholten Erziehungsmethode, bei der unartige Kinder in der dunklen Besenkammer über ihre Ungezogenheit nachbrüten mussten? Manch alter »Kindskopf« erinnert sich vielleicht noch an vergangene Schultage, als man bei Verhaltensauffälligkeiten zum »Winkerlstehen« in die »Eselsecke« verbannt wurde. Hatten dunkle Erdställe eine ähnlich strafende Funktion?

Wohnorte für Hausgeister. Der Glaube, dass in jedem bäuerlichen Anwesen ein Hausgeist lebt, ist noch heute lebendig.

> *»Die in Haus und Stall wirkenden Geister sind in unserem Sprachraum mehr zu polternden Spuk- und Neckgespenstern geworden, hatten aber ursprünglich wohl doch eine Beziehung zu den alten Hausgöttern und den Ahnen«, lesen wir dazu im* Handbuch des Aberglaubens.

Diese Spukgestalten treiben gerne als Wichtel, Kobolde, Trolle und Zwerge absurden Schabernack, sind aber nicht wirklich boshaft, vielmehr helfen sie gelegentlich im Haushalt als unsichtbare Heinzelmännchen. In alten Volkssagen wird behauptet, diese »Andersweltler« seien im Besitz von Tarnkappen und zögen es vor, unsichtbar zu bleiben. Trotz gegenseitiger Wertschätzung zwischen Mensch und Wichtel, will man die unheimlichen Haus- und Schutzgeister nicht ständig in der guten Stube haben. Wurden ihnen deshalb unter dem Heim, in Kellern und Ställen eigene unterirdische Wohnungen errichtet? Sind die in manchen Erdställen aufgefundenen Essensreste und Scherben als Kultgaben für Hausgeister zu deuten?

Tunnel in andere Welten. Kann es sein, dass unser Universum nur ein kleiner Teil der tatsächlichen Wirklichkeit ist? Existieren Parallelwelten, höhere Dimensionen und Multiversen? Dies sind fantastische Thesen, die nicht nur in esoterischen Kreisen, sondern ebenso in der Quantenphysik vermehrt diskutiert werden. Könnte an den Schilderungen über Kontakte mit Zwergen, Elfen und Feen mehr dran sein als bloß Fantasy? An vielen Orten der Welt wird seit Jahrhunderten über spukhafte Begegnungen mit fremdartigen Wesen berichtet. Selbst heute noch schwören Augenzeugen, sie hätten solche kleinwüchsigen Geschöpfe beobachtet. Beliebtester Erscheinungsort in unseren Breiten ist das Zauberreich im Untersberg bei Salzburg an der bayerisch-österreichischen Grenze. Zwischen Schluchten und hunderten nach wie vor unerforschten Höhlen zeigt sich das »kleine Volk« besonders gerne. Wirken nahe der Felsspalten und an bestimmten »Kraftplätzen« physikalische Anomalien, die Löcher und Risse im Raumzeitgefüge entstehen lassen können? Sind Schrazeln und Kobolde womöglich manifestierte Projektionen aus dem Hyperraum? Parawissenschaftler wollen das nicht ausschließen. Was in einschlägigen Kreisen die Frage aufwirft, ob Erdställe als symbolische oder vielleicht sogar reale Tunnel in andere Wirklichkeiten errichtet wurden?

Reale Bauten der Schrazeln. Eine Variante zur »Geister-These« ist die Vorstellung, dass Erdställe *reale* Hinterlassenschaften einer längst ausgestorbenen zwergenhaften Menschenrasse aus der Vorzeit sind. Der österreichische Mythenforscher Franz Xaver Kießling (1859–1940) hielt das für möglich. Er verwies auf alte Sagen und Märchen über das »kleine Volk« und die auffällige Beziehung zu Erdställen und Höhlen. Daher der Volksglaube, dass in Bergen, Wäldern und unter der Erde Zwerge hausen. Dazu sind weltweit etliche mysteriöse Funde bekannt. Sie passen nicht in unsere vertraute Realität, wie beispielsweise die 1932 bei Sprengarbeiten im US-Bundesstaat Wyoming entdeckte »Koboldmumie Pedro«. Wissenschaftler der Harvard-Universität haben die Echtheit des 35 Zentimeter großen Leichnams bestätigt. Erstaunlich sind ebenso die 2003 gemachten Skelett- und Schädelfunde auf der indonesischen Insel Flores. Sie entpuppten sich als Überreste einer bis dato unbekannten kleinwüchsigen Menschenart, die von den Anthropologen *Homo floresiensis* (»Mensch von Flores«) getauft wurde. Die Gattung war zu Lebzeiten kaum größer als einen Meter und starb nach ersten Datierungen vor etwa 13 000 Jahren aus. Neuere Untersuchungen lassen auf ein we-

Verschollen:
die 1932 bei Sprengarbeiten
in den USA entdeckte
Zwergenmumie »Pedro«

sentlich höheres Alter schließen. So oder so könnten Nachfahren dieser Menschenart noch heute existieren und mit den auf Flores lebenden Pygmäen verwandt sein. Wäre ein ähnliches Szenario in Mitteleuropa möglich? Unwahrscheinlich, denn Knochen von »Hobbits« wurden hierzulande bisher nirgendwo entdeckt.

Energetische Transportsysteme zu den »Unterweltlern«. Eine neue und utopisch anmutende These, die sicher geglaubtes Wissen der Lehrmeinung auf den Kopf stellt, präsentieren Dr. Heinrich und Ingrid Kusch in ihrem 2021 veröffentlichten Text-Bild-Band *Geheime Unterwelt*. Demnach könnten etliche unterirdische Anlagen »Bestandteil eines sehr alten weltweiten energetischen Transportnetzes« gewesen sein, »das noch im Mittelalter funktionierte, aber danach systematisch zerstört wurde.« Anders ausgedrückt: In der Steinzeit wurde gebeamt! Quantenphysiker sind heute tatsächlich in der Lage, zumindest Lichtteilchen (Photonen) zu beamen. Das bedeutet, man kann ein identisches Teilchen räumlich versetzt erzeugen und dabei gleichzeitig das Ursprungsteilchen zerstören. Könnte eine unbekannte Vor-Zivilisation heute vergessene Fähigkeiten besessen haben, um sich von einem Ort zu einem anderen zu versetzen? Dienten Erdställe als energetische Sendestationen? Das Forscherehepaar Kusch hält das für möglich und verweist auf wiederholtes und messbares Auftreten von Anomalien bei Erdställen und anderen Untergrundtunneln. Ebenso wird auf mystische Erzählungen und schriftliche Dokumente aus Klosterarchiven verwiesen, in denen von Kontakten zu fremden Völkern aus der Unterwelt berichtet wird. Bis zu 60 000 Jahre alte Artefakte, die in einer unterirdischen Anlage in Niederösterreich entdeckt wurden, werden ebenfalls als Belege für das »Unmögliche« vorgelegt – von der angeblich ältesten Batterie der Welt bis zu ominösen Steintafeln mit unlesbaren Schriftsymbolen und UFO-Motiven. Reichlich viel Zündstoff, mit dem Skeptiker und Vertreter der klassischen Archäologie keine Freude haben werden.

Verstecke für außerirdische Knirpse. Die aberwitzigste These stammt von Walter Schal, der 1968 behauptete, in grauer Vorzeit seien außerirdische Zwerge mit UFOs auf der Erde gelandet und hätten hier die Erdställe errichtet. Der österreichische Erdstall-Experte Josef Weichenberger ist ein erbitterter Gegner jeder kultischen Deutung, die er für »dubiose uralte Mystik« hält. Er zitiert die »Alien-These« und notiert:

> *»Sie ertrugen den hohen Luftdruck und die lauten Geräusche der Erde nur sehr schlecht und gruben sich deshalb die unterirdischen Gänge, um sich davor zu schützen. Diese Wesen seien vom Mars gekommen und konnten sich auch mit Tarnkappen unsichtbar machen. Als die europäischen Menschen im Mittelalter sich dann dem christlichen Glauben zuwandten und Kirchen errichteten und die Kirchenglocken so laut läuteten, ertrugen die leicht und zartgebauten kosmischen Wesen dieses Dröhnen nicht mehr und kehrten deshalb wieder auf ihren Planeten zurück.«*

Die Erdställe seien demnach Erinnerungen an die Besucher aus dem All. Inzwischen wurden von den Mars-Rovern »Pathfinder«, »Curiosity« »Opportunity« und »Perseverance« umfassende Daten, Bilder und Filme vom Roten Planeten zur Erde gefunkt. Marsianische Superintelligenzler, deutliche Lebensspuren, versteinerte Bakterien oder noch heute existierende Mikroorganismen wurden nicht entdeckt. Noch nicht. Lange wird es nicht mehr dauern. Einige Mars-Fotos zeigen bizarre Gesteinsanomalien, die unserem Gehirn »Marsmännchen« vorgaukeln. Ufologe Walter Schal hätte damit sicher seine Freude gehabt.

Thesen und Antithesen. Wer hat recht? Was stimmt nun? Wissenschaftler und Volkskundler verzweifeln am Erdstall-Mysterium. Liebe Leute, das ist eine gute Nachricht! Wüssten wir Schlaumeier alles, wäre unser Verstand längst arbeitslos. Erdställe bleiben, was sie sind: ein in den Untergrund gesetztes Menschheitsrätsel!

Teil 2

Noch schweigt die Große Pyramide

»Aus den Löchern unter dem Gizeh-Plateau beginnt es zu dampfen, auch wenn die Altertumsverwaltung in Kairo alles mit dem Siegel der Geheimhaltung verklebt. Man fürchtet das Auftauchen von Schriften oder Gegenständen, welche die heilige Kuh der Chronologie durcheinanderbringen.«

Erich von Däniken
(*1935)
Schweizer Schriftsteller und bekanntester Vertreter der Paläo-SETI-Forschung

Bautechnisches Wunderwerk:
Die »Große Galerie« in der Cheops-Pyramide

Unvollendete Felsenkammer, verborgene Gizeh-Schächte und die Spuren der Riesen

Der Lockruf der Großen Pyramide

Wunderwerk in Stein

Man muss sie gesehen haben: die Pyramiden von Gizeh. Als einzig erhaltenes Weltwunder der Antike haben sie sich ins 21. Jahrhundert hinübergerettet. Majestätisch thronen sie auf einer Anhöhe, die 15 Kilometer vom Kairoer Stadtzentrum entfernt liegt. Gemäß ägyptologischer Lehrmeinung wurden die drei Bauwerke vor mehr als 4600 Jahren als Grabstätten der Könige Cheops, Chephren und Mykerinos in den Sand gesetzt.

Folgt man hingegen altägyptischen Mythen, koptischen Quellen und Schriften antiker sowie arabischer Historiker, dann sind die anonymen Steinwunder von Gizeh bereits lange vor der Sintflut errichtet worden. Als Bauherr wird ein gewisser Saurid genannt, der von den Griechen mit Hermes gleichgesetzt wurde. Der Götterbote soll wiederum mit dem ägyptischen Wissenschaftsgott Thot und dem biblischen Propheten Henoch identisch gewesen sein. Allen Naturkatastrophen und Zerstörungsversuchen von Eroberern haben die künstlichen Steingebirge erfolgreich getrotzt. Man glaubt den Ägyptern, wenn sie sagen: »Alles fürchtet sich vor der Zeit, aber die Zeit fürchtet sich vor den Pyramiden!«

Seit jeher ziehen diese Steingiganten Gelehrte, Fantasten und Reisende gleichermaßen in ihren Bann. Sie alle versuchten, Antworten auf drängende Fragen zu finden, die bis heute die Gemüter erhitzen: Wie war es möglich, diese gewaltigen Denkmäler ohne technische Hilfsmittel zu errichten? Wohin verschwanden die Königsmumien aus dem Alten Reich? Was verbirgt sich hinter aufgespürten Hohlräumen und Kammern? Dienten die drei großen Pyramiden wirklich als Königsgräber? Oder enthalten sie in verschlüsselter Form das gesamte Wissen einer versunkenen Hochkultur? Warum finden sich in den zeitlosen Wunderwerken keine Zeugnisse der damaligen Herrscher und ihrer genialen Architekten? Existiert unter dem erhöhten Plateau eine verborgene Stadt aus Gängen, Schächten und Räumen?

Von allen Pyramiden genießt die Cheops-Pyramide die größte Anziehungskraft. Sie ist die älteste, geheimnisvollste und gewaltigste der Gizeh-Gruppe. Im Pharaonenreich trug sie den Namen »Achet Chufu« (»Horizont des Cheops«) und wird auch namenlos als »Akwit«, die »Große«, bezeichnet. Ihre ursprüngliche Höhe betrug 146,59 Meter, was nach alter ägyptischer Maßeinheit exakt 280 Königsellen entspricht. Da seit der Antike die Spitze fehlt – das einst mit einer Metalllegierung überzogene Pyramidion –, ragt das Bauwerk heute nur mehr 138 Meter in den Himmel. Rund 2,5 Millionen Steinblöcke mit einem Gesamtgewicht von über 6,5 Millionen Tonnen waren für die Errichtung erforderlich.

Die gewaltigen Blöcke, teils aus den 900 Kilometer entfernten Assuan-Steinbrüchen herangeschafft, sollen über den Nil transportiert und mithilfe von Holzschlitten über Rampen in die Höhe gezogen worden sein. Wie das in der Praxis funktioniert haben soll, weiß niemand genau. Die einzigen aus jener Zeit erhaltenen

Papyrusfragmente sind 2013 in Wadi al-Garf entdeckt worden. Sie beschreiben, wie die Blöcke (mutmaßlich nur jene für die Außenverkleidung, die im Mittelalter fast komplett abgetragen wurde) auf einer schiefen Ebene bewegt wurden, nicht aber die eigentliche Konstruktion der Pyramide.

Zahlenmagie

Die gewaltige Größe des Pharaonengrabes überrascht jeden Betrachter, der im Wüstensand mit offenem Mund davorsteht. Noch mehr verblüfft es, wenn wir uns die präzise Ausführung und Geometrie vor Augen führen. Bereits die Nivellierung des Baugrunds war eine technische Meisterleistung. Vermessungstechniker stellten fest, dass die Fundamente der Cheops-Pyramide nur maximal 16 Millimeter von der Horizontalen differieren, und das bei einer Kantenlänge von 230 Metern (440 ägyptische Ellen). »Als ein bautechnisches Wunder werden die rechten Winkel gerühmt«, ergänzt dazu der Wissenschaftsjournalist Hans-Günter Semsek. »Die Abweichungen liegen bei weniger als zwei Bogenminuten; genauer hätten wir selbst heute mit lasergestützten Messapparaten nicht arbeiten können.« Das gilt ebenso für einzelne Bauklötze mit einem Gewicht von 2,5 Tonnen. Sie wurden auf 0,2 Millimeter genau bearbeitet. Tatsächlich sind die Quader in ihrer Form und Bearbeitung so perfekt, dass Forscher wie der französische Chemiker Dr. Joseph Davidovits zu der Überzeugung gelangten, sie könnten unmöglich aus Naturstein geschlagen, sondern nur aus einem betonähnlichen Kunststein *gegossen* worden sein.

Wie alle Pyramiden des Alten Reiches wurde auch die Cheops-Pyramide exakt nach den vier Himmelsrichtungen ausgerichtet. Die Ludolphsche Zahl Pi, die das mathematische Verhältnis zwischen dem Umfang eines Kreises und dessen Durchmesser bestimmt, war den Pyramideningenieuren offenbar bekannt, lange bevor andere Kulturen davon wussten. Denn kann es wirklich bloß Zufall sein, dass die doppelte Höhe der Cheops-Pyramide zu ihrem Umfang an der Basis im gleichen Verhältnis steht, wie der Kreisdurchmesser zum Kreisumfang? Zahlenmystiker wie Peter Tompkins (1919–2007) haben aus den mathematischen Daten der Cheops-Pyramide noch mehr Unbegreifliches entschlüsselt:

> »Wer dieses wunderbare Bauwerk in die Wüste baute, der kannte die Umlaufbahn der Erde, der war vertraut mit der Dichte unseres Planeten, der wusste um die Fallbeschleunigung und die Lichtgeschwindigkeit.«

Und das alles im Zeitalter der Pharaonen! Ägyptologen versichern, dass dieser beispiellose Geniestreich ohne Wasserwaage, Räderwerke, Flaschenzug oder spezielle Hebemaschinen gelang, da diese technischen Hilfsmittel den ägyptischen Baumeistern der 4. Dynastie noch unbekannt waren. Gleiches gilt für die Bearbeitung der harten Granit-, Basalt und Dioritblöcke. Dafür waren Eisenwerkzeuge erforderlich, welche die Handwerker der ersten Dynastien – zumindest offiziell – noch gar nicht herstellen konnten. Doch Kupfer- und Bronzewerkzeuge waren für das Schlagen der Blöcke zu weich. Eisen konnte bestenfalls durch Handel eingeführt worden sein. Oder kam eine unbekannte Steinbearbeitungstechnologie zum Einsatz, von der wir heute nichts mehr wissen? Wie dem auch sei: Abertausende von Bauleuten, Steinmetzen und Hilfsarbeitern sollen in einer logistischen Rekordzeit von 20 bis 30 Jahren tagtäglich geschuftet haben, bis das Wunderwerk vollendet war. Wie soll diese bautechnische Meisterleistung in der Praxis funktioniert haben? Eine Präzisionsarbeit auf den Millimeter war mit den damaligen Werkzeugen in dieser Bauzeit schlechthin nicht möglich.

Nicht weniger seltsam ist, dass der Pyramidenbau von späteren Regenten nie wieder erreicht, geschweige denn übertroffen wurde. Sämtliche nachkommenden Herrscher begnügten sich mit kleineren Pyramiden oder kehrten – wie Schepseskaf, der letzte König der 4. Dynastie – wieder zu althergebrachten Grabbauten wie der kastenförmigen Mastaba zurück. (Siehe Abb. 12 im Farbbildteil)

Kammerspiele für Cheops

Schächte und Kammern

Im Inneren der Cheops-Pyramide liegt ein raffiniert angelegtes Kammersystem, das aus der »unvollendeten Felsenkammer«, der »Kammer der Königinnen« und der »Königskammer« besteht – Bezeichnungen, die ihnen von den Archäologen gegeben wurden. Wer es erkundet, kommt aus dem Staunen nicht mehr heraus. Der ursprüngliche Eingang liegt etwa 18 Meter über dem Boden an der Nordseite. Zwei mächtige Giebelblöcke und drei gewaltige Steinquader sind frei sichtbar. Darunter befindet sich eine Eisentüre, welche die antike Pforte in die Pyramide versperrt. Heute benutzen Touristen die einige Meter tiefer liegende und seitlich versetzte Öffnung, die der Abbasiden-Kalif al-Ma'mūn im Jahre 832 in die Steinmaße hauen ließ. Etwa 27 Meter führt dieser Grabräubertunnel horizontal ins Innere, bis er scharf nach links abknickt und auf das originale Gangsystem trifft. An der Stelle liegen noch heute gewaltige Blockiersteine des alten Korridors, der beim ursprünglichen Eingang beginnt und sich abwärts geradlinig verlängert bis in die unterste Kammer. (Siehe Abb. 13 im Farbbildteil)

Am Ende des Al-Ma'mūn-Tunnels gelangen Besucher zum aufsteigenden Korridor, der sie zur Königskammer führt

An diesem Kreuzpunkt für den Abstieg führt eine im 19. Jahrhundert angebrachte Eisentreppe gleichzeitig zum aufsteigenden Korridor. Dort geht es in gebückter Haltung weiter, denn der Gang ist nur einen Meter breit und 1,20 Meter hoch. Nach 38 Metern blickt man fassungslos in die überwältigende »Große Galerie«, eine 47 Meter lange, etwa 2 Meter breite und fast 9 Meter hohe Halle mit einem »Kraggewölbe«, das sich nach oben verjüngt. Am Anfang dieses Architekturwunders ist auf Bodenniveau vor der rechten Wandseite eine vergitterte Absperrung zu sehen. Es ist der Zugang zu einem engen Schacht, der im Unwissen um seine ursächliche Bedeutung viele Namen erhalten hat: »Fluchtgang«, »Verbindungsschacht«, »Entlüftungsschacht«, »Brunnenschacht«, »Grabräuberschacht« oder »Serviceschacht«. Eine Öffnung führt hinab zum absteigenden Korridor, der nach über 60 Metern kurz vor der »Felsenkammer« endet. Der andere Weg führt rechts hinter der »Großen Galerie« hinauf bis zu einer nordwestseitig gelegenen Bodenplatte in der »Königskammer«.

Königinnenkammer ohne Königin

Bevor wir uns von der »Großen Galerie« hinauf zum Allerheiligsten aufmachen, kriechen wir durch einen horizontalen Korridor in die Mitte der Pyramide. Dort angekommen, erreichen wir einen fast quadratischen Raum. Er hat die Größe von etwa 30 Quadratmetern und wird irreführend »Kammer der Königinnen« genannt. Keine einzige Königin Ägyptens wurde jemals in der Pyramide ihres Mannes bestattet. Die Funktion dieses Zimmers mit Giebeldach ist mithin völlig ungeklärt.

An der oberen Westwand ist ein Teil zu einem kleinen Hohlraum aufgebrochen, der später wieder verputzt wurde. Unklar ist die Funktion der Nische in der Ostwand, die als »Kraggewölbe« fast 5 Meter hinauf zur Decke führt. Sie soll »Platz für eine Statue« geboten haben, mutmaßen einige Ägyptologen. Dahinter liegt ein horizontaler Gang, der ins Kernmauerwerk der Pyramide führt. Er ist für Besucher gesperrt und soll angeblich von Grabräubern stammen. Zunächst kommt man nur kriechend voran, bis man nach etwa 15 Metern eine kleine Grotte mit sauber verbauten Blocksteinen erreicht. Hier kann man wieder aufrecht stehen, aber niemand vermag zu sagen, was dieser etwa 60 Meter von der Pyramidenaußenwand entfernte Platz zu bedeuten hat.

Ungeklärte Nischenfunktion in der »Königinnenkammer«. Ein 16 m langer Tunnel führt in das Kernmauerwerk der Pyramide.

Verborgener Hohlraum im Pyramidenkern

Was die Fachwelt noch mehr ärgert, sind zwei vermeintliche »Luftschächte« an der Süd- und Nordwand mit einer Öffnung von jeweils 20 mal 20 Zentimetern. Anders als die Schächte in der »Königskammer«, führen sie nicht bis zu den Außenseiten der Pyramide, sondern enden vorzeitig im Mauerwerk. Es sind einzigartige Konstruktionen im Pyramidenbau. Archäoastronomen wie der Belgier Robert Bauval stellten fest, dass diese Schächte steil nach oben zu Sternbildern am Himmel ausgerichtet sind. Der Nordschacht weist demnach in Richtung Ursa Minor, dem Sternbild »Kleiner Bär« beziehungsweise »Kleiner Wagen« mit dem Polarstern. Der Südschacht peilt den Hundsstern Sirius an. (Siehe Abb. 14 im Farbbildteil)

»Luftschacht«-Erkundungen und ignorierte Funde

Rätselhafte Relikte

Kaum bekannt ist, dass in der Cheops-Pyramide in Verbindung mit den vier »Luftschächten« mysteriöse Gegenstände gefunden wurden. Zu diesen zählt eine rechteckige Metallplatte, die etwa 26 Zentimeter lang, 8,6 Zentimeter breit und 2 Millimeter dick ist und ein Gewicht von rund 750 Gramm hat. Ursprünglich muss sie größer gewesen sein, schrumpfte aber über die Jahrtausende infolge natürlicher Korrosion. Entdeckt wurde die Platte am 26. Mai 1837 von J. R. Hill, der damals zum britischen Cheops-Expeditionsteam von Howard Vyse gehörte. Das »Corpus delicti« befand sich an einem ungewöhnlichen Platz: In einer Fuge im Mauerwerk, nahe der Stelle, an welcher der südliche »Luftschacht« aus der »Königskammer« die Pyramide verlässt. Von der Außenwand war die Platte nicht sichtbar, aber ein Spalt zeigte an, dass es weiter hinunter ins Innere ging. Sprengungen umliegender Blöcke legten den Schachtbereich frei und das einzigartige Artefakt kam zum Vorschein. Seine Echtheit und die Fundumstände wurden von etlichen zeitgenössischen Ägyptologen wie John S. Perring und Sir Flinders Petrie bestätigt. Oberst Vyse schickte das Stück ins Britische Museum, wo es im Depot landete.

Über 150 Jahre lang schenkte die Wissenschaft dem Fund keine große Beachtung. Erst 1989 brachte eine metallurgische Untersuchung in London neue Erkenntnisse: Die Metallplatte besteht aus Eisen! Nicht etwa aus Meteoriteneisen mit hoher Nickelkonzentration, wie man vielleicht hätte annehmen können, sondern aus Metall, das in mehreren Schichten bei Temperaturen um die 1100 Grad Celsius geschmiedet wurde! Das lässt sich mit der gängigen Lehrmeinung nicht vereinbaren. Bedeutet es doch, dass Eisen somit bei den Ägyptern über 2000 Jahre *vor* seiner Verwendung in Europa bekannt und nutzbar gewesen sein muss. Die Chemiker der Archäometallurgie, Dr. El Sayed El Gayar und Dr. M. P. Jones haben ihre verblüffende Studie im *Journal of Historical Metallurgy Society* veröffentlicht. Noch verblüffender ist, dass die Fachwelt kaum Notiz von der Analyse genommen hat.

Die »Luftschächte« der »Königskammer« waren früher bekannt als jene in der »Königinnenkammer«. Dort waren die Schachtmündungen durch Abdeckungen bis 1872 nicht sichtbar. Erst als der schottische Ingenieur Waynman Dixon (1844–1930) die Wände abklopfte, wurden die Hohlräume entdeckt und gewaltsam geöffnet. Im unteren Teil beider Schächte (später ist nur mehr vom Nordschacht die Rede) fand er einige sonderbare Gegenstände: einen 5 Zentimeter großen Doppelhaken aus Kupfer (durch chemische Analysen bestätigt, dennoch wird in vielen Quellen noch von »Bronze« gesprochen) und eine 6,5 Zentimeter große Kugel aus Dolerit, einem Gestein, das härter als Granit ist. Beide Fundstücke werden heute im Britischen Museum in London aufbewahrt.

Raritäten aus den Schächten der Cheops-Pyramide, aufbewahrt im Britischen Museum in London

Ebenfalls entdeckt wurden Splitter aus Zedernholz, die über 70 Jahre lang verschollen waren. Erst im Pandemiejahr 2020 wurden sie im schottischen Universitätsmuseum von Aberdeen in einer Schachtel wiederentdeckt. Eine genaue C14-Datierung ergab, dass die Funde aus der Zeit zwischen 3341 und 3094 v. Chr. stammen müssen. Erstaunlich, denn damit sind die Relikte bis zu 700 Jahre älter als König Cheops!

Wozu Blockiersteine?

Die »Luftschächte« in der »Königinnenkammer« liefern Erstaunliches: 1993 wurden sie von dem Münchner Ingenieur Rudolf Gantenbrink im Auftrag des Deutschen Archäologischen Instituts genauer erforscht. Dabei kam das Roboterfahrzeug »Upuaut« zum Einsatz. Im Nordschacht wurde die Weiterfahrt nach etwa 20 Metern von Metallstangen behindert, die, so damals die Vermutung, aus der Zeit Dixons stammten. Gantenbrink konzentrierte sich deshalb auf die Erkundung des Südschachtes. Hier stieß »Upuaut« nach fast 60 Metern auf eine Kalksteinsperre, aus der zwei mysteriöse Metallstücke herausragten. Sie wurden als »symbolische Türklinken« interpretiert. Könnte sich dahinter eine geheime Kammer mit der Mumie des Pharaos befinden? Das fragten sich viele Altertumsforscher und begeisterte Pyramidenfans aus aller Welt, denn bis zur Außenwand der Pyramide waren es noch mehr als 13 Meter. Genug Platz für ein raffiniert angelegtes Versteck. Im Herbst 2002 wurde unter großem Medienhype die Blockierung mit dem neuen Roboterfahrzeug »Pyramid Rover« durchbohrt. Die Bilder einer kleinen Kamera offenbarten statt der erhofften Schätze, Papyri oder Königsmumie nur einen kleinen leeren Hohlraum, der wiederum mit einem Blockierstein abschließt.

Die weitere Prüfung blieb aus. Erst 2011 wurde der Gang im Rahmen des »Djedi«-Projekts neuerlich untersucht. Diesmal mit einem mobilen Roboter, der – anders als die Vorgänger – mit einer schwenkbaren Kamera ausgerüstet war und quasi um die Ecke blicken konnte. Und tatsächlich wurde im Hohlraum etwas Neues entdeckt: Rillen im Stein und Graffiti in roter Farbe! Eine gerade Linie führt offenbar unter dem Block gegenüber der »Tür« weiter. Warum und wohin? Auffällig sind besonders die roten Symbole, die Ägyptologen für Markierungen von Bauarbeiten halten oder für Zeichen mit religiöser Bedeutung. Merkwürdig, denn wie bekannte Hieroglyphen der Pharaonenzeit sehen die Hinterlassenschaften gar nicht aus.

Einzigartig im Pyramidenbau: vier vermeintliche »Luftschächte« mit stellarer Ausrichtung

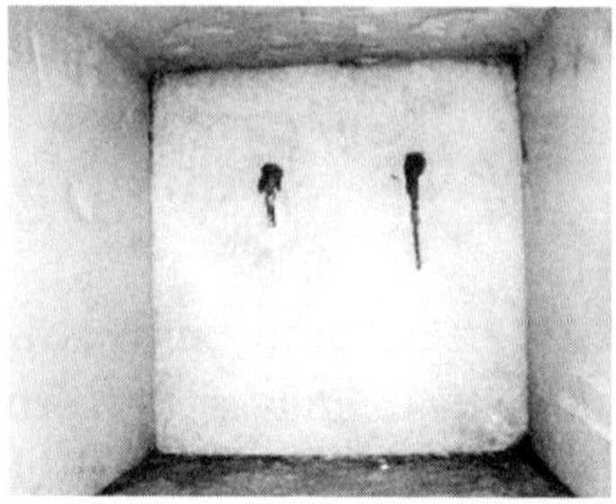

1993 von Ing. Rudolf Gantenbrinks Roboter »Upuaut« entdeckt: Blockierstein im Südschacht der »Königinnenkammer«. Dahinter verbirgt sich ein kleiner Hohlraum. Und danach?

Ebenso bemerkenswert sind die Metallbeschläge auf der Vorderseite des Verschlusssteines. Sie enden auf der sauber polierten Rückseite in »schön ausgeführten Bögen«. Diese Feinarbeit wird wohl kaum zum Zeitvertreib der Pyramidenkonstrukteure erfolgt sein. Sie ist vielmehr der Beleg dafür, dass dem Schacht mit seiner astronomischen Ausrichtung eine wesentliche Bedeutung beizumessen ist.

Ebenfalls unvorstellbar erscheint der Gedanke, dass die genialen Architekten erst während der Bauphase auf die zündende Idee gekommen sein sollen, schmale Schächte in die Wände zu schlagen, weil etwa schlechte Luftzirkulation die Arbeiten in der Pyramide erschwerten. Alle »Luftschächte«, auch jene in der »Königskammer«, müssen von Anfang an in das geniale Baukonzept der Großen Pyramide miteinbezogen gewesen sein. Doch nirgendwo finden sich schriftliche Hinweise oder Spuren, die über ihre Funktion Auskunft geben könnten. Für einige Ägyptologen ist die »Luftschacht-These« deshalb nicht überzeugend. Vermutet wird stattdessen, dass es »Seelenschächte« waren, die den Himmelsaufstieg des toten Pharaos ins Jenseits symbolisch ermöglichen sollten. Beweise dafür gibt es aber genauso wenig.

Nordschacht-Funde

Vieles bleibt Mutmaßung und ist weiterhin ungeklärt. Das gilt besonders für den sogenannten Nordschacht in der »Königinnenkammer«. Er wurde im Jahre 2002 mit dem Roboterfahrzeug »Pyramid Rover« erkundet. Der Gang weist nach dem ersten Drittel mehrere Richtungsänderungen auf, weil er den oberen Bereich der »Großen Galerie« umgehen musste. Anders als bei der Erforschung des Südschachts gab es hier keine Kameraübertragung. In den letzten zwei Jahrzehnten drangen nur spärliche Informationen an die Öffentlichkeit. Es existieren lediglich Bildschirmkopien der Standbilder, die kaum bekannt sind und nicht diskutiert werden.

Der deutsche Informatiker Dr. Stefan Bergdoll ist einer der wenigen Pyramidenforscher, der Zugriff auf fünfzig Momentaufnahmen der Nordschacht-Erkundung hatte und die Bilder genauer analysierte. Sein lehrreicher Bericht über »Die Dixon-Relikte und die Geheimnisse der kleinen Schächte der Cheops-Pyramide« erschien 2016 in dem Fachmagazin *Göttinger Miszellen – Beiträge zur ägyptologischen Diskussion*. Bergdoll belegt überzeugend, dass die im Nordschacht gefundenen »Erkundungsstangen« nicht von Waynman Dixon stammen, sondern von dem Schotten Edgar Morton, der die Pyramide in den Jahren 1909–1938 erforschte.

Neben den Metallstangen sind auf den Bildern des »Pyramid Rover« noch andere Dinge zu sehen. Sie lassen den Betrachter staunen und werfen neue Fragen auf: Was ist hier genau zu sehen? Wieso werden die Funde nicht weiter untersucht? Hat man jemals Versuche unternommen, sie mit Robotern zu bergen? Gemeint ist ein rechteckiges Objekt mit zwei Löchern, etwa 17 Meter entfernt von der Schachtöffnung. Gleiches gilt für einen winzigen hakenförmigen Gegenstand, der nur etwa 1–2 Zentimeter misst und aus Metall bestehen könnte. Unklarheit besteht ebenso bei einem radförmigen Artefakt, etwa 3,5 Zentimeter im Durchmesser und mit einem Loch in der Mitte. Oder an der Stelle bei etwa 33 Metern, wo an der linken Wandseite ein

Gegenstand lehnt, der an eine metallene Maurermeißel mit Holzgriff erinnert. Das Werkzeug kann weder von Waynman Dixon noch von Edgar Morten stammen.

Die brisanteste Entdeckung findet sich im »Knickabschnitt« bei etwa 23 Metern: Auf der linken Seite erkennt man Schutt, vis-à-vis davon eine rechteckige Vertiefung, circa 15 Zentimeter lang und 10 Zentimeter hoch. Aus dem Standbild ist nicht ersichtlich, ob es sich nur um eine Bodennische oder einen bislang unbekannten Zugang zur »Großen Galerie« und noch verborgenen Kammern handelt. Wäre ich Ägyptens Antikenminister, hätte ich längst eine Untersuchung dazu in Auftrag gegeben und nach Mitteln und Wegen für eine Nachforschung gesucht. Stattdessen kein Sterbenswörtchen über diese spannenden Entdeckungen. Phänomenal!

Schatzsuche mit neuem Mini-Roboter

Verfügbarer Kundschafter

Was bei der Cheops-Spurensuche erstaunt: Seit einem halben Jahrzehnt ist die Antikenverwaltung in Kairo im Besitz modernster Hightechroboter vom Typ »Uwe«, die der deutsche Fernmeldetechniker und Softwareentwickler Friedhelm Krämer der Behörde zum Geschenk machte. Die Robot-Fahrzeuge sind mit mehreren Videokameras und Hochleistungsakkus ausgestattet, besitzen Licht- und Laserkontrollen an Bug und Heck, können sogar senkrechte Wände hoch- oder runterfahren und überwinden Hindernisse oder Stufen.

»Uwe 2« war bereits erfolgreich und entdeckte eine archäologische Sensation, die im Abendland kaum jemand mitbekommen hat. Im Februar 2016 liehen sich Wissenschaftler des Kairoer Islam Museums den Roboter aus, um einen Schacht unterhalb der Sultan-Hasan-

Startklar für Schacht-Erkundungen: Neues Roboterfahrzeug »Uwe« von Friedhelm Krämer

Moschee aus dem 14. Jahrhundert zu untersuchen. Dabei stieß »Uwe 2« auf ein bisher unbekanntes unterirdisches Gangsystem. Nach etwa 30 Metern drang der Roboter tief unter das Fundament der Moschee vor. Tatsächlich befand er sich im oberen Bereich eines vergessenen Palastes aus dem 8. Jahrhundert. Aber nicht nur das: Einige Bauteile der Unterwelt stammen aus einem noch älteren antiken Tempel mit verbauten Säulen aus pharaonischer Zeit! Was mag unter Kairos historischem Stadtkern noch alles an versunkenen und vergessenen Schätzen auf eine Wiederentdeckung warten?

Auf Wunsch ägyptischer Archäologen besitzt Roboter »Uwe 3« einen Greifarm. Er könnte kleine Gegenstände in Schächten der Cheops-Pyramide bergen. Bisher ist dazu jedoch nichts geschehen. Friedhelm Krämer, von mir darauf angesprochen:

> »Der Uwe-3-Roboter wurde im März 2016 am Flughafen in Kairo bei der Einreise vom Zoll beschlagnahmt. Erst im Januar 2017 kam es wieder zur Freigabe für das Antikenministerium mit der Auflage, dass der archäologische Einsatzort und das Datum vorher beim Ministerium, das für die Funküberwachung zuständig ist, angemeldet werden muss. Der Grund ist die sehr hohe Funkfrequenz der Geräte. Bisher ist ›Uwe 3‹ deshalb in Ägypten noch nicht zum Einsatz gekommen. Der Roboter befindet sich mit einer ganzen Kiste Zubehör (Monitor, Fernsteuerung, Akkus, Ladege-

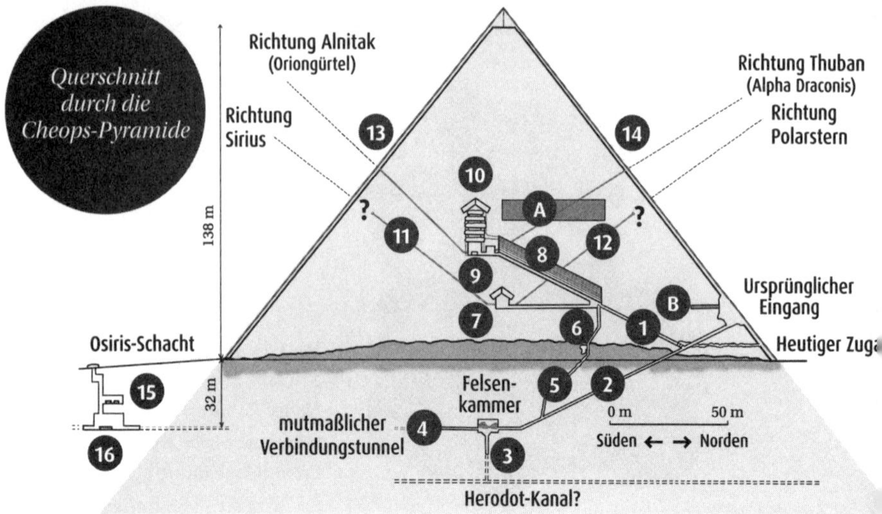

A Durch Scannen lokalisierter 40 m großer Hohlraum über der Großen Galerie.

B Unerforschter Tunnel über dem ursprünglichen Pyramideneingang.

1 Aufsteigender Korridor

2 Absteigender Korridor

3 Unvollendete Felsenkammer mit Schacht, der heute in 7 m Tiefe zugemauert ist.

4 Blindgang in Richtung Osiris-Schacht

5 »Flucht- oder Serviceschacht«, der den Bereich der unterirdischen Felsenkammer mit der Großen Galerie verbindet. Am Fuße der Galerie führt ein weiterer Schacht hinauf zur »Königskammer«.

6 Lange vor Cheops: Wenige Meter unter dem natürlichen Felskern kreuzt der »Fluchtgang« eine »Grotte«, die ein Mastaba-Grab gewesen sein könnte.

7 Ein horizontaler Durchgang am Fuße der Großen Galerie führt zur »Königinnenkammer«.

8 Die »Große Galerie«

9 »Königskammer« mit Sarkophag. Im Zugangskorridor, nur wenige Meter davor, befindet sich auf der rechten Wandseite eine Öffnung zum Caviglia-Tunnel, der zum Nordschacht und hinunter zum Beginn der Großen Galerie reicht, wo ein »Fluchtgang« die Verbindung zur Felsenkammer ermöglicht.

10 »Entlastungskammern« über der »Königskammer«.

11 Südlicher Schacht in der »Königinnenkammer«, der nach 60 m mit Blockiersteinen endet.

12 Nördlicher Schacht in de »Königinnenkammer«. Standbilder des »Pyrami Roboter« zeigen ungeklä te Gegenstände und eine Nische ins Unbekannte.

13 Südlicher sternenorientierter »Luftschacht« der »Königskammer«.

14 Nördlicher sternenorientierter »Luftschacht« der »Königskammer«.

15 Osiris-Schacht mit 3 Etagen. In der zweiten Ebene stehen zwei Sarkophage.

16 In 32 m Tiefe liegt umgeben von Grundwasser ein Sarkophag, der als »Scheingrab des Totengottes Osiris« interpretiert wird. Ein verschütteter Gang weist zur »Felsenkammer«, der eine alte Tunnelverbindung zur Großen Pyramide vermuten lässt rät, Lasermessgerät, Ersatzteile und Werkzeuge) im Antikenministerium. Ich war mit Archäologen deshalb noch mehrfach im Antikenministerium und dem Telekomministerium in Kairo, weil in der Zwischenzeit der Antikenminister und ein Teil der alten Mannschaft ausgewechselt wurden. Das Wissen über den Roboter-Einsatz ist damit leider zum Teil bei den neuen Beamten verloren gegangen.«

Friedhelm Krämer verriet mir noch etwas:

»Zu meiner Ausrüstung in Kairo gehört auch eine Miniatur-Endoskop-Kamera mit einem 15 Meter langen Videokabel, die mit ihren 8 Millimeter Durchmesser für eine Untersuchung hervorragend geeignet ist. Übrigens auch für die weitere Erforschung des Grabs von Tutanchamun im Tal der Könige. Möglichkeiten und Pläne für weitere Studien hatte ich persönlich mit dem damaligen Minister El Damati besprochen. Ob die von mir entwickelten Roboter noch benutzt werden, weiß ich nicht.«

Eine unwürdige Entwicklung.

Forschung in Fesseln

Bürokratie, Politik und fehlende Tatkraft sorgen dafür, dass Nachforschungen erschwert werden und wir bei vielen ungeklärten Fragen vorerst im Dunkeln tappen. Wir wissen auch nicht, was sich in der »Königinnenkammer« hinter dem Blockierstein am Ende des Nordschachtes befindet. Er ist baugleich dem Südschacht und besitzt wiederum zwei Metallbeschläge, die nach augenscheinlicher »Prüfung« aus »Kupfer« bestehen. Mit Gewissheit weiß man selbst das nicht. Und was verbirgt sich hinter dieser »Tür«? Ägyptologen nehmen an, dass sich dort – analog zum Südschacht – ebenfalls ein kleiner Hohlraum befindet. Und dahinter?

»Nichts«, es sei einfach nur ein »Schlussstein am Ende des Schachtes«, heißt es beschwichtigend von prominenten Altertumsforschern.

Woher aber will man das so genau wissen? Bei der ersten Erkundung mit »Upuaut« hätte kein Ägyptologe eine Falafel darauf gewettet, dass man im Tunnel des Südschachts auf eine »Tür mit Metallbeschlägen« stoßen würde. Was also, wenn es dahinter doch noch weitergeht? Wenn sich dort vielleicht um die Schächte herum angelegte weitere verborgene Hohlräume befinden? Wenn ja, könnten dort Relikte geborgen werden? Vielleicht sogar die bislang unauffindbare Mumie von König Cheops? Oder schriftliche Aufzeichnungen, die endlich verlässlich darüber Auskunft geben, wie und von wem die Gizeh-Pyramiden geplant und errichtet worden sind? Womöglich sogar Bedeutsames aus mythischen Götterdynastien und einer vorsintflutlichen Epoche, wie Anhänger der Atlantis-Theorie und Prä-Astronautiker erhoffen?

Verschwörungstheoretiker argwöhnen, die zweite Steinplatte im Südschacht könnte längst geöffnet worden sein, ohne dass die Welt davon in Kenntnis gesetzt wurde. Hypothetische Gedankenspiele? Freilich, aber es irritiert, weshalb die Öffentlichkeit seit Jahren nichts mehr über die weitere Erkundung dieser und anderer Pyramidenschächte erfährt.

Von Friedhelm Krämer weiß ich, dass sich führende Ägyptologen durchaus Gedanken über neue überraschende Funde machen. Wie sonst wäre es zu erklären, dass ihn der ehemalige Chef der Ägyptischen Altertümerverwaltung Zahi A. Hawass gebeten hatte, mit dem »Uwe«-Roboter eine 60 Zentimeter lange Bohrung durch die Verschlussplatte im Nordschacht der »Königinnenkammer« durchzuführen? »Das hätte allerdings eine Neukonstruktion des Roboters erfordert«, bedauert Krämer, »die ich aus Kostengründen bisher nicht durchgeführt habe«. Wäre das nicht eine lohnende Herausforderung für private Investoren und Forschungsinstitute? (Siehe Abb. 15 im Farbbildteil)

Der griechische Staatsmann und Tragödiendichter Sophokles belehrte uns bereits im 5. Jahrhundert v. Chr.: »Was man sucht – es lässt sich finden, was man unbeachtet lässt – entflieht!«

Königliche Scheingräber?

Die Sargkammer

Wer sich außerhalb der »Königinnenkammer« über Holzstufen der »Großen Galerie« weiter steil hinaufbewegt, erreicht nach etwa 47 Metern einen Korridor beziehungsweise die »Blockiersteinkammer«, die zum Allerheiligsten führt. Rund 5 Meter davor sieht man auf der linken Seite, dass die Galeriewände offenbar verputzt wurden. Auf einer Fläche von circa 30 Quadratzentimetern, etwa einen Meter über den Treppen, ist eine Abplatzung im Verputz erkennbar, und die darunterliegenden Fugen der Steinblöcke sind freigelegt. Klopft man gegen diese Wand, stellt man fest, es muss dahinter hohl sein! Hat das jemand überprüft? Gehört und gelesen habe ich dazu jedenfalls nichts.

Am Ende der »Großen Galerie« geht man gebückt an Granitfallsteinen vorbei und hat nach wenigen Metern endlich die legendäre »Königskammer« erreicht. Sie ist etwa 55 Quadratmeter groß, fast 6 Meter hoch und wurde vollständig aus gewaltigen Granitblöcken errichtet. Wenn man den Raum betritt, ist es jedes Mal ein erhebendes Gefühl, obwohl die heilige Stätte dringend ein paar Duftkerzen vertragen könnte.

Die Kammer wirkt düster und ist völlig schmucklos. Zwei Schächte streben von hier aus gen nördlichen und südlichen Himmel. Im Gegensatz zu den Schächten in der »Königinnenkammer« reichen diese bis zur Außenwand der Pyramide. Kaum bekannt ist, dass es unter dem Granitboden circa 30 Zentimeter tiefe Hohlbereiche gibt. Man kann das selbst überprüfen, wenn man eine Abdeckplatte im Süd-Ost-Winkel abklopft. Dies kann man besonders an einer Stelle, wo der Belag einige Zentimeter abgesplittert ist, noch deutlicher aber in der Nord-West-Ecke. Eine Metallplatte verdeckt einen Schachtzugang, der an der »Großen Galerie« vorbeiführt und nach etwa zweieinhalb Metern in den »Fluchtgang« zur »Felsenkammer« mündet.

Nahe der Westwand steht eine schlichte Steinwanne, gefertigt aus einem einzigen Block Rosengranit. Davon abgesehen ist der Raum zur Gänze leer. Von einem Deckel und gar einer Königsmumie fehlt jede Spur. Das gleiche Bild soll sich im 9. Jahrhundert den enttäuschten Schatzsuchern des Kalifen al-Ma'mūn geboten haben. Waren ihnen bereits in der Antike findigere »Berufskollegen« zuvorgekommen? Wäre möglich. Wieso aber behaupten dann Überlieferungen, dass zumindest diese Kammer immer versiegelt war und erst unter arabischer Herrschaft geöffnet wurde? Als die Eindringlinge den Raum betraten, sei der Sarkophag bereits aufgebrochen gewesen und eine Königsmumie nirgendwo zu sehen.

Lokalisierte Hohlräume

Denkbar wäre, dass die »Königskammer« gar nicht der besiegelte Ort gewesen ist, an dem der Pharao begraben lag. Nach dieser These wären »Königinnen-« und »Königskammer« *Schein*gräber, lediglich dazu angelegt, um Grabräubern eine geplünderte Begräbnisstätte vorzutäuschen. Wenn das stimmt, könnten die echten Schätze samt Mumie noch immer irgendwo versteckt in einer Geheimkammer liegen. Man kann die Ungereimtheiten aber auch als Indiz dafür ansehen, dass die Cheops-Pyramide eben nicht als Grabmal konzipiert wurde, sondern als »Sitz der Weisheit« oder »Stätte der Einweihung« größere Bedeutung gehabt hat als bisher angenommen.

Wie auch immer: Es sieht ganz danach aus, als hätte dieses Wunderwerk der Baukunst noch lange nicht alle seine Geheimnisse preisgegeben. Das zeigt einmal mehr eine Entdeckung, die im November 2017 für große mediale Aufmerksamkeit sorgte. Wissenschaftler der Universität Kairo sowie aus Frankreich, Kanada und Japan haben die großen Pyramiden von Gizeh und Dahschur durchleuchtet. Bei dem Forschungsprojekt »ScanPyramids« kamen nichtinvasive Scannerverfahren und modernste Infrarot-Röntgengeräte zum Einsatz. Dabei nutzten die Forscher sogenannte Myonen, den Elektronen ähnliche

Elementarteilchen, die bei der Wechselwirkung zwischen kosmischer Strahlung und der oberen Atmosphäre entstehen. Diese Partikel können Gestein annähernd widerstandslos durchdringen. Werden Myonen auf ihrer Bahn nun abgelenkt, ermöglicht das Rückschlüsse auf Dichteunterschiede im Aufbau der Pyramiden. Für kleine Kammern, nur wenige Kubikmeter groß, scheint diese Messmethode (noch) nicht fein genug zu sein. Dafür können sich große Aushöhlungen vor den »Strahlenjägern« nicht verstecken. Das führte zur Lokalisierung eines bislang unbekannten Hohlraumes mit den gewaltigen Maßen von etwa 40 Metern Länge und 8 Metern Höhe! Er verbirgt sich etwa 10 Meter oberhalb der »Großen Galerie«. Ein zweiter etwa 5 Meter langer Tunnel wurde über dem Giebeldach des ursprünglichen Pyramideneingangs erkannt.

Ursprünglicher Pyramiden-Eingang: Über den zwei mächtigen Giebel-Blöcken wurde ein Hohlraum aufgespürt

Der Caviglia-Schacht

Was ihr Zweck war, bleibt vorerst ungewiss. Das gilt gleichermaßen für die Suche nach einem Zugang, durch den die neu aufgespürten Räume mit einem Roboter oder Endoskop erkundet werden könnten. Vielleicht findet sich eine Luke über der noch unerforschten kleinen Nische im Nordschacht der »Königinnenkammer«? Oder über dem Caviglia-Tunnel? Er ist benannt nach dem italienischen Kapitän Giovanni Battista Caviglia (1770–1845), dem die Ägyptologie einige spektakuläre Entdeckungen zu verdanken hat, darunter ein metergroßes Fragment vom Barte des Großen Sphinx von Gizeh (aufbewahrt im Britischen Museum), die 3,60 Meter hohe »Traumstele« von Thutmosis IV. (platziert zwischen den Vorderpranken des Sphinx) und die fast 13 Meter hohe Kolossstatue von Ramses II. (heute in einer Museumshalle in Memphis). Im 19. Jahrhundert legte Caviglia mit seinen britischen Kollegen Major Howard Vyse (1784–1853) und dem Ingenieur John S. Perring (1813–1869) den Zugang zur »Großen Galerie« und den Abstieg zur »Felsenkammer« frei. Den nach ihm benannten Schacht werden die meisten Besucher der Cheops-Pyramide nicht kennen. Das liegt vor allem daran, dass Informationen dazu rar sind. (Siehe Abb. 16 im Farbbildteil)

Der Eingang befindet sich rechter Hand in jenem Korridor, der von der »Großen Galerie« zur »Königskammer« führt. Die Öffnung zum »Caviglia-Schacht« ist vergittert und versperrt. Leuchtet man mit der Taschenlampe hinein, ist erkennbar, dass es durch ein grob aufgebrochenes Loch weiter geht. Nur wenige Zeitgenossen haben den Tunnel betreten. Friedhelm Krämer ist einer davon, dem der Zutritt für Forschungszwecke von der Ägyptischen Altertümerverwaltung gewährt wurde. Der Ingenieur berichtet aus erster Hand:

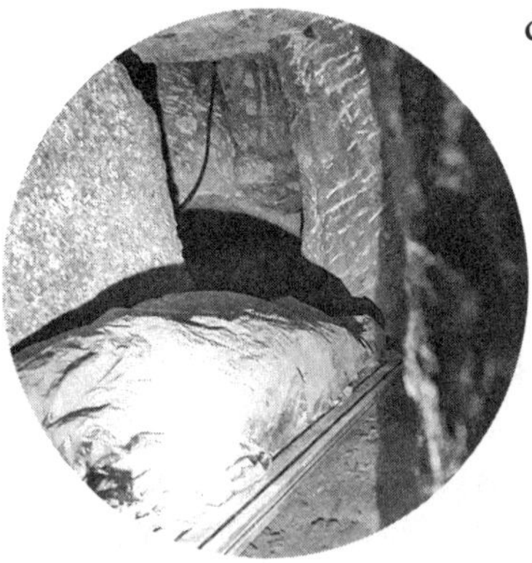

Eingang zum Caviglia-Tunnel am oberen Ende der Großen Galerie. Er trifft auf den nördlichen »Luftschacht« in der »Königskammer«.

»Der Tunnel wurde von Caviglia um 1817 durch den Granit geschlagen. Nur 3 Meter weiter und man stünde in der Königskammer. Der enge und stickige Gang trifft auf den nördlichen ›Luftschacht‹ und führt mit mehreren Bögen etwa 16 Meter steil nach oben. Am Ende des Tunnels erreicht man einen Platz, wo man auf einem halben Quadratmeter stehen kann. Bis dahin ist der ›Luftschacht‹ aufgeschlagen. Danach führt er im Mauerwerk etwa 80 Meter hinauf bis zur Außenwand, wo ein Scheinwerfer für die Gizeh-Ton- und Lichtshow angebracht ist. Man stelle sich vor, wir befinden uns am Ende des Caviglia-Tunnels oberhalb der Galerie. Würde man hier auf der rechten Seite einige Meter ins Gestein bohren, kämen wir in den durch Myonen-Messungen neu entdeckten Hohlraum, der die Größe eines Passagierflugzeuges besitzt.«

Ein rätselhafter »Fluchtgang«

Zielort Felsenkammer

Kammern des »Felsens«, der »Königinnen«, des »Königs« und des »Verborgenen«. Allesamt geplant und wieder verworfen für Pharao Cheops? Die meisten Ägyptologen vertreten die Auffassung, dass es insgesamt drei Baukonzepte für die Lage seiner letzten Ruhestätte gegeben hat. Infolge notwendiger Änderungen mussten die Pyramideningenieure dann ihre ursprünglichen Pläne über den Haufen werfen. Welche schwerwiegenden Gründe könnten dazu geführt haben? Trotz vieler wissenschaftlicher Studien gibt es bis heute keine gesicherten und plausiblen Antworten zum Sinn und Zweck des Kammersystems.

Die »Felsenkammer« ist dabei der für mich geheimnisvollste Platz in der Großen Pyramide. Er liegt in mehr als 32 Metern Tiefe unterhalb der Pyramidenbasis und unter dem natürlich gewachsenen Felsgestein. Der Querschnitt durch die Pyramide zeigt, dass die Bauherren den Hügelkern erhalten haben und ihn bewusst ins Baukonzept integrierten. Diese Erhebung reicht bis zu einer Höhe von circa 7 Metern über das Basisniveau hinaus. Dort wurde ein Stollen hineingetrieben, der zu einem Hohlraum führt. Es soll um 2600 v. Chr. der erste Bauversuch für das Cheops-Grabmal gewesen sein, blieb aber, so die These der Fachwelt, unvollendet. Just dieser bedeutende und älteste Teil des Bauwerks ist für Besucher meist geschlossen. Ich darf mich als Glückspilz bezeichnen, denn dank einer Sondergenehmigung war es mir bereits etliche Male vergönnt, in der Cheops-Pyramide zu übernachten. Meine jüngsten Erkundungen fanden im Jahre 2020 statt.

Obwohl der Abstieg beschwerlich ist, zieht es mich bei jedem Pyramidenbesuch magisch hinunter in die dunkle Unterwelt. Der Zugang ist am Ende des al-Ma'mūn-Grabräubertunnels möglich, in jenem Bereich, wo sich absteigender und aufsteigender Korridor kreuzen. Abwärts kommt man nur in gebückter Haltung voran, denn der fein polierte Kalkstein-Tunnel ist analog zu anderen Korridoren wiederum nur einen Meter breit und 1,20 Meter hoch. Etwa 70 Meter führt der Stollen durch den gewachsenen Fels im 26-Grad-Gefälle bergab. Die gesamte Strecke mit der Verlängerung zum ursprünglichen Eingang beträgt 105 Meter. (Siehe Abb. 17 im Farbbildteil)

Verbindungsschacht mit Grotte

Einige Meter, bevor der absteigendende Korridor Richtung Felsenkammer endet, geht es auf der rechten Seite vorbei an einer aufgebrochenen Wand. Es ist der Austritt (oder Eintritt, je nachdem von welcher Seite man einsteigt) des bereits erwähnten »Fluchtschachtes«, der die Unterwelt der Pyramide mit der »Großen Galerie« verbindet. Er besteht aus fünf Teilabschnitten mit unterschiedlichen Längen, Ausrichtungen und Neigungen. Im untersten Bereich, heute mit Unrat zugemüllt, geht es zunächst 2 Meter hinein in den Fels. Dahinter steigt der Tunnel mit einem Durchmesser von maximal 68 Zentimetern steil an. Nach 10 Metern folgt der längste Abschnitt, der nach 27 Metern abknickt und senkrecht über 5 Meter Länge weiter nach oben führt. Diese Zone ist teilweise mit behauenen Steinen verkleidet und kreuzt einen mysteriösen Hohlraum, der »Grotte« genannt wird. Er liegt auf der Höhe des zentralen Felskerns, über dem die Cheops-Pyramide errichtet wurde.

Wenige Meter vor der unterirdischen Felsenkammer mit Unrat verstopft: Zugang zum »Serviceschacht«, der den unteren Korridor mit der Großen Galerie verbindet

Am Fuße der Großen Galerie für Besucher leicht zu übersehen: Tunnel-Zugänge zur »Königskammer« und »Felsenkammer«

Ist es eine natürliche Höhlung, ein von Grabräubern freigelegter Raum oder das Überbleibsel eines alten Mastaba-Grabes, das lange vor Cheops auf dem Gizeh-Hügel stand? Wenn ja, welche altägyptische Persönlichkeit lag hier begraben? Und was hätte König Cheops dazu veranlassen sollen, seine letzte Ruhestätte über einem älteren Grabbau zu errichten? Fragen über Fragen. Ungeklärt ist ebenso, was ein meterlanger behauener Granitblock mit zwei Bohrlöchern zu bedeuten hat, der in diesem schwer zugänglichen Hohlraum liegt. Wenn wir von diesem zentralen Felselement dem Tunnel weiter himmelwärts folgen, landen wir über dem Basisniveau der Pyramide in ihrem Kernmauerwerk. Von hier führt der Schacht 8 Meter schräg nach oben, knickt erneut ab und führt dann weitere 8 Meter senkrecht nach oben und mündet schließlich am Fuße der »Großen Galerie«.

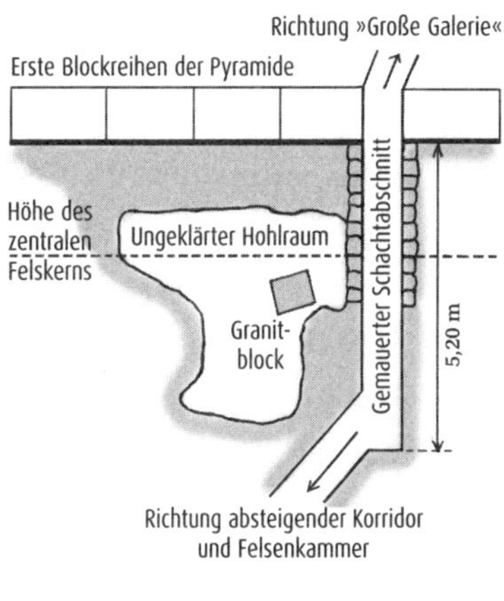

Flucht- oder Serviceschacht. Nord-Süd-Schnitt durch die Grotte

Im Reich der Finsternis

Groteskes Felsgebilde

Zurück in den Untergrund der Pyramide. Am Ende des absteigenden Korridors angekommen, führt ein waagrechter Gang in derselben südlichen Korridor-Richtung weiter. Man kann ihn nur würdelos auf allen Vieren zurücklegen. Auf der rechten Wandseite taucht eine kleine Nische auf, bevor man nach 9 Metern schweißgebadet endlich die »Felsenkammer« erreicht hat. Wenn man aus dem Gang herauskriecht, sich aufrichtet und den Sand von der Kleidung klopft, fühlt man sich versetzt in eine unheimliche und fremdartige Welt.

Im Schein der Taschenlampe werden bizarre Gesteinsstrukturen sichtbar. Man fragt sich unwillkürlich: Was hat diese unheimlich anmutende Höhle zu bedeuten? Die Anlage orientiert sich – wie die Pyramide selbst – exakt nach den vier Himmelsrichtungen. Sie ist in ostwestlicher Ausrichtung 14 Meter lang und in der Nord-Süd-Achse etwa 8 Meter breit. Die höchste Stelle an der Ostwand beträgt etwas mehr als 5 Meter. Damit ist dieser Raum deutlich größer als die »Königskammer«. Kann dieses künstlich geschaffene Gewölbe wirklich der gescheiterte Versuch gewesen sein, dem verstorbenen Pharao eine Gruft zu errichten? Logisch ist das nicht. Wie bei der »Königskammer« hätte auch hier kein Sarkophag durch den letzten Abschnitt des Korridors (1,05 mal 0,99 Meter) gepasst. Eine »Kopfnuss«, wie wir sie in vielen ägyptischen Pyramiden und Grabkammern vorfinden. Bei der »Königskammer« behelfen sich Fachgelehrte mit der Verlegenheitserklärung, dass Cheops' Granitwanne bereits *vor* beziehungsweise *während* der Errichtung der Kammer an den gewünschten Platz gehievt worden sei.

Wenn man dieses Vorgehen als bautechnisches Grundprinzip akzeptiert, müsste in der »Felsenkammer« ein Sarkophag stehen. Tut er aber nicht. Stattessen türmt sich westseitig ein zerklüftetes Steingebilde auf, das im hintersten Winkel bis nahe an die Felsendecke he-

Historische Aufnahmen der »Felsenkammer« anno 1910

ranführt. Steht man direkt davor, erkennt man zwei unebene Podeste in Blockform, getrennt durch einen eingeschnittenen treppenartigen Aufgang. Im vorderen Teil der linken Erhöhung wächst aus dem Felsstumpf ein seltsames Etwas empor. Es erinnert an einen steinernen Thron und lädt zum Meditieren und Sinnieren ein. Hellhörige Besucher bemerken auf diesem erhöhten Sitz einen verstärkten Schall.

Die rechtsseitige Anhöhe vermittelt ein ähnliches Bild: Felsige Buckel und Nischenräume. Auf den ersten Blick wirken sie wie plumpe unfertige Strukturen, die von Grubenarbeitern mit Hammer und Meißel aus dem Felsmassiv herausgebrochen worden sind. Das würde zur Deutung vieler Ägyptologen passen, wonach hier eben der Bauzustand einer »unvollendeten Kammer« vorzufinden sei. In meinen Augen ein voreiliger Schluss …

Unlogische Bauarbeiten

Bei näherer Betrachtung ist deutlich zu erkennen, dass diese scheinbar planlose Relieflandschaft keineswegs willkürlich aus dem Felsmassiv herausgeschlagen wurde! Das zeigen harmonisch abgerundete Höcker und Einschnitte, die auf eine sorgfältige und behutsame Bearbeitung hinweisen. Es sieht so aus, als sei eine rohe Grundstruktur vorhanden gewesen, die dann von Arbeitern mit kleinen Werkzeugen nachbearbeitet wurde. Im Eck der rechten Westseite ist zudem eine rechtwinkelige Vertiefung ins Gestein geschnitten, über deren Zweck ebenso Unklarheit herrscht. War dort ein kleiner Tunnel geplant, der aufgegeben wurde?

Was neben fehlendem Sarkophag und Spuren feiner Bearbeitung am meisten irritiert: Wieso ist die Decke geglättet, während gleichzeitig hinderliche Steinfragmente an ihrem Platz belassen wurden? Es will mir nicht einleuchten, weshalb die Handwerker nicht zuallererst das Aushubmaterial an die Oberfläche befördert haben. Das wäre doch die übliche Vorgehensweise, bevor man im unterirdischen Steinbruch mit der Feinarbeit fortfährt. Wer will schon in einem stickigen Raum bei der weiteren anstrengenden Arbeit auch noch ständig über Tonnen von Steintrümmern stolpern? Nur Schildbürgern würde es einfallen, platzraubende und hinderliche Strukturen an Ort und Stelle zu belassen. Genau das aber ist hier geschehen! (Siehe Abb. 21 im Farbbildteil)

Für die Bearbeitung und Glättung von Wänden, Kanten und der Decke wurden Felserhebungen, Nischen und Steinbuckel also ganz bewusst stehen gelassen. Mehr noch: Die Architekten waren offensichtlich nicht nur darum bemüht, das wunderliche Felsgebilde zu erhalten, sondern es auch ins Gesamtkonzept zu integrieren. Steinmetze »verschönerten« es gar mittels Nachbearbeitung und hantierten im Anschluss daran umständlich um dieses Urgestein herum. Das ergibt in meinen Augen nur dann einen Sinn, wenn die wahre heilige Verehrung von Anfang an dem Felsunikum galt, die Gruft mithin also nie für König Cheops bestimmt war.

Außersinnliche Wahrnehmungen

Paranormale Kräfte

Wirken in der Großen Pyramide kosmische Energien? Könnten sie erklären, warum sensitive Menschen, die sich längere Zeit in den Kammern der Cheops-Pyramide aufgehalten haben, über spirituelle, mystische und unerklärliche Erfahrungen berichten?

Der französische Kaiser Napoleon Bonaparte wird als einer der prominentesten Zeitzeugen genannt. Der Feldherr sei, so heißt es, nach gewonnener Schlacht bei den Pyramiden ein Jahr später im August 1799 nach Gizeh zurückgekehrt. Im Zuge dieser Reise habe der Feldherr 7 Stunden allein in der »Königskammer« verbracht. Erst bei Sonnenaufgang sei er wieder ins Freie gelangt und habe dabei blass und verwirrt gewirkt. Als seine Adjutanten ihn fragten, was er in der Pyramide gesehen und erlebt hätte, soll Napoleon geantwortet haben: »Selbst, wenn ich es euch sage, ihr würdet mir doch nicht glauben.« Die Details über diese Vorkommnisse nahm Napoleon leider mit ins Grab. Stoff für Legendenbildung: So heißt es, dass dem späteren Kaiser düstere Zukunftsvisionen vorschwebten, die sein Leben für immer veränderten.

Kein Blatt vor dem Mund nahm der englische Mystiker und Schriftsteller Paul Brunton (1898–1981). Er ruhte in den 1930er-Jahren eine Nacht lang in Cheops' Sarkophag. Im tranceartigen Zustand sah er sich in ferne pharaonische Epochen zurückversetzt. Gleich den Schilderungen von übersinnlichen Nahtoderfahrungen will Brunton eine ägyptische Initiation nacherlebt haben. Dabei seien ihm Hohepriester, Geistwesen und Dämonen einer anderen Zeit erschienen, die ihn in die tiefsten Geheimnisse der Pyramide einweihten. Seine außersinnlichen Wahrnehmungen hat der Theosoph in seinem mitreißenden Buch *Geheimnisvolles Ägypten* niedergeschrieben. An einer Stelle beschreibt der Autor, wie das Gefühl des Sterbens schwand und sein Astralkörper in höhere Dimensionen vordrang:

> »Schließlich erhielt sich mein konzentriertes Bewusstsein nur noch im Kopf, und ein letzter toller Wirbel ging durch mein Gehirn. Ich hatte das Gefühl, in einem tropischen Wirbelwind eingefangen zu sein und aufwärts durch ein enges Loch zu fliegen. Dann kam ein Augenblick der Angst vor dem Hinausgeschleudertwerden in die Unendlichkeit, ich sprang ins Unbekannte – und war frei!«

Visionen aus der Vergangenheit

Existieren kosmische Pyramidenkräfte, die außersinnliche Wahrnehmungen wecken können? Das mag sich auch mein Freund und Autorenkollege Andreas von Rétyi gefragt haben, der das vorliegende Buch mit seinem Vorwort krönt. Als Chefredakteur des populärwissenschaftlichen Magazins *mystery* zieht es ihn genauso gerne hinab in unterirdische Labyrinthe wie mich. In der Cheops-Pyramide ist er fast zu Hause. Natürlich wollte ich neugierig wissen, ob ihm bei seinen ausgedehnten Erkundungen in der Pyramide irgendwann Ungewöhnliches widerfahren sei. Und tatsächlich entgegnete von Rétyi:

> »Ich bin sicher kein Esoteriker, aber es gab ein seltsames Erlebnis, bei dem es zu einem merkwürdigen ›Austausch‹ an Informationen und Bildern zwischen Felsenkammer und Königskammer gekommen war«, verriet mir der Forscher. »Dahingehend, dass sich mit der Zeit die Bedeutung der beiden Kammern in der Wahrnehmung komplett verschoben hatte.«

Eine nicht alltägliche Begebenheit ereignete sich vor Jahren bei von Rétyis erstem Aufenthalt in der »Felsenkammer«. Der Autor recherchierte gerade für sein Mystery-Sachbuch *Geheimakte Gizeh-Plateau:*

> »Da hat es mich im westlichen Bereich der Kammer geradezu wie von Geisterhand geführt zum Felsen hingezogen. Als ich mich setzte, die Augen schloss und den Kopf daran lehnte, konnte ich plötzlich wie auf einer Zeitreise alles sehen, was sich hier unten vor Jahrtausenden abgespielt hat. Das war 3D-Kino, so real! Ich sah in lebendigen Bildern all jene Arbeiter schuften, umgeben von stickigem Staub. Sie haben nicht nur fürchterlich geschwitzt, sondern am ganzen Körper geblutet. Darüber hatte ich eigentlich nie nachgedacht. Überall Verletzungen. Diese spontane Wahrnehmung empfand ich als höchst seltsam. Seltsam war auch das Empfinden direkt nach meiner Inspektion der Felsenkammer. Als ich wieder ans grelle Tageslicht stieg, ist mir draußen

alles völlig unwirklich vorgekommen. Ich saß noch lange auf den Stufen nahe dem Pyramideneingang und war wie benommen. Wohlgemerkt, gesundheitlich war ich okay, aber trotzdem in einer Art und Weise ›weggetreten‹, die man nur schwer in Worte fassen kann. Dieser fast metaphysische Zustand hielt rund 2 Wochen an! Unheimlich! Eine logische Erklärung habe ich dafür nicht. Auch mein Umfeld hat bemerkt, dass ich zwar guter Dinge war, aber eben nicht richtig da. Ich fühlte mich so, als befände ich mich zwischen zwei Welten, irgendwie permanent luzid. Das Raumzeitgefüge schien regelrecht ›verrutscht‹ zu sein. Interessant ist eben auch, dass meine Erfahrungen im krassen Gegensatz zur ursprünglichen Erwartungshaltung standen. Eigentlich hatte ich bei meinem ersten Besuch der Königskammer mit einer gewissen ›magischen Wirkung‹ gerechnet, doch der Raum ließ mich anfangs völlig kalt, im starken Kontrast zur unterirdischen Kammer. Dann, erst im Laufe der Zeit, von Aufenthalt zu Aufenthalt, kehrte sich die Bedeutung allmählich um. So folgten mehrere intensive ›3D-Erlebnisse‹ in der Dunkelheit der Königskammer, wenn sonst niemand da war.«

Anomalien verwirren die Fachwelt

Chephrens Funkenkammer

Unbekannte kosmische Energien? Elektromagnetische Anomalien? Das führt zurück zur Myonen-Tomografie des »ScanPyramids«-Projekts. Bereits in den Jahren 1965–1969 wurden ähnliche Experimente durchgeführt. Damals suchte der amerikanische Physik-Nobelpreisträger Dr. Luis Walter Alvarez (1911–1988) mithilfe einer »Funkenkammer« nach unentdeckten Hohlräumen in der Chephren-Pyramide. Dabei wurde kosmische Strahlung auf einem Magnetband aufgezeichnet. Das Spürgerät wurde an verschiedenen Stellen platziert, die Messungen wiederholt. Verborgene Kammern wurden nicht entdeckt, aber offenbar spielten die Instrumente verrückt. Immer dann, wenn die Magnetbänder durch den Computer gelaufen waren, kamen jeweils andere Muster zum Vorschein. Hingegen waren wesentliche Merkmale, die sich bei der Auswertung hätten wiederholen müssen, plötzlich verschwunden. Sämtliche Aufnahmen, von denen sich Alvarez und sein Team zielführende Details erwartet hatten, ergaben nur ein Tohuwabohu sinnloser Zeichen.

Pionier der Pyramiden-Myonenforschung: Nobelpreisträger Luis Walter Alvarez

»Hier muss eine unbekannte Kraft wirksam geworden sein, die jede menschliche Vorstellungskraft übersteigt«, beteuerte Projektmitarbeiter Dr. Amr Goneid von der Kairoer Ain-Schams-Universität. Der Journalist, der das Interview mit dem Fachmann führte, war der Brite John Tunstall – Korrespondent der *Times* in Ägypten. Ihm ist es zu verdanken, dass die Geschehnisse überhaupt publik gemacht wurden. Sie sind später von Dr. Alvarez dementiert und als Märchenerzählung eines Schreiberlings abgetan worden. Und was sagte der Kronzeuge, die »Plaudertasche« Dr. Goneid, zu den spukhaften Vorfällen? Nichts mehr. Er hatte einen »Maulkorb« bekommen und schwieg. Wollte er seine berufliche Karriere nicht aufs Spiel setzen? Offenbar war ihm klar geworden, dass nicht sein konnte, was nicht sein durfte.

Die Chephren-Pyramide

Geprüfte Scans

In den vergangenen Jahrzehnten hat sich die Myonen-Technologie hypermodern verfeinert und ist mit den damals noch unausgereiften Messmethoden der 1960er-Jahre nicht mehr vergleichbar. »Alvarez war ein echter Visionär«, erklärt Mehdi Tayoubi, Co-Direktor des Projekts »ScanPyramids«.

> »Er hatte die richtige Idee, vielleicht zu früh. Unser Traum wäre es, Alvarez einen Tribut zu zollen und das Chephren-Experiment zu wiederholen, um zu sehen, ob es tatsächlich keine Kammern mehr in der Pyramide gibt oder ob sie mit der damals vorhandenen Technik gar nicht aufgespürt werden konnten.«

Anders als in der Chephren-Pyramide führten die Myonen-Experimente in der Cheops-Pyramide zum Erfolg. Kontrollmessungen im Jahre 2019 haben zweifelsfrei bestätigt: Die neu lokalisierten Hohlräume sind da, über der »Großen Galerie« und über der Pyramidenpforte!

Was dabei fast vergessen wird: Bereits im Oktober 2015 wurde der Cheops-Pyramide ein bis dahin verborgenes Geheimnis entlockt. Das war der Zeitpunkt, als die »ScanPyramids«-Mission startete. Die Forscher installierten zunächst Wärmekameras an der Ostseite, die mehrmals am Tag die Temperatur der Kalksteinblöcke aufzeichneten: Während des Sonnenaufgangs, wenn die Steine noch kühl von der Nacht waren und sich langsam erwärmten, und beim Sonnenuntergang, wenn sie sich langsam wieder abkühlten. Dabei offenbarten die thermischen Scans eine deutliche Anomalie, die sich nicht allein mit Materialunterschieden oder Rissen im Gestein erklären lässt. Besonders auffällig zeigte sich die Abnormität in Bodennähe, wo die Abweichung zwischen zwei Steinblöcken 6 Grad Celsius betrug. Normal wären 0,1–0,5 Grad Celsius. Ein hinter den Steinen versteckter Hohlraum hätte Auswirkungen auf die Steintemperatur. Sind diese Temperaturschwankungen ein Hinweis auf eine natürliche Höhlung? Oder eine heiße Spur zu einem geheimen Eingang, der hinab ins Innere der Großen Pyramide führt?

Antike Hochtechnologie

Interessant ist auch, dass nur wenige Meter von dieser Stelle entfernt vier Schächte unbekannter Länge in die Tiefe führen. Ebenfalls im Nahbereich befindet sich eine der fünf Cheops-Bootsgruben sowie der Rest des Fundaments des »Totentempels«. Wer hier die sehr harten Basaltblöcke aus schwarzem Vulkangestein genauer beäugt, wird Schleifspuren, präzise Sägeschnitte und tiefe Bohrlöcher entdecken, die mit herkömmlichen Kupferwerkzeugen nicht entstanden sein können. Ägyptologen bestätigten mir, dass diese Hightechbearbeitung aus dem Alten Reich stamme und nicht erklärt werden könne. Wieso erfährt die Öffentlichkeit nicht davon?

Spuren antiker Kreissägetechnologie am Gizeh-Plateau

Alternative Pyramidenforscher behaupten schon lange, dass beim Bau der Gizeh-Giganten hoch entwickelte Präzisionsmaschinen zum Einsatz kamen. Ein profilierter Vertreter ist der in den USA lebende britische Maschinenbauexperte Christopher P. Dunn. 1998 präsentierte er seine Forschungen in dem Buch *The Giza Power Plant: Technologies of Ancient Egypt* (zu Deutsch: »Das Gizeh-Kraftwerk: Technologien des alten Ägyptens«). Darin legte Dunn brisante Belege antiker Steinbearbeitung vor, die sogar den Präzisionsgrad moderner Bautechnik in den Schatten stellen. Seiner Expertise zufolge ist diese technische Perfektion nur mit hoch präzisen Fräsern möglich, die auf dem Verfahren computergestützter Maschinensteuerung basieren!

Welche Genies könnten vor Jahrtausenden diese Methode beherrscht haben? Wissenshüter einer Vorzeit-Zivilisation? Überlebende des versunkenen Inselreiches Atlantis? Oder Lehrmeister aus dem Kosmos, die in den Mythologien der Welt als überirdische »Götter« beschrieben werden? Christopher Dunn lässt offen, woher das Technologiewissen kam, ist aber davon überzeugt, dass das Design der Grabpyramide höheren Zwecken gedient haben muss. Die Kammern und Schächte seien bewusst so angelegt worden, damit die Pyramide als akustischer Klangkörper funktioniert.

Schalleffekte

Tatsächlich ist die Akustik in allen Kammern verblüffend. Das bestätigen viele Besucher der »Königskammer«. So auch der Thüringer Bauingenieur Axel Klitzke:

> »Nachdem ich meine Messungen abgeschlossen hatte, kam mir spontan die Idee, mich in den leeren, offenen Steinsarkophag zu legen«, erinnert sich der Pyramidenforscher. »Ich musste mich kurz räuspern – und war dann sprachlos. Der Ton entwickelte ein ungeheures Echo. So erzeugte ich dann bewusst sonore Töne und merkte, dass mich dabei eine ungeheure Frequenzwelle von Kopf bis Fuß erfasste, die den ganzen Körper vibrieren ließ. Es war ein Gefühl, als würde ich schweben. Haben so die alten Priester vielleicht Kontakt mit der Götterwelt aufgenommen?«

Ähnliche Effekte habe ich mit Freunden selbst erlebt und mit praktischen Tests erprobt. Und tatsächlich: Sobald die Töne zum Klang von Obertönen immer lauter und tiefer werden, beginnt der Raum scheinbar zu vibrieren, bis zu einer verstärkten Frequenz. Das ehedem klare Bild bewusster Wahrnehmung begann sich irrrational »aufzulösen«, wirkte undeutlich verschwommen, und ich verspürte das körperhafte Gefühl, als ob ich jetzt, wie bei einem Raketenstart, himmelwärts abheben würde. Für Unbeteiligte schwer nachvollziehbar, aber genauso empfand ich das bebende Akustik-Phänomen in diesen Momenten. In der »Königskammer«, in der die Besucher üblicherweise unter der strengen Aufsicht von Wächtern still und andächtig verharren, kann dieses Schallwellenerlebnis am deutlichsten wahrgenommen werden. Wer das Sakrileg unternimmt, in Cheops' Sarkophag »Probe zu liegen«, wie Paul Brunton, Axel Klitzke oder der Autor dieser Zeilen, und mit einem Gegenstand an die ostseitige Innenwand klopft, bekommt einen metallischen Klang zu hören, der einem hellen Glockenton ähnelt. Diese Erlebnisse passen zu Christopher Dunns These, wonach die Pyramidenpriester über ein profundes Geheimwissen und ein ausgeklügeltes Verfahren verfügten, das akustische Phänomene in elektromagnetische Energie umwandeln konnte.

Den herausragenden Physiker Nikola Tesla (1856–1943) hätte die Idee eines Resonanzkraftwerkes zur Energieversorgung begeistert. Mit spektakulären Elektroexperimenten zur freien Energie und mit künstlichen Lichtquellen wurde der Visionär berühmt, starb aber letztlich mittellos als verkanntes Genie. Seither wird darüber spekuliert, ob in der Großen Pyramide energetische Phänomene und elektromagnetische Energien wirken, die man aktivieren und nutzbar machen könnte.

Elektromagnetische Abweichungen

Für Rationalisten sind paranormale Phänomene Humbug. Doch ein Team um Mikhail Balezin und Andrey B. Evlyukhin von der russischen Monash University in St. Petersburg und dem deutschen Laser Zentrum Hannover liefert neue Erkenntnisse. 2018 legten die Forscher die Ergebnisse ihrer Studie im renommierten *Journal of Applied Physics* vor. Sie beruht auf der Tatsache, dass unsere Umwelt ständig von elektromagnetischer Strahlung durchflutet wird. Egal, ob bei der Erhitzung von Lebensmitteln in der Mikrowelle, beim Sonnenbaden oder beim Telefonieren – die unsichtbare Strahlung begleitet uns täglich. Wir bekommen sie nur indirekt mit, etwa dann, wenn wir in einem Gebäude feststellen, dass die WLAN-Verbindung unseres Smartphones oder Tablets an einer bestimmten Stelle stärkere Signale sendet und anderswo schwächere oder gar keine.

Nun wollten die Wissenschaftler anhand eines Simulationsmodells mit den exakten Daten der Cheops-Pyramide wissen, wie diese elektromagnetischen Wellen innerhalb der Großen Pyramide interagieren. Dabei wurden die Töne durch Reflektion beziehungsweise Vibration verlängert und mit Computertechnik farblich sichtbar gemacht. Zur Verblüffung der Physiker zeigte sich eine auffällig kraftvolle Konzentration der Energien just in den bekannten Kammern und insbesondere unterhalb der Pyramidenbasis in Richtung »Felsenkammer«.

Unglaublich! Zum x-ten Mal nur ein »erstaunlicher Zufall«? Oder kannten die Konstrukteure des Weltwunders die Wirkung elektromagnetischer Felder? Wurden die Kammern bewusst genau an jenen Plätzen in der Pyramide realisiert, wo sich die Wellenenergie von Nanopartikeln stark verdichtet? Für eine Überprüfung dieser These müssten faktische Untersuchungen an und in der Cheops-Pyramide unternommen werden. Eine behördliche Genehmigung dazu fehlt bislang.

Tunnel ins Nirgendwo

Sonderbarer Schacht

Die unterirdische »Felsenkammer« steckt voller Rätsel. Eines liegt nahe zur Ostwand, wo ein großes Loch im Boden klafft und ein viereckiger Schacht weiter in die Tiefe führt. Bei der Auffindung im Jahre 1837 durch das britische Forscherduo John S. Perring und Howard Vyse soll diese rechteckige Vertiefung nur knapp 2 Meter in den Abgrund geführt haben. In Erwartung, auf die wahre und raffiniert versteckte Sargkammer von König Cheops zu stoßen, bedienten sich die Engländer der brutalen »Schießpulver-Methode«. Es heißt, die

»Kammerjäger« seien auf diese Weise etliche Meter in den Untergrund vorgedrungen, hätten die weitere Erkundung aber aufgegeben, weil sie nichts gefunden hätten. Als dann erst wieder im Jahre 1910 die Brüder John und Morten Edgar die Felskammer erforschten, standen sie vor einer Geröllhalde, die Perring und Vyse nach ihren Sprengungen hinterlassen hatten. Der Schutt wurde abtransportiert, der Boden geebnet, der Raum sauber geräumt. Vielleicht wäre es klüger gewesen, die Trümmer für spätere Untersuchungen aufzubewahren. Vergebliche Gedankenflüge. Damit niemand unglücklich hineinstolpert, ist der Schacht heute mit einem Geländer gesichert. (Siehe Abb. 19 im Farbbildteil)

Könnte mit dieser Vertiefung ein größeres Geheimnis verknüpft sein als bisher angenommen? Andreas von Rétyi ist davon überzeugt. Bei seiner Nachforschung im März 2004 wunderte sich der Phänomene-Detektiv darüber, dass der Schacht größtenteils mit Sand verschüttet war. An der Nordwandung erblickte er eine rechteckige Öffnung, wo mutmaßlich ein Tunnel weiterführen könnte. Rétyi schreibt:

> »Aufgrund des Levels war uns klar: Dieser Sand füllt den Schacht bereits metertief aus. Einen Monat später fanden wir dann die Situation deutlich verändert vor. Von der Öffnung war nichts mehr zu sehen, denn nun reichte der Sand etliche Meter weiter nach oben! In der Zwischenzeit hatte man hier unten also intensiv gearbeitet.«

Rétyi fragte sich:

> »Warum hatte man den Schacht zugeschüttet? Archäologen sind normalerweise doch *Ausgräber*, hier aber müssen *Eingräber* am Werk gewesen sein!«

Bei einer späteren Erkundung erlebte der Forscher einen »Heureka!«-Moment: Rétyi bemerkte, dass ein kleiner Bereich der seitlichen

Öffnung inzwischen wieder sichtbar war. Außerdem ragten zwei Metallstangen aus dem Sandboden empor. Ihr oberes Ende war u-förmig gebogen, um sie leicht mit einem Flaschenzug nach oben zu heben. Es war eine getarnte Abdeckung, die mit einer dünnen Sandschicht den verschütten Schacht nur vortäuschte! Aber wer macht so etwas? Nur jemand, der möglichst ungestört unter der Erde Ermittlungen anstellen will. Ob sie buchstäblich im Sand verlaufen sind? Mir kam zu Ohren, dass der Schacht früher mindestens 11 Meter tief in den Abgrund führte (nach anderer Quelle sollen es sogar 30 Meter sein!) und bis zum Grundwasserspiegel reichte. Andreas von Rétyis Verdacht wird damit bestätigt. Auf einem Vorsprung im oberen Schachtbereich liegt ein Stein mit zwei Bohrlöchern sowie ein Teil der erwähnten Abdeckplatte und eine Eisenstange. Damit wurde den Touristen vorgetäuscht, dass es am vermeintlichen Schachtboden nicht mehr weitergehen würde. Seit 2009 ist der weitere Zugang in etwa 7 Meter Tiefe von Archäologen zugemauert worden.

Schacht in der »Felsenkammer«:
Führt er weiter in die Tiefe als gedacht?

Abdeckplatte und
Eisenstange verraten
archäologische
Tunnel-Forschungen

Ägyptologisch nachgefragt

Von Prof. Dr. Ahmed Osman wollte ich Erhellendes über die Untergrundaktion erfahren. Mit dem Vertreter der klassischen Archäologie verbindet mich eine jahrelange Freundschaft und ich habe viel von dem Ägypter gelernt. Nicht jede fantastische Erzählung darf für bare Münze genommen werden. Zugleich ist nicht jeder mysteriös anmutende Fund zwangsläufig ein ungelöstes Rätsel. Mit dem nötigen Hintergrundwissen lässt sich oftmals eine triviale Erklärung für »Unerklärliches« finden. Aber eben nicht immer. Das weiß auch Dr. Osman. Das macht den renommierten Wissenschaftler sympathisch. Er hat immer ein offenes Ohr für alternative Hypothesen. Der Professor der Ägyptologie kennt die Große Pyramide wie seine Westentasche. Von 1993 bis 2001 war er für die Altertümerverwaltung am Gizeh-Plateau tätig. Danach arbeitete der Ägypter bis 2011 in einer Abteilung, die sich um die Rückführung illegal außer Landes geschaffter Kunstwerke bemüht.

Ahmed Osman hält nichts von der These, dass der Schacht bis zum Grundwasser führt:

> »Die Grotte ist nicht tiefer als 7 Meter. Die Felsenkammer blieb unvollendet. Vielleicht war im ursprünglichen Bauplan die Beerdigung der Königsmumie in diesem Schacht vorgesehen, aber die Arbeiten wurden gestoppt und die Kammer so belassen, wie wir sie heute vorfinden.
> Als Grabstätte wäre ein Schacht bis zum Grundwasser nicht sinnvoll, weil sonst die Gefahr bestanden hätte, dass die Mumie und die Schätze des Königs zerstört würden.«

Das erklärt freilich noch nicht die Grabungsaktivitäten, die Andreas von Rétyi aufdeckte. Es bleiben offene Fragen. Das gilt für alle Schächte am Gizeh-Plateau, die oft mehr als 30 Meter ins Felsgestein reichen. Nach der Einschätzung von Dr. Osman stehen die bisher gefundenen und erforschten unterirdischen Anlagen und Schächte jedoch ausschließlich im Zusammenhang mit Gräbern und Beerdigungen. »Andere Bestimmungen sind bisher nicht bekannt«, beteuert der Ägyptologe, räumt aber ein, dass »das Gizeh-Plateau immer noch viele ›geheime Dinge‹ bewahrt, die noch nicht alle entdeckt und erforscht worden sind«.

Gräbt man in der Vergangenheit weiter zurück, stößt man auf die umstrittenen Schriften des arabischen Religionsgelehrten al-Maqrīzī (1364–1442). Es heißt, die Texte würden sich auf ältere koptische Quellen berufen. Im Pyramidenkapitel seines Werkes *Hitat* zitiert er einen gewissen Abu Abdallah Muhammad ibn Abd ar-Rahim al Kaisi. Dieser 1169 verstorbene Arzt will in der Großen Pyramide eine ungeheuerliche Entdeckung gemacht haben:

> »Ich suchte ihr Inneres auf und erblickte ein großes gewölbtes Gemach, dessen Basis ein Viereck bildete, während es oben rund war. In der Mitte befindet sich ein viereckiger Brunnenschacht von zehn Ellen Tiefe. Steigt man in ihm herab, so entdeckt man auf jeder seiner vier Seiten eine Pforte, die zu einem großen Raum führt, in dem Leichname liegen, Söhne Adams.«

Geschichten eines Märchenonkels aus Tausendundeiner Nacht? Wäre möglich. Von den vier mit menschlichen Überresten angefüllten Räumen ist nichts bekannt. Indes könnte die Erwähnung eines »viereckigen Brunnenschachtes« durchaus als kryptischer Hinweis auf die rechteckige Vertiefung in der »Felsenkammer« verstanden werden.

Meine Erkundungen unterhalb der Cheops-Pyramide wurden die letzten Jahre von monotonen Summtönen begleitet. Das lag nicht an chronischem Ohrensausen, sondern an den Myonen-Detektoren des »ScanPyramids«-Projekts, die auch in der »Felsenkammer« installiert wurden. Anders als bei den entdeckten Hohlräumen über der »Großen Galerie« und dem al-Ma'mūn-Tunnel liegen hier keine endgültigen Ergebnisse vor, da die Messungen noch nicht abgeschlossen sind. (Siehe Abb. 18 im Farbbildteil)

Zum »ScanPyramids«-Projekt bestätigte mir Prof. Dr. Ahmed Osman im September 2021:

> »Die Scangeräte funktionieren und die Messungen laufen immer noch. Es sind vor allem Kontrollmessungen der bisherigen Hohlraum-Entdeckungen. Wie lange das Projekt andauern wird, ist offen. Die Initiatoren müssen alle 6 Monate um eine Verlängerung bei den ägyptischen Behörden ansuchen. Ob weitere Genehmigungen dazu erfolgen, ist nicht garantiert. Es ist noch zu früh für eine Entscheidung, ob in der Cheops-Pyramide Bohrungen beziehungsweise Grabungen zu den lokalisierten Hohlräumen durchgeführt werden dürfen. Wir müssen Geduld haben.«

Bilderrätsel und Blindgang

Ein Scangerät steht gleich rechts um die Ecke des Eingangskorridors, 2 Meter entfernt von dem Schacht ins Nirgendwo. Als ich mit der Bildauswahl zum vorliegenden Buch befasst war, sah ich mir die vielen Fotos an, die ich im Untergrund mit meiner einfachen Handykamera geknipst hatte. Ich war gerade dabei, unbrauchbare und unscharfe Motive zu löschen, als ich bei einem Bild stutzte: Es zeigt helle »Strahlen«, offenbar reflektierte Partikel durch den Blitz der Kamera, die digital sichtbar geworden sind.

Verwischte Effekte, hervorgerufen durch Sand und Staub? Könnte man annehmen. Warum aber nur auf diesem einen Foto? Und weshalb die Orientierung zum Schacht?

Ich habe Bernhard Moestl, Autorenkollege und Berufsfotograf aus Wien, um seine Einschätzung gebeten: »Durch Verwackeln kann dieses Foto jedenfalls nicht entstanden sein, weil dann wäre ja *alles* verwackelt und unscharf. Ich vermute, dass der Effekt etwas mit Staubpartikeln oder Wassertropfen zu tun hat.« Warum das aber dann zur »Streifenbildung« geführt hat und nur auf dieser einen Aufnahme zu sehen ist, kann auch Moestl nicht plausibel aufklären. Es sieht so aus, als würden die »Luftlinien« aus einer violetten eiförmigen Fläche an der Kammerdecke ausfließen oder aus dem Schacht hinauf in diese Richtung weisen. In der geglätteten Felsdecke ist bei genauerer Betrachtung ein diagonaler Sprung im Gestein erkennbar. Könnte er mit den sichtbar gewordenen »Strahlen« zusammenhängen? Oder hatte die elektronische Technik der Myonen-Tomografie diesen Effekt begünstigt? Ich kann es mir nicht erklären. Es muss alles nichts bedeuten, schon gar nichts Übersinnliches, kurios ist es aber allemal. (Siehe Abb. 22 im Farbbildteil)

Noch etwas Absonderliches zeichnet die »Felsenkammer« aus, das mit Sicherheit nicht neuzeitlich ist: Dort, wo der absteigende Gang vom Norden her in die Kammer mündet, führt vis-à-vis an der Südwand ein horizontaler Stollen in direkter Verlängerung weiter. Die heute vergitterte Öffnung misst knapp 1 mal 1 Meter. Ich konnte vor wenigen Jahren noch hineinkriechen, aber es war recht beengt und nach über 16 Metern ist man am Ende angelangt. Die Funktion dieses Blindgangs ist ungeklärt. Haben antike Schatzjäger ihn gegraben? Ausrichtung und Bearbeitung sprechen dagegen. Der waagrechte Tunnel ist zwar nicht geglättet oder verkleidet, aber seine vier Seiten sind sauber in quadratischer Form aus dem Felsgestein herausgehauen worden. Das gilt ebenso für die rechtwinklige glatt bearbeitete Abschlusswand mit drei kleinen Bohrlöchern. Eine Mühsal, die Grabräuber nicht auf sich nehmen würden. Ein Gangsystem entsteht aber nicht aus Jux und Tollerei. Was war der ursächliche Tunnelzweck? (Siehe Abb. 20 im Farbbildteil)

Ungeklärtes zum »Osiris-Schacht«

Widersinniges Scheingrab

Der Blindgang in der »Felsenkammer« verläuft in der Pyramide auf der Nord-Süd-Achse. Denkt man sich die Strecke weiter, landen wir etwa 270 Meter außerhalb der Großen Pyramide bei einer geheimnisvollen Schachtanlage, die 30 Meter tief bis zum Grundwasserspiegel reicht und heute unter dem Namen »Osiris-Grab« bekannt ist. Ist das Zufall oder gibt es einen Zusammenhang mit Cheops' Unterwelt?

Eingangsbereich zum Osiris-Schacht

Die Pforte des Schachtes liegt versteckt auf halber Strecke zwischen Großem Sphinx und Chephren-Pyramide. Über einen seitlichen Durchgang des Aufweges gelangt man zur Einstiegsluke. Die wiederum führt über eine Eisenleiter etwa 6 Meter tief in die erste Etage. Dort angekommen, steht man in einer leeren »Vorhalle«. Im hinteren Bereich befindet sich der Zugang in die zweite Ebene, die 12 Meter senkrecht abwärts zu einem 40 Quadratmeter großen Raum mit acht Nischen führt. Zwei davon sind mit Sarkophagen besetzt, wobei eine dieser massiven Granitwannen stark beschädigt ist und einen dahinterliegenden Gang in östliche Richtung zum Sphinx blockiert. In einer sich südöstlich befindenden leeren Kammer geht es noch einmal 12 Meter senkrecht hinab in die dritte Etage.

Hier erhebt sich inmitten des Grundwassers eine Steinempore mit einer rechteckigen Vertiefung, in die ein mächtiger Sarkophag eingebettet ist. An den Außenkanten der Plattform sind karge Reste von vier ehemaligen Säulen erhalten, die um das Grab positioniert sind. Neben dem geöffneten Sarg liegt über zwei Holzbalken der zugehörige Deckel. In dieser Seegrotte gibt es zwei Gänge, die als unerforscht gelten. Der eine verengt sich nach einigen Metern bis auf 40 Zentimeter Durchmesser und wird

Abstieg in den Osiris-Schacht

danach unpassierbar. Er weist in nördliche Richtung zur Cheops-Pyramide. Der andere, ebenfalls schmale Stollen orientiert sich östlich zum Sphinx.

Zwischenzeitlich wurde das Wasser abgepumpt und die Kammer konnte untersucht werden. In amerikanischen TV-Dokus und deutschen Nachrichtenmagazinen wie *Focus* und *Spiegel* wurde postuliert, der Schacht sei 1996 offiziell von Dr. Zahi A. Hawass entdeckt worden. Der ehemalige Leiter der Ägyptischen Altertümerverwaltung ist für seine Selbstinszenierung berühmt. Hawass verkündete, dass die Anlage »das symbolische Grab des Totengottes Osiris« sei und »in zwei Schritten errichtet« wurde: So soll sie im Neuen Reich um 1550 v. Chr. angelegt und in der Spätzeit um 550 v. Chr. erweitert worden sein. Gleich drei fragwürdige Behauptungen in einem Satz.

Erstens: Woher weiß der »Indiana Jones der Ägyptologie«, dass es ein Scheingrab für Osiris ist? Die Anordnung der Anlage soll den Hinweis liefern, doch es gibt nirgendwo zweifelsfreie Hieroglyphen oder Spuren der Verehrung, die ein Heiligtum für Osiris bestätigen könnten. Der monolithische Sarkophag ist genauso schmucklos und anonym wie der in der »Königskammer« in der Großen Pyramide.

Zweitens: Die Altersbestimmung beruht allein auf datierten Keramikscherben, die man in der zweiten Etage gefunden hat. Wer kann garantieren, dass sie nicht von einer Nachnutzung stammen und die Anlage in Wirklichkeit wesentlich älter ist?

Drittens: Nicht Hawass, sondern sein ägyptischer Kollege Dr. Selim Hassan war auf das Schachtsystem gestoßen, und das bereits im Jahr 1933, wo es noch »Wasserschacht« genannt wurde. Mysteriös: Hassan erwähnt in seinem Grabungsbericht, dass sich in der zweiten Etage »Grabnischen mit *sieben* großen Sarkophagen befinden«. Heute sind auf dieser Ebene nur noch zwei vorhanden. Wann, warum und wohin verschwanden die anderen fünf Granitsärge? Davon abgesehen: Wie gelang der übermenschliche Kraftakt, den tonnenschweren »Osiris-Sarkophag« durch die dafür viel zu engen Schächte in die 30 Meter tiefe Wassergrotte abzusenken?

Was wusste Herodot?

Da kommt einem der griechische Geograf und Völkerkundler Herodot von Halikarnassos in den Sinn, der um 450 v. Chr. Ägypten bereiste. In seinen *Historien* (Buch 2, 124) schildert der »Vater der Geschichtsschreibung«, was er von Priestern erfahren hat:

> »Also verstrichen 10 Jahre über der Anlage dieses Weges und der an dem Hügel, auf welchem die Pyramiden stehen, befindlichen unterirdischen Kammern, welche er sich zum Begräbnis bauen ließ auf einer Insel, nachdem er einen Kanal des Nils dahin geleitet hatte.«

Diese Hinweise wurden von der Fachwelt stets als erdichtete Verrücktheiten abgetan. Es wurde sogar angezweifelt, dass Herodot die Pyramiden jemals persönlich zu Gesicht bekommen hatte, denn in seinem Bericht findet sich keine Erwähnung zum monumentalen Wächter des antiken Weltwunders – dem Großen Sphinx. Zur Ehrenrettung des großen Gelehrten wissen wir heute: Es gab immer wieder Perioden, in denen der Steinkoloss über lange Zeit unter dem Wüstensand begraben lag. Herodot selbst bemerkt zu seinen fantastisch anmutenden Schilderungen:

Büste von Herodot

> »Wer solche Dinge nicht glauben will, der halte von diesen ägyptischen Geschichten, was er will. Meine Aufgabe in diesem gesamten Bericht ist nur, dass ich niederschreibe, was mir meine Quellen zutragen.«

Das gilt gleichermaßen für die Cheops-Grabstätte. Mit der Entdeckung des »Osiris-Scheingrabes« in der Unterwassergrotte haben wir einen Fundort, der genau Herodots alter Beschreibung entspricht!

Ein Sarkophag, der wie eine »Insel« inmitten der Unterwelt thront, umgeben von Nilwasser. Es heißt ausdrücklich, die königliche Ruhestätte sei mit einem »Kanal« verbunden gewesen, durch den das Wasser hergeleitet wurde. Die beiden unerforschten Stollenzugänge in der untersten Kammer würden zu diesen Angaben passen, ebenso die unmittelbare Nähe zur Großen Pyramide. War das symbolische Grab für Osiris in Wahrheit jener geheime Platz, den König Cheops zu seiner Grabstätte bestimmte? (Siehe Abb. 23 u. 24 im Farbbildteil)

Der legendäre »Herodot-Kanal«

Regenzauber für Cheops

Herodot bekräftigt, dass

> »vom Nil her ein Wasserkanal in die Cheops-Anlage gebaut wurde, dort Wasser eingeleitet worden sei und das Innere des ›Grabmals‹ von Wasser umflossen war«.

Wenn das stimmt und es diesen Kanal tatsächlich gegeben hat, könnte die »unvollendete Kammer« tief unterhalb der Cheops-Pyramide Teil einer großen Wasserpumpenanlage gewesen sein.

Davon überzeugt war der 1997 verstorbene Elektroingenieur Hermann Waldhauser. Der Oberösterreicher aus Steyr behauptete, dass die Hohepriester im Alten Reich die Pyramiden von Gizeh als Instrumente zur Wetterbeeinflussung genutzt hätten!

Nach dieser Hypothese entspricht das Kammersystem der Cheops-Pyramide der Konstruktion einer »Maschine, die sowohl als Pumpe, wie auch als hydraulische Kraftmaschine« funktionierte. Sie soll, so Waldhauser, recht simpel mit »wenig beweglichen Teilen« betrieben worden sein. Und weiter: »Die druckfesten Hohlräume der Pyramide sowie die darin eingeschlossenen Luftpolster und die schwingenden Wassermassen bilden selbst die wesentlichsten Maschinenelemente. Die Konstruktion ist daher an Einfachheit und Wirksamkeit unübertrefflich.«

In seinem 1976 veröffentlichten Buch *Regenzauber der Pharaonen,* erklärt der Forscher anhand experimenteller Modellversuche die Funktionsweise der Anlage. Demnach gelangten Wassermassen über den von Herodot beschriebenen Verbindungskanal in die »Felsenkammer«, die als »tiefster Saugpunkt der Pumpe« diente. War der Raum gefüllt, wurde das Wasser in die »Steigleitung« (gemeint ist der ominöse »Fluchtgang« im unteren Bereich des absteigenden Korridors) gedrückt und nach oben zur »Großen Galerie« gezogen, die als Wasservorratsbehälter genutzt wurde. Sobald diese Halle gefüllt war, soll das Wasser durch die sogenannten »Luftschächte« nach außen auf die Pyramidenflächen gepumpt worden sein. Dank ihrer dafür prädestinierten Neigungswinkel von fast 52 Grad entstand eine kräftige Thermik. Sie ließ das Wasser optimal verdunsten und beeinflusste das Klima der Wüstenregion nachhaltig. Fazit des Ingenieurs: Die Pyramiden wurden gebaut, um Regen zu machen!

Eine gewiss spannende und kuriose These, doch in der Cheops-Pyramide wurden keine Bauelemente gefunden, die zu einer antiken Pumpstation passen könnten. »Die wenigen beweglichen Teile«, so Waldhausers Spekulation, »sind später entfernt worden«, und seither sei »der eigentliche Sinn und Zweck der Maschine nicht mehr erkennbar«. Waldhauser hat selbst Untersuchungen in der Pyramide vorgenommen und entdeckte an den Wänden der Hohlräume auffällige Wasserstandslinien sowie darunter »Salzbeläge mit Nilschlammeinschlüssen«. Das Vorhandensein dieser »sehr dicken und harten Salzkrusten« findet bereits in den Forschungsberichten des englischen Ägyptologen Sir Flinders Petrie (1853–1942) Erwähnung.

Hatte Hermann Waldhauser also doch recht? Flossen im Inneren der Großen Pyramide tatsächlich über einen längeren Zeitraum große Mengen an Wasser? Überzeugt davon ist auch der deutsche Pyramidenforscher Stefan Erdmann. Um 2006 entnahm er aus der »Felsenkammer« mineralische Proben und ließ sie im Fresenius Institut in Dresden analysieren. Das Ergebnis überraschte die Geo-Forensiker, denn sie hatten mit Kalk, Sandstein, Quarz oder Gips gerechnet. »Unter dem Mikroskop betrachtet sieht man, dass die Struktur sehr kompakt ist«, erklärte dazu Dr. Bernd Mehlich, der die Untersuchungen leitete. Mehr noch: »Der sehr hohe Nitratanteil könnte aus dem mikrobiologischen Anbau von organischem Material stammen. Dieses wiederum könnte, sofern es eine Verbindung zwischen Nil und Kammern gab, aus dem mitgeführten Nilfaulschlamm stammen.« Betont wird, dass die Struktur der Ablagerung ausschließt, dass sie einfach nur durch aufsteigende Feuchtigkeit im Fels entstanden sein kann.

Warum ist die mögliche Existenz des »Herodot-Kanals« und Waldhausers »Wasser-These« von der Ägyptologie nie ernsthaft überprüft worden? Vielmehr geschah genau das Gegenteil, denn die sichtbaren Belege »dicker Salzkrusten« sind größtenteils bei Renovierungsarbeiten beseitigt worden. Zu diesem Zwecke war der touristische Zugang in die Cheops-Pyramide in den Jahren 1988 und 1989 gesperrt. »Seit 1836 gab es keine Wartungsarbeiten mehr«, erklärte damals die Antikenverwaltung. Deshalb müssten die Kammern, Gänge, Wände und Decken »von zentimeterdicken Salzablagerungen und Ruß mit chemischen Methoden gesäubert« werden. Waren es dringend notwendige Maßnahmen für die Erhaltung und Sicherheit des antiken Weltwunders? Gehen wir wohlgesinnt davon aus, auch wenn Verschwörungstheoretiker argwöhnen, die Aktion hätte vorrangig der Beseitigung »regelwidriger« Spuren gegolten.

Gizeh-Hafen und die »Kranbalken-These«

Es gibt noch andere Entdeckungen, die eine Verknüpfung zu »Herodots Kanalsystem« erlauben. Wer sich historische Fotos vom Gizeh-Plateau ansieht, erkennt ein vom Nil überschwemmtes Wüstengebiet,

Wozu dienten runde Vertiefungen am Gizeh-Plateau?

das nahe zum Sphinx und zu Chephrens Taltempel reicht. Ausgrabungen bestätigen, dass es zu Cheops Zeiten eine große Hafenanlage am Fuße des Gizeh-Plateaus gegeben hat.

Hier legten Schiffe an, die tonnenschwere Steinblöcke aus Assuan auf die Anhöhe transportierten. Die massigen Blöcke der Kaianlagen sind bei den Tempelanlagen vor dem Sphinx noch erhalten. Drei weitere Funde entlang des Aufweges zu den Pyramiden sind besonders bemerkenswert: Holzkohlereste von Baumstämmen, darunter Zeder, Kiefer und Eiche. Dazu etliche Schächte, die perfekt aus dem Stein herausgeschnitten wurden und senkrecht hinab bis zum Grundwasserspiegel reichen. Manche besitzen 30 Meter lange bis zum Boden führende Nischen, bei denen sich der Betrachter fragt, ob hier Aufzüge installiert gewesen sein könnten. Die meisten dieser Schächte waren mit Sand gefüllt und wurden erst um 2012 freigelegt. Noch ein Rätsel: runde Vertiefungen im Kalkstein. Sie messen im Durchmesser etwa 20 Zentimeter und sind meist 10 Zentimeter tief. Davon finden sich rund 800 verstreut am Plateau! Jedes Mal, wenn ich wieder über eine die-

Schächte für Gräber oder Transport-Aufzüge zum »Herodot-Kanal«?

ser Mulden stolpere, frage ich mich aufs Neue: Wozu dienten diese Bodenlöcher?

Darüber grübelt auch der Robot-Entwickler Friedhelm Krämer. Der Techniker hält Herodots Angaben für überzeugend: »Gut möglich, dass die Baublöcke mit einem Kanal unter dem Plateau weitergeleitet und über die tiefen Schächte hochgezogen wurden.« Nach Krämers Hypothese kamen dafür Kranbalken zum Einsatz, die mit Tauen befestigte Steine auf effektive Weise weitertransportiert haben. Das würde auch die Mulden im Felsboden erklären: »Sie könnten der Stabilisierung der Balken gedient haben.« In Video-Animationen hat der Forscher anschaulich rekonstruiert, wie man mit der Hälfte üblicher Muskel- und Hebelkraft tonnenschwere Blöcke 10 Meter in die Höhe hieven konnte. Sind die zahllosen Löcher im Boden der Beweis dafür, dass Hunderte Kranbalken zum Bau der Pyramiden im Einsatz waren? Wie hat das bautechnische Wunder in der Praxis funktioniert? Genau das nachzuweisen wäre es wert, in einer wissenschaftlichen Studie der experimentellen Archäologie zu erproben. Wer setzt die ersten Balken?

Der Sphinx und die versunkene Wüstenstadt

Gänge, Grotten und Schächte unterhalb des Gizeh-Plateaus

Besucher des Gizeh-Plateaus lenken ihre Aufmerksamkeit unweigerlich auf die Pyramiden und den Großen Sphinx. Das Gräberfeld, die unterirdischen Eingänge und tiefen Schächte, die verschütteten, teils aus dem Sand herausragenden Tempelreste und Steinrelikte finden kaum Beachtung. Sie bergen Geheimnisse, die wenig bekannt und – zumindest offiziell – immer noch als archäologisch unerforscht gelten.

Abb. 1
Rätselhafter Urlasgang unter keltischen Hügelgräbern in Kirchberg an der Raab

Abb. 2 Übersicht und Lageplan zum Urlasgang

Abb. 3 Das schaurige Ossarium unter der Pfarrkirche von Kirchberg

Abb. 4 Kultwagen von Strettweg aus einem Fürstengrab um 600 v. Chr. Seine Funktion ist bis heute unbekannt.

Abb. 5 Bei den Hügelgräbern im Urlaswald: Prof. Johann Köhldorfer (rechts) mit dem Autor

Abb. 6 Noch unerforscht: der Harrachberggang in Kirchberg an der Raab

Abb. 7 Der Autor in den 1990er-Jahren im dreistöckigen Erdstall von Bad Zell in Oberösterreich

Abb. 8 In der verborgenen Erdkammer von Fladnitz

Abb. 9 Erdstall von St. Stefan in Hofkirchen:
Der Verbindungstunnel zur nahegelegenen Pfarrkirche ist verschüttet.

Abb. 10 In den Wäldern der Oststeiermark stolpern aufmerksame Wanderer über bizarre »Kultsteine«. Wer hat sie wann und wozu bearbeitet?

Abb. 11
Scananalysen im Streblgang brachten Erstaunliches ans Licht: Spuren von Hightechbearbeitung aus grauer Vorzeit!

Abb. 12
Die Pyramiden von Gizeh:
Verbirgt sich unter dem Wüsten-plateau eine versunkene Stadt?

Abb. 14 Anonym und leer: die Königskammer in der Großen Pyramide

Abb. 13 Nordseite der Cheops-Pyramide:
Der Al-Ma'mūn-Tunnel gilt heute Touristen als Zugang, einige Meter darüber liegt die ursprüngliche Pforte.

Abb. 15 Friedhelm Krämer und Prof. Dr. Ahmed M. Osman präsentieren neue Roboter-Fahrzeuge zur Erkundung unerforschter Gänge in den Pyramiden.

Abb. 16 Am Fuße der »Großen Galerie« verbergen sich hinter Gittern zwei Gangöffnungen: Einer führt hinauf zur Königskammer, der andere endet im Untergrund wenige Meter vor der Felsenkammer.

Abb. 17 Unter der Großen Pyramide: Durch das gemauerte Felsmassiv führt der absteigende Korridor in 32 m Tiefe zur Felsenkammer.

Abb. 18 Entgegen verlautbarten Medienberichten läuft das Pyramiden-Scan-Projekt in der Felsenkammer weiter.

Abb. 19 Blick in den mysteriösen Schacht in der Felsenkammer. Wozu diente er? Wie weit geht es hinab?

Abb. 20 Südlicher Blindgang in der Felsenkammer. Er weist zum Osiris-Schacht außerhalb der Cheops-Pyramide.

Abb. 21 Felsgebilde unterhalb der Cheops-Pyramide: erhaltener Kultstein oder unvollendete Sargkammern für Cheops, Götter oder Riesen?

Abb. 22 »Strahlenphänomen« in der Felsenkammer Richtung Schacht: Staubpartikel? Wassertropfen? Myonenanomalie?

Abb. 23
Leerer Sarkophag im Grottensee
des Osiris-Schachtes.
Bezieht sich Herodots Bericht
über Cheops' Inselgrab darauf?

Abb. 24 Verschütteter Tunnel im Osiris-Schacht:
Ist es Zufall, dass seine Richtung zur Felsenkammer weist?

Abb. 25 Im Körper des Großen Sphinx, unter dem Monument und vor seinen Pranken wurden Hohlräume lokalisiert. Steht die legendäre »Kammer des Wissens« kurz vor ihrer Entdeckung?

Abb. 26 Der Turiner Königspapyrus enthält eine Liste von Götterdynastien, die lange vor den Pharaonen regierten. Ägyptologen ignorieren die Zeugnisse.

Abb. 27 Die Rückseite des Sphinx: Eine kleine Öffnung führt etliche Meter in die Tiefe und endet abrupt.

Abb. 28 700 m westlich der Pyramiden: Im Felsengrab »NC2« führt ein Gang zu einer versteckten Grotte.

Abb. 29 Abseits bekannter Touristenpfade: Grotte unterhalb des Gizeh-Plateaus mit Felsspalte Richtung Pyramiden

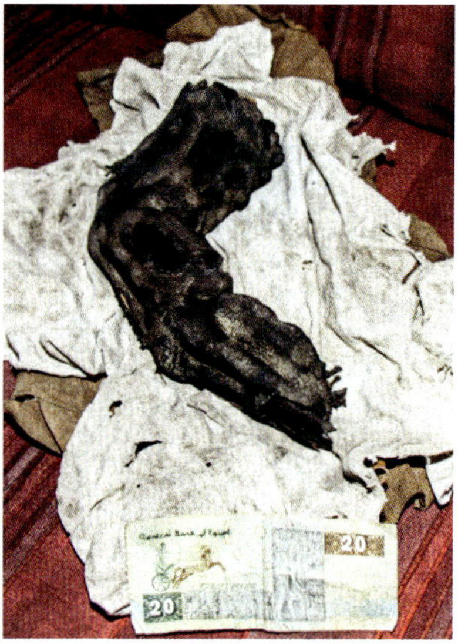

Abb. 30 Die 38 cm lange mumifizierte »Monsterkralle von Bir Hooker« passt zu einem 5 m großen Titanen.

Abb. 31 Fußabdrücke der Riesen in der hethitischen Ruinenstätte von Ain Dara in Syrien

Abb. 32
Der steinzeitliche Terrassenbau von Accoddi in Nordsardinien birgt viele ungelöste Rätsel.

Abb. 33 Blick in eine unterirdische Totenkammer der Nekropole von Anghelu Ruju

Abb. 34 Unterirdische Tunnelsysteme im Berg von Cumae mit der »Grotte der Sybille«

Abb. 35 Nur Insidern bekannt: gemauerter Zugang in das Höllenreich Hades in Baiae

Abb. 36 Vulkanische Aktivitäten in den Phlegräischen Feldern westlich von Neapel

Abb. 37
Ursprung der Minotaurus-Legende: labyrinthartiges Tunnelsystem auf Kreta

Abb. 38 Die Reste der Pyramide von Falicon nahe Nizza. Darunter verbirgt sich ein weitläufiges Höhlensystem.

Abb. 39 Die Leuchtsteine von der »12-Apostel-Zeche« in Klosterneuburg

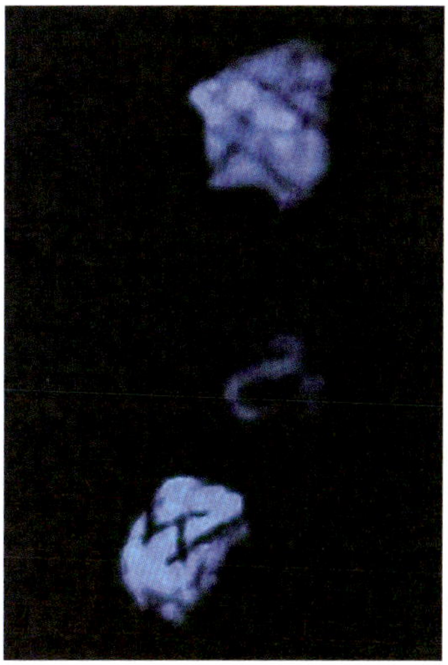

Abb. 40 Unter UV-Lichtbestrahlung werden kryptische Symbole und Zeichen sichtbar.

Abb. 41
Bilderzyklus eines kuriosen Kreuzwegs im Kellerlabyrinth von Kronberg. Enthält er eine geheime Botschaft?

Abb. 43 Grabstätte von Prof. Hermann Bauch am Gelände des »Himmelkellers« in Kronberg

Abb. 42
Das »Kronberger Templerkreuz mit Pyramide«, gefertigt aus vergoldetem Pferdezaumzeug

In solche Ruinen hineinzukriechen ist nicht ungefährlich. Vorsicht ist wegen losen Mauerwerks, herumliegender Steintrümmer oder plötzlicher Bodenvertiefungen immer geboten. Natürlich muss man auch damit rechnen, dass selbst ernannte Wächter alles versuchen, um neugierige »Sonntagsforscher« wegzuscheuchen. Wer Stunden am Plateau verbringt und beharrlich bleibt, wartet auf einen günstigen unbeobachteten Moment oder spendet einen kleinen Obolus. Der »Türöffner« im Morgenland ist seit alters her das »Bakschisch«.

Ein ungewöhnliches Felsengrab liegt am Rande des Gizeh-Plateaus, etwa 700 Meter westlich der Pyramiden. Es trägt die Bezeichnung »NC2« (Nord Cliff 2) oder »Grab der Vögel« und ist heute mit einem Eisengitter versperrt. Neuerdings wird es auch »Collins-Höhlen« genannt, weil es in unterirdische Grotten führt, die der britische Autor und Forscher Andrew Collins im Jahre 2008 wiederentdeckte.

Der Hinweis zum Höhleneingang fand sich in den 200 Jahre alten Memoiren des Diplomaten und Forschers Henry Salt (1780–1827), die in der British Library aufbewahrt werden. Darin beschreibt der Engländer, wie er 1817 mit dem italienischen Ägyptologen Giovanni Caviglia die unterirdischen Labyrinthe von Gizeh erkundete. Hierbei wollen die Entdecker »mehrere 100 Meter in den Fels« vorgedrungen sein, bevor sie auf eine »geräumige Kammer« stießen, die »mit drei anderen von gleicher Größe in Verbindung stand.«

(Siehe Abb. 28 u. 29 im Farbbildteil)

Pforte ins »Grab der Vögel« mit Zugang zu einer verborgenen Grotte

Bekannt ist: Vom Erdgeschoss des Grabes führen Stufen hinunter zu gemauerten Gängen und Kammern. Versteckt im hintersten Winkel beginnt tatsächlich ein natürliches Tunnelsystem, das zu einer etwa 10 Quadratmeter großen Grotte führt. Das Ende markiert eine schmale unzugängliche Felsspalte, die weiter nach Südosten zu den Pyramiden weist. Erstreckt sich die Anlage in eine uralte längst vergessene Unterwelt des Plateaus? »Neo-Pharao« Zahi A. Hawass hat als ehemaliger Chef der Altertümerverwaltung das Höhlensystem bestätigt, beteuert aber: »Es gibt kein Geheimnis und keine Verbindung zu esoterischen Thesen!«

Andrew Collins überzeugt das nicht. Er hält die Notizen aus dem 19. Jahrhundert für glaubwürdig und vermutet einen Zugang zum legendären Grab des Hermes. Alten Legenden zufolge war er der wahre Bauherr der Großen Pyramide und wird mit Thot, dem Weisheitsgott der alten Ägypter, gleichgesetzt. Fantastische Legenden behaupten, dass am Gizeh-Plateau sein unterirdischer »Ort des Wissens« existiert, wo antike Schrifttafeln und andere Schätze des Allround-Genies auf ihre Entdeckung warten. Kritiker herrschender Lehren sowie Anhänger einer einst existierenden Vorzivilisation vermuten, dass Thots Wunderkammer im Bereich unterhalb des Großen Sphinx liegt.

Mit dieser Annahme verknüpfen sich die Prophezeiungen des amerikanischen Therapeuten und Sehers Edgar Cayce (1877–1945). Er versetzte sich gerne in Trance, gab dabei medizinische Ratschläge und war für seine Heilerfolge berühmt. Cayce, der sich als Reinkarnation eines ägyptischen Hohepriesters sah, will seine übersinnlichen Informationen aus »höheren Seinsebenen« empfangen haben. Er selbst gab an, sich nach den Sitzungen nicht mehr an die empfangenen Botschaften erinnern zu können, aber Tonbänder zeichneten das Gesagte auf. Der »schlafende Prophet«, so wurde Cayce zeitlebens genannt, behauptete, dass eine unterirdische »Halle der Aufzeichnungen« existiert, in der die Bibliothek einer untergegangenen Zivilisation verborgen liegt. Das Portal zu diesem Wissenspalast soll zwischen den Vorderpranken des Sphinx zu finden sein. Geschwurbel aus einer irrealen Astralwelt? Atlantis-Skeptiker und »Vernunftmenschen« werden das bejahen. Und doch gibt es rund um den Wächter der Pyramiden eine Reihe von Mysterien, die stutzig machen. (Siehe Abb. 25 im Farbbildteil)

Der Sphinx und seine verborgenen Hohlräume

Der Große Sphinx hat die Gestalt eines liegenden Löwen und trägt den Kopf eines Mannes. Anders als die meisten Sphinx-Figuren ist der früher von arabischen Einheimischen Abu el-Haul (»Vater des Schreckens«) genannte Koloss ein maskulines Mischwesen. Er misst in der Länge 74 Meter, erreicht eine Höhe von mehr als 20 Metern und ist gut 6 Meter breit. Nach ägyptologischem Dogma gilt, dass die Statue zeitgleich zum Bau der Pyramiden vor mehr als 4500 Jahren entstand. Sie wurde aus einem großen Felsblock geschlagen und soll das Porträt von König Chephren zeigen. Doch ganz einig sind sich die Gelehrten darüber keineswegs. Manche mutmaßen, es könnte ebenso gut Cheops oder Harmachis (eine lokale Form des Gottes Horus) in Stein verewigt worden sein. Seltsam mutet an, dass der Sphinx auf keine der Pyramiden achsenmittig ausgerichtet ist. Er steht im Gelände etwas isoliert in einer tiefen Ausschachtung.

Wer am südseitigen Aufgang unmittelbar vor der mächtigen Felsstatue steht, stellt fest, der arme Gigant hat schon bessere Zeiten erlebt. Verwitterungsprozesse durch Sand, Wind und Wasser veränderten sein Aussehen. Neben dem Zahn der Zeit hat Vandalismus dem Pyramidenwächter ebenso stark zugesetzt. Ursprünglich muss sein Körper bunt bemalt gewesen sein. Farbreste belegen das einwandfrei. Wer das Haupt des Sphinx genauer beäugt, kann diese Spuren noch heute erkennen, aber es bröckelt überall. Bereits in der Pharaonenzeit und später in der griechisch-römischen Epoche fanden mehrfach Restaurierungen statt. Gegenwärtig bereitet den Archäologen vor allem das Grundwasser Sorge. Es dringt über Kapillarwirkung vom

Boden ins Felsinnere. Der springende Punkt dabei ist, dass es beim Austritt und der Verdunstung an der Oberfläche Kristalle mit ausschwemmt, die dem Kalkstein seine Festigkeit verleihen. In der Folge kommt es bei den äußeren Steinlagen immer wieder zu Absplitterungen, die zwar laufend erneuert werden, aber langfristig den Einsturz des Sphinx befürchten lassen. 1983 kam es fast zum Absturz des Kopfes, der nur durch umfassende Stabilisierungsmaßnahmen verhindert werden konnte.

Beinahe hätte der Sphinx bereits im 19. Jahrhundert sein Haupt verloren. Um dem Unheil vorzubeugen, wurde der Hals etwas stümperhaft mit Mörtel verstärkt. Das war Jahrzehnte vor Edgar Cayces metaphysischen Traumbildern, als der französische Ägyptologe Auguste Mariette (1821–1881) bei und unter der Statue nach verborgenen Kammern suchte. Inspiriert durch antike und arabische Quellen suchten auch andere Kollegen wie Gaston Maspero (1846–1916) nach einer versteckten Grabkammer, allerdings erfolglos.

Wenn die Berichte stimmen, dann hatte der amerikanische Ägyptologe George A. Reisner (1867–1942) mehr Glück. Der Professor der Harvard Universität war Anfang des 20. Jahrhunderts 10 Jahre lang mit Ausgrabungen am Gizeh-

Historische Fotos belegen Eingänge ins Innere des Großen Sphinx

Plateau befasst. Was 1913 in der Publikation *Welt und Wissen* über seine Entdeckungen bekannt wurde, klingt unglaublich. Demnach soll der Altertumsforscher im Inneren des Sphinx einen »der Sonne geweihten Tempel« entdeckt haben, der »älter als die Pyramiden« sei. Und das Beste: Im Löwenleib verborgen sollen »zahlreiche Tunnel« existieren, die zu »Höhlen« und einer »unterirdischen Stadt« führen. Der Artikel schließt damit, dass »Reisner seine Untersuchungen vorläufig im Kopfe des Sphinx konzentriert«. Dort soll sich ein versteckter Hohlraum mit Artefakten befinden.

Nur eine Zeitungsente, im Neusprech Fake News? Wahrscheinlich. Wieso aber belegen dann Luftaufnahmen, dass im Schädel des Sphinx tatsächlich ein mannstiefes Loch existiert, das seit 1925 mit Zement versiegelt oder zumindest mit einem Deckel verschlossen ist? Zudem berichtet der Ägyptologe Émile Baraize (1874–1952) ebenfalls von einem Eingang, den er am Rumpf der Statue entdeckt haben will. Der Tunnel soll angeblich ins Innere des Sphinx führen.

Vielleicht ist dieser Gang identisch mit jenem Hinweis, der im *Hamburger Abendblatt* vom 10. Oktober 1994 veröffentlicht wurde. Da stand zu lesen, dass Arbeiter bei der Restaurierung an der Sphinx-Nordseite einen Geheimgang entdeckten, der tief in die Felsstatue hineinführte. Warum erfährt man selbst in Fachpublikationen dazu nichts Genaueres? (Siehe Abb. 27 im Farbbildteil)

Mehrere Öffnungen am Sphinx belegen, dass man mit Grabungen und Bohrungen versuchte, der Statue ihr letztes Geheimnis zu entreißen. Die Vertiefungen befinden sich hinter der »Traumstele« zwischen den Pranken, an einer Seite unter dem Bodenniveau des Sphinx, ebenso auf dem Rücken und beim Löwenschwanz am Hinterteil. Nach bisherigem Wissensstand laufen allerdings sämtliche Schächte nach wenigen Metern ins Leere. Etwas aber fällt auf: In unmittelbarer Nähe hinter dem Monument liegt der größte Schacht am Plateau, der senkrecht bis zum Grundwasser führt. Wenn es einen Zugang zu einer unterirdischen Anlage rund um den Sphinx gibt, dann würde ich hier in 30 Meter Tiefe mit den weiteren

Grabungen fortfahren – östlich zum Sphinx und westlich Richtung »Osiris-Schacht«.

Offiziell hüllt sich die Altertümerverwaltung zu möglichen Geheimgängen in Schweigen. Dr. Ahmed Osman, von mir darauf angesprochen, winkt ab:

> »Alle Gänge und Tunnel auf dem Gizeh-Plateau sind von Archäologen erforscht worden. Wir haben bisher keine Hinweise für ein weitverzweigtes geheimes Gangsystem gefunden, wonach die Pyramiden, der Sphinx und die Stollen miteinander verbunden sind. Dort, wo Tunnel und Schächte scheinbar unterirdisch weiterführen, haben wir festgestellt, dass sie nicht sehr weit reichen und unvermittelt im Fels enden.«

Woher will man das gesichert wissen? Hohlräume und Gänge könnten über die Jahrtausende ebenso gut längst verschüttet sein, darunter im Umfeld des Sphinx. Die Innen- und Unterwelt des Pyramidenwächters scheint ein archäologisches Tabu zu sein. Dabei lieferten bereits 1987 japanische Wissenschaftler um den Ägyptologen Prof. Dr. Sakuji Yoshimura Belege für Hohlräume. Im Auftrag der Waseda-Universität in Tokio wurden beidseits des Sphinx mittels Bodenradar und seismischer Messungen Tunnel nachgewiesen, die unter den Körper der Statue führen. Zudem weisen Anomalien in beiden Vorderpfoten auf metergroße geometrische Höhlungen hin, die Gegenstände aus Metall oder Granit enthalten könnten.

Anfang der 1990er-Jahre sorgten geologische Befunde am Denkmal für besonders große mediale Aufregung. Der amerikanische Publizist und Privatgelehrte Anthony A. West (1932–2018) hatte anhand seiner Studien behauptet, dass der Sphinx wesentlich älter sein muss als bislang angenommen. Es hieß keck, die Statue stamme aus einer vorpharaonischen Zivilisation!

Älter als die Pyramiden?

Unterstützung fand die Hypothese bei dem Geologen und Honorarprofessor Robert M. Schoch, Mitglied der Fakultät der Bosten University, und dem Geophysiker und Ozeanografen Dr. Thomas Dobecki. Mit Seismografen und Radar lokalisierten die amerikanischen Forscher einen weiteren bislang unbekannten Hohlraum, der etwa 5 Meter unter dem Sphinx nahe der linken Vorderpfote liegen soll. Das würde mit Edgar Cayces übersinnlichen Prophezeiungen übereinstimmen. Grabungen unter wissenschaftlicher Aufsicht wären spannend, aber die Ägyptische Altertümerverwaltung hat auch in diesem Fall alle Bemühungen untersagt.

Für noch mehr Irritation sorgten Erosionsanalysen am Denkmal und an seiner Umfassungsmauer. Die starken Verwitterungsspuren verlaufen nicht horizontal, so wie durch Wind und Flugsand erklärbar, sondern vertikal! Die Geo-Wissenschaftler folgerten daraus, dass diese Felsspalten und Erosionen nur durch Wasser, hauptsächlich infolge lang andauernder Niederschläge, entstanden sein konnten. Soweit bekannt, müsste das in einer Zeitperiode lange vor dem Alten Reich gewesen sein. »Wenn man diesen Klimafaktor in die Diskussion miteinbezieht,«, bekräftigten die archäologischen Querdenker, »dann könnte der Sphinx bereits in einer Epoche um 7000–5000 v. Chr. entstanden sein!«

Diese mit der Lehrmeinung unverträgliche »Wasser-Erosions-Hypothese« führte zu einer heftigen Kontroverse. Sie hält unter Gelehrten bis heute an. Für etablierte Ägyptologen »entbehrt die Datierung jeder Grundlage, da sie weder den archäologischen noch historischen Zusammenhang berücksichtigt«. Außerdem, so betonen Skeptiker, könne niemand Jahrtausende vor den Pharaonen bereits meisterhafte Fähigkeiten besessen haben, um ein monumentales plastisches Bildwerk dieser Ausstrahlung zu schaffen. Ein verständlicher Einwand, Fakt aber bleibt: Wir wissen nicht, wann, von wem und wozu der Sphinx errichtet wurde.

Selbst beim Kopf, der dem eines Pharaos entspricht, müssen Zweifel erlaubt sein. Betrachtet man das gesamte Monument, fällt sofort auf, dass der Schädel in seiner Proportion nicht zum Löwenkörper passt. Er ist im Verhältnis viel zu klein. Es gibt keine andere Sphinx-Darstellung, ob plastisch oder bildlich, die diese Disharmonie aufweist. Touristen erklärt man, es sei das Porträt von König Chephren aus der 4. Dynastie. Dieser wird aber keinen »Schrumpfkopf« besessen haben, also muss es andere Gründe für sein kleines Haupt geben. Als ich vor Ort einen Ägyptologen darauf ansprach, erklärte er mir, dass »den Bildhauern eben nicht mehr Felsgestein für ihr gigantisches Kunstwerk zur Verfügung gestanden habe«.

Das kann man als These gelten lassen. Andererseits ist bekannt, dass Restaurateure am Sphinx-Schädel über die Jahrtausende mehrfach gepfuscht haben. Vielleicht besaß der Sphinx ursprünglich einen größeren Kopf, der eine Beschädigung erlitt und später verkleinert wurde. Ein Indiz dafür, dass der Kopf jünger ist als der Löwenleib, zeigen die Verwitterungsspuren. Die Erosion am Körper ist stärker (und das, obwohl er Jahrhunderte geschützt im Sand vergraben lag) als am Kopf.

Dazu passt eine Hypothese, die das ägyptologische Weltbild völlig über den Haufen wirft. Der Archäoastronom Robert Bauval simulierte mithilfe von Computerprogrammen den Sternenhimmel im Altertum und wies nach, dass der Beginn des sogenannten präzessionalen Zyklus des Sternbildes Orion auf das Jahr 10 500 v. Chr. fällt. Diese astronomische Übereinstimmung ergibt sich nur in diesem Zeitraum. Was die Analysen dieser Vorzeit-Epoche noch zeigen: Am Tag der Frühjahrs-Tagundnachtgleiche war der Sphinx genau Richtung Osten auf das Sternbild Löwe ausgerichtet. Zudem entsprach schon damals die Ausrichtung der drei großen Pyramiden von Gizeh präzise der Anordnung der Sterne des Oriongürtels. Ein perfektes Zusammenspiel zwischen Sternenhimmel und Erde, das erst wieder um das Jahr 2100 zu beobachten sein wird. Das ist einer der Gründe, weshalb Bauval überzeugt davon ist, dass das Haupt des Sphinx ursprünglich ein Löwenkopf war. In Stein modelliert für die Ewigkeit? Von wem und wann?

Wie man es auch dreht und wendet: Irgendetwas scheint mit der althergebrachten Chronologie nicht zu stimmen. Wissen wir wirklich, was lange vor den Pharaonen war?

Zweifel an der Zeitfolge

Prunklose Cheops-Zeugnisse

Der Schöpfer des Sphinx bleibt namenlos. Und die Pharao Cheops zugeschriebene Grabstätte? Wann wurde mit dem Bau der Großen Pyramide begonnen? Ganz exakt wissen wir das ebenfalls nicht, denn je nach Quelle schwanken die Daten um einige Jahrzehnte. Über den Daumen gepeilt wird angenommen, dass es um 2550 v. Chr. gewesen sein muss. Warum aber in Gizeh und nicht in Dahschur und Meidum? Dort hatte sich Cheops Vater Snofru, der erste König der 4. Dynastie, gleich drei Grabstätten in monumentaler Pyramidenform errichten lassen. Sicher ist sicher. Aber in keiner Pyramide wurde ein Sarg gefunden! Wo Snofru bestattet wurde, bleibt sein Geheimnis.

Und Söhnchen Cheops, der machtvollste Pharao aller Zeiten? Woher wissen wir, dass definitiv er der Bauherr der Großen Pyramide war? Die vorgelegten Beweise gemäß ägyptologischer Lehrmeinung sind nicht gerade üppig. Allen voran die Erzählungen ägyptischer und griechischer Historiker, die allerdings erst Jahrhunderte *nach* Cheops niedergeschrieben wurden. Oder wie bei Herodot und seinen *Historien* sogar erst 2100 Jahre später.

Die Cheops-Pyramide selbst ist ein schmuckloses Gebäude. Nirgendwo Texte der Huldigung an den Verstorbenen. Erklärt wird die Anonymität damit, dass erst Ende der 5. Dynastie mit König Unas in Sakkara damit begonnen wurde, die Pyramidenkammern zu dekorieren. Zuvor waren nur kahle Wände üblich. Nach dieser Logik indes müsste die älteste Pyramide, die Stufenpyramide von König Djoser aus der 3. Dynastie um 2650 v. Chr., ebenso prunklos ausgestattet gewesen sein. Dort aber fand man im Unterbau Räume, die kunstvoll mit blaugrünen Fayence-Kacheln verkleidet waren. Dazu noch 40 000 Gefäße aus Keramik mit Inschriften der ersten Dynastien. Dagegen ist die Cheops-Pyramide vollkommen leer. Nicht einmal den Splitter eines Schmucksteines hat man gefunden, absolut nichts. Das stört die königliche Harmonie, selbst wenn man einräumt, alle Schätze seien bereits in der Antike geplündert worden.

Was wir noch haben: Bauarbeiter-Graffiti in vier von fünf übereinanderliegenden »Entlastungskammern«, die sich oberhalb der »Königskammer« befinden. Alle waren vor ihrer Entdeckung hermetisch verschlossen. Die unterste wurde 1765 geöffnet, die anderen vier erst 1837 durch Oberst Vyse. Er verschaffte sich mit Sprengstoff gewaltsam einen Zugang und fand auf Wänden in roter Farbe aufgemalte Hieroglyphen. Darunter der »Jackpot«: Schriftzüge, die sich als Königskartusche »Chufu« lesen lassen. Keine Steinmetzmarkierungen in der Art, wie sie für die Positionierung der Blöcke dienlich waren, sondern eindeutige Kartuschen, die den Namen Cheops unbemerkt im obersten Winkel der Cheops-Pyramide etwas plump verherrlichen.

Dabei hatte der Ägyptologe das unverschämte Glück, dass sich diese Malereien ausgerechnet auf jenen Wandflächen befanden, die nicht von der Explosion berührt wurden. Besser noch: Die »Cheops-Beweise« sind nur in jenen Hohlräumen vorzufinden, die der Brite entdeckte. Böse Zungen unterstellen, Vyse könnte etwas nachgeholfen haben, um sich einen ruhmreichen Platz in den Geschichtsbüchern zu sichern. Eine böse Behauptung, denn fairerweise muss man zustimmen, dass beglaubigte Beweise für eine Fälschung oder

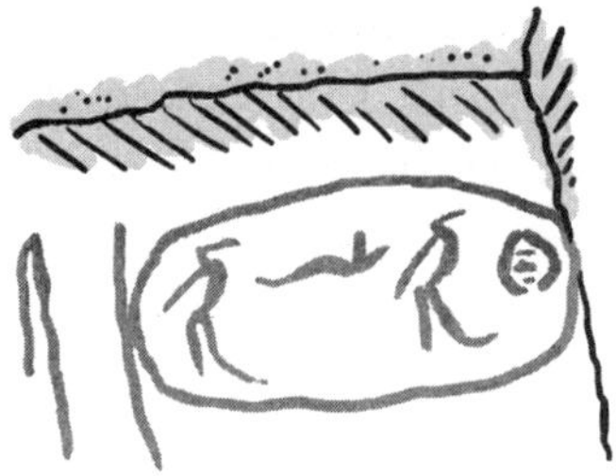

Umstrittene Cheops-Kartusche in der obersten Entlastungskammer

Seltsam: Vom mächtigsten Pharao ist nur eine winzige Statuette erhalten

Nachbearbeitung nicht vorliegen. Dennoch sind Zweifel an der Echtheit, dem Alter und zur Interpretation beziehungsweise Lesart der Königs-Graffiti bis heute nicht restlos ausgeräumt.

Ebenso schwebt weiterhin eine berechtigte Frage durch alle Pyramidenräume: Warum haben weder der Bauherr noch seine genialen Architekten irgendwo sichtbar auf ihre Urheberschaft verwiesen? Wie passt diese sittsame Bescheidenheit zum mächtigsten Pharao aller Zeiten? Es ist schon eine verrückte Ironie der Geschichte, dass ausgerechnet vom Erbauer des größten Monuments des Altertums historisch kaum etwas bekannt ist. Die einzig erhaltene Statuette, die den Herrscher vollständig porträtiert, misst nur 7 Zentimeter. Die Sitzfigur aus Elfenbein wurde fernab von Cheops' Grabstätte anno 1903 in Abydos entdeckt und ist im Ägyptischen Museum in Kairo ausgestellt. Ob sie überhaupt zu Zeiten von Cheops Herrschaft angefertigt wurde, ist umstritten. Wenn der prominente Ägyptologe Zahi A. Hawass recht behält, könnte das Fundstück erst in der Spätzeit entstanden sein. Zu einem Zeitpunkt also, wo man kaum mehr eine Vorstellung davon haben konnte, wie König Cheops tatsächlich ausgesehen hatte.

Was nicht wegzudiskutieren ist, sind die zahlreichen Grabbauten, ein Arbeiterfriedhof und Inschriften rund um die Cheops-Pyramide. Sie stammen nachweislich aus der 4. Dynastie. Aber können wir daraus mit Bestimmtheit ableiten, dass das ebenso für die Gizeh-

Pyramiden selbst gelten muss? Markierten die Steinwunder womöglich schon *vor* den Pharaonen einen heiligen Platz, der zum Wallfahrtsort avancierte? Wer die ägyptologische Chronologie der Geschichtsschreibung anzweifelt, läuft Gefahr, als »Pyramidiot« verschmäht zu werden. Dabei ist die Zeitfolge der Pharaonendynastien alles andere als lückenlos: In den diversen Königslisten (ob Abydos, Karnak, Sakkara, Turiner Königspapyrus oder Annalenstein) haben die Priester Herrschernamen angeführt, die zum Teil unvollständig sind, wo Angaben über die Dauer der Regierungsjahre fehlen oder widersprüchliche Zeitangaben auftauchen.

Die offizielle Chronik beginnt mit dem mutmaßlichen Gründer der 1. Dynastie, der um 3000 v. Chr. über ganz Ägypten herrschte. Viele Ägyptologen setzen ihn mit König Menes beziehungsweise Hor Aha alias König Narmer gleich. Mit der Perserherrschaft unter der 31. Dynastie und der anknüpfenden griechisch-römischen Machtübernahme endet die Ära der Pharaonen um 30 v. Chr. mit den Ptolemäern.

Die Dynastien der Götter und Halbgötter

Durch das Studium der Königslisten und archäologischer Funde wissen wir inzwischen, dass es bereits in vordynastischer Zeit Königreiche in Ägypten gegeben hat. Die belegbaren Zeugnisse reichen bis 3300 v. Chr. zurück.

Was nicht ins gängige Geschichtsbild passt, sind die »Götterlisten«, wonach vor den Pharaonen die himmlischen Götter, Halbgötter und Heroen das Land am Nil regierten. Es soll sogar Zeiten gegeben haben, in denen diese überirdischen Wesen angeblich noch unter den Menschen geweilt hatten. Ein ägyptischer Priester, der über diese mythische Epoche berichtete, war Manetho von Sebennytos, der im 3. Jahrhundert v. Chr. lebte. Dieser konnte ägyptische Hieroglyphen lesen und war eingeweiht in die altägyptische Religion und deren Tempellehren. Er beherrschte auch Griechisch und verfasste in dieser Sprache etliche Schriften, darunter die *Aegyptiaca*, sein Hauptwerk. Im Original ist es leider nicht mehr erhalten, aber den Göttern sei Dank existieren Abschriften von jüdischen und christlichen Geschichtsschreibern wie Josephus aus dem 1. Jahrhundert n. Chr., Julius Africanus um 220 n. Chr. oder Bischof Eusebius von Caesarea um 320 n. Chr.

Manetho offenbart:

> »Der Erste (Gott) in Ägypten war Hephaistos (Ptah), der für die Ägypter das Feuer offenbarte. Vor ihm war Helios (Re). Nach ihm war Agathodaimon (Schu). Nach ihm war Kronos (Geb). Nach ihm war Osiris und dann Typhon (Seth), Bruder des Osiris. Nach ihm war Orus (Horus), Sohn von Osiris und Isis. Diese regierten zuerst über die Ägypter. Nach ihnen setzte sich die Monarchie für 13 900 Jahre bis Bidis (Wadjnadj) fort. Nach diesen Göttern regierten die Nachkommen der Götter für 1255 Jahre und in dieser Weise auch andere Könige für 1817 Jahre. Nach ihnen folgten für 1790 Jahre aus Memphis 30 Könige. Nach diesen dann für 350 Jahre andere (Könige) von This. Und dann (folgte) für 5813 Jahre die Herrschaft der Heroen und ihrer Nachkommen.«

Die »unmöglichen Zahlen« seien Mondjahre, wie Manetho selbst vermerkt. Dadurch reduzieren sich die angeführten Zeitspannen. Trotzdem verwundert es, dass die moderne Ägyptologie gesichert davon ausgeht, dass diese vorgeschichtlichen Königtümer nie existierten. Das ist erstaunlich, denn in ähnlicher Form sind die »Götterdynastien« der Urzeit auch im Turiner Königspapyrus aufgelistet. Die Fragmente wurden 1820 in Luxor gefunden und sind heute im Museo Egizio in Turin ausgestellt. Die ägyptologische Fachwelt schöpft gerne aus dieser Quelle und hält sie für authentisch. Doch man misst mit zweierlei Maß. Am geschichtlichen Wahrheitsgehalt der »Pharaonenliste« mit vertrauten Namen wie Cheops oder Ramses II. wird nicht gezweifelt. Im Gegensatz zu den Nennungen regierender »Götter- und »Halbgötter-Dynastien« aus grauer Vorzeit; diese werden beharrlich ignoriert und ins Reich der Fantasie verbannt. (Siehe Abb. 26 im Farbbildteil)

Und das, obwohl es dazu doch etliche weitere unabhängige Quellen gibt. So vermerkt Herodot in Buch 2 der *Historien* (Kapitel 142), was er vor rund 2500 Jahren in Ägypten von Tempelpriestern erfahren hat:

> »Nach ihrer Darlegung sind von dem ersten König an bis auf diesen Priester des Hephästos, welcher zuletzt geherrscht, 340 Menschenalter verstrichen, innerhalb deren ebenso viele Oberpriester und Könige gewesen. Nun aber machen 300 Menschengeschlechter 10 000 Jahre aus; denn drei Menschengeschlechter kommen auf 100 Jahre; die übrigen 41 Geschlechter, welche zu den 300 hinzukommen, machen dann noch 1340 Jahre. Also, behaupten sie, in diesen 11 340 Jahren wäre kein Gott in Menschengestalt erschienen; aber auch weder früher noch später unter den übrigen Königen Ägyptens sei etwas der Art geschehen.«

Im 144. Kapitel lesen wir dann:

> »Vor diesen Menschen hätten allerdings Götter über Ägypten geherrscht, die zusammen mit den Menschen gewohnt hätten, und von diesen sei stets einer der Gebieter (über die anderen) gewesen. Zuletzt habe über Ägypten Horus geherrscht, des Osiris Sohn, den die Hellenen Apollo nennen; dieser sei, nach Überwältigung des Typhon, der letzte König Ägyptens gewesen.«

Erich von Däniken, bekanntester Vertreter der Prä-Astronautik-Theorie, kennt noch andere Quellen, die mit dem Besuch kosmischer Götter und der Sintflut-Überlieferung in Beziehung stehen:

> »Auf der sumerischen Königsliste ›WB444‹, einem gravierten Steinblock, der im britischen Museum, London, zu bestaunen ist, herrschten von der Erschaffung der Welt bis zur grossen Flut zehn Urkönige. Die regierten

insgesamt 456 000 Jahre. Nach der Flut ›stieg das Königtum abermals vom Himmel hernieder‹. Es scheint ihnen auf dem blauen Planeten gefallen zu haben. Die 23 Könige, die sich nach der Flut auf dem Herrscherthron abwechselten, brachten es gemeinsam immerhin noch auf eine Regierungszeit von 24 510 Jahren, drei Monaten und dreieinhalb Tagen. Um Mondjahre kann es sich diesmal nicht gehandelt haben, denn die Monate sind separat aufgeführt. Mit diesen unstimmigen Daten tauchen mehr und mehr Funde auf, die das mühsam zusammengeklebte Archäologenwerk durcheinanderwirbeln.«

Nephilim und die Gräber der Götter

Hünenhafte Pharaonen

1901 in Mittelägypten bei der Ortschaft Bait Challaf: Der britische Archäologe John Garstang (1876–1956) untersucht ein Mastaba-Grab und entdeckt Teile einer Mumie mit ungewöhnlichem Skelett. Die Knochen sind länger als normal, und der Schädel wird als »außerordentlich massiv und groß« beschrieben.

Der Altertumsforscher ordnet die menschlichen Überreste dem mysteriösen Pharao Sanacht zu. Erstaunlich ist, dass vom Lebenslauf des Königs kaum etwas bekannt ist. Regiert hat er, das ist durch die Namensnennung in den Königslisten belegt, nämlich in der 3. Dynastie zwischen 2690 und 2650 v. Chr. Das heißt, er war etwa 70 Jahre vor Cheops an der Macht.

Über Anzahl und Abfolge der Könige der 3. Dynastie besteht allerdings einige Unklarheit, weil die überlieferten Geburtsnamen mit den ihnen zu Lebzeiten verliehenen Horusnamen selten in Einklang zu bringen sind. Der Horustitel wird mit der religiösen Vorstellung verknüpft, dass sich die ersten Pharaonen als direkte Abkömmlinge des fernen Himmelsgottes Horus verstanden. König Sanacht war einer seiner Repräsentanten auf der Erde. Diese Überzeugung ist der römisch-katholischen Glaubenslehre nicht ganz unähnlich, wonach das päpstliche Oberhaupt der Kirche als Stellvertreter Christi auf Erden amtiert. Sogar die Papstkrone, die Tiara, erinnert an eine Pharaonenkrone.

Im Jahre 2017 wurden die alten Knochen am Institut für Evolutionäre Medizin in Zürich genauer unter die Lupe genommen. Was die Wissenschaftler überraschte, war die Größe der Gebeine. Die Oberschenkelknochen mit ihren gemessenen 51,1 Zentimetern liegen damit deutlich über dem damaligen Durchschnittswert von 45,2 Zentimetern. Anhand der Daten wurde errechnet, dass der Mann zu Lebzeiten fast 1,90 Meter groß gewesen sein muss. Heutzutage ist das keine wirkliche Sensation, zur Zeit der alten Ägypter jedoch war dies ein beachtliches Körpermaß. Die durchschnittliche Größe von Männern betrug im Pharaonenreich etwa 1,65 Meter. Ob es sich bei diesen Knochen um die Überreste von Pharao Sanacht handelt, gilt inzwischen als fraglich. Der Verstorbene dürfte eher ein hochgestellter Würdenträger oder Prinz gewesen sein.

Nicht weniger geheimnisvoll ist König Hor-cha-sechemui, der letzte Pharao der 2. Dynastie, der bis 2740 v. Chr. regierte. In Abydos hinterließ er eine gigantische Lehmziegelfestung, die Shunet El Zebib genannt wird. Sein Grab liegt 2 Kilometer südwestlich der Stadt in der Königsmetropole Umm el-Qaab, wo Könige der ersten Dynastien bestattet wurden. Hor-cha-sechemuis Gruft war leer. Offenbar kamen Plünderer dem Ägyptologen Sir Flinders Petrie zuvor, der um 1900 als Erster die Grabstätte untersuchte. Von der Königsmumie fehlte jede Spur, aber die weiteren Nachprüfungen des Engländers ergaben dennoch etwas Unglaubliches: Texte, die bezeugen, dass Pharao Hor-cha-sechemui ein Riese gewesen sein muss. Es heißt, dass er: »… 5 Ellen und 3 Handflächen groß war, was etwa 8 englischen Fuß (2,44 Meter) entspräche, wenn die kurze Elle von 17,4 Zoll verwendet würde«. Zieht man hingegen die alte ägyptische Königselle als Maßstab heran, hätte der Herrscher sogar eine Körpergröße von bis zu 2,60 Meter besessen!

Die abnorme Größe dieser Pharaonen wird damit erklärt, dass sie »vermutlich an Gigantismus« gelitten hatten, einer Krankheit, bei der es zur Überproduktion des Wachstumshormons Somatropin kommt. Der Kurde Sultan Kösen gilt als berühmtestes Beispiel der Gegenwart. Mit 2,51 Metern wird er derzeit im *Guinness-World-Records*-Buch als größter Mensch gelistet.

In den Mythen der Welt haben Riesen seit jeher eine bedeutende Rolle gespielt. Reale Funde sind umstritten, doch nicht alle Berichte und Knochen können mit medizinischer Wachstumsstörung erklärt werden. Das gilt wohl auch für die einzigartigen menschlichen Überreste, die 2012 in der antiken Stadt Avaris im nördlichen Nildelta nahe dem Ort Tell el-Dab'a entdeckt wurden. Archäologen der Österreichischen Akademie der Wissenschaften fanden hier bei Ausgrabungsarbeiten etwas Unheimliches, das sie »noch nie zuvor gesehen haben«: In vier Gruben einer Tempelruine lagen menschliche Gerippe mit insgesamt sechzehn abgehackten Händen, die ungewöhnlich lange und starke Fingerknochen aufweisen. Sie wurden den Menschen vor etwa 3600 Jahren grausam abgetrennt, doch immer nur die rechte Hand, es gibt keine linke. Vermutlich stammen die Knochen von besiegten Kriegsgefangenen, denen als Akt der Demütigung die rechte Hand abgetrennt wurde. Eine barbarische Bestrafungsmethode, die in der damaligen Zeit durchaus üblich war. »Die meisten Hände sind recht groß, und einige von ihnen sind sogar sehr groß«, erklärte dazu der Teamleiter Prof. Dr. Manfred Bietak. Wer waren diese fremden hünenhaften Opfer?

Monsterkralle und Riesengräber

Vom spektakulärsten und gleichzeitig umstrittensten »Riesenfund« weiß mein Kollege Gregor Spörri zu berichten. 1988 wurde dem Schweizer Abenteurer im Dorf Bir Hooker, etwa 100 Kilometer nordwestlich von Kairo, der Familienschatz einer alten einheimischen Grabräuberdynastie gezeigt. Spörri konnte es kaum fassen, was ihm

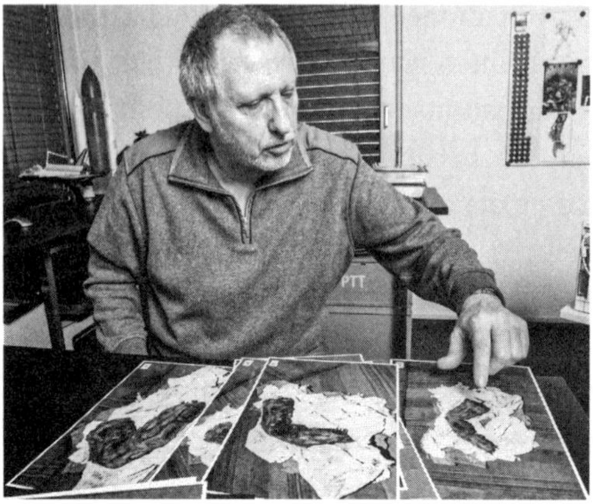

Gregor Spörri machte den »Riesenfinger von Bir Hooker« berühmt

ein greiser Araber namens Nagib enthüllte. Der alte Mann entnahm aus einer großen alten Truhe ein ledernes Bündel, wickelte es auf und präsentierte auf einem Sofa etwas Unglaubliches: den abgehackten und mumifizierten Riesenfinger eines unbekannten Wesens! Gegen ein großzügiges »Bakschisch« durfte Spörri das Gruselrelikt in die Hand nehmen und fotografieren. Zum Größenvergleich legte er einen Geldschein dazu. Der »Monsterfinger« maß gigantische 38 Zentimeter. Oder war es, wie Skeptiker unterstellten, doch nur ein Ziegenbein, das von Fälschern geschickt präpariert wurde? Der zugehörige Fingernagel passte jedenfalls nicht zur Klassifizierung eines tierischen Objektes. Was noch gegen diese banale Erklärung sprach, brachte Gregor Spörri auf den Punkt:

> »Das Relikt hat exakt die gleichen anatomischen Proportionen wie ein menschlicher Finger. Es besitzt auch denselben anatomischen Aufbau: Nagel, Glieder und Gelenke! Der beim Grundglied des Fingers aus dem Gewebe herausragende Knochen ist auffallend dickwandig, was darauf hindeutet, dass das Wesen einen schweren massigen Körper gehabt haben muss, genauso wie das von anderen Kolossen bekannt und üblich ist. Man denke dabei an Dinosaurier, Elefanten oder Wale. Ein sehr interessantes Merkmal ist außerdem die auffällige Kerbe beziehungsweise

> Delle an der Unterseite des Knochens. Diese Besonderheit besitzen ebenso menschliche Fingerknochen.« (Siehe Abb. 30 im Farbbildteil)

Alles sprach für einen Zweibeiner! Das Problem bei dieser Analyse: Denkt man sich den Körper dazu, dann müsste das Geschöpf zu Lebzeiten bis zu 5 Meter groß gewesen sein! Eigentlich ein Ding der Unmöglichkeit. Offenbar wurde das Relikt in Ägypten schon einmal untersucht. Als Beweis zeigte der Besitzer dem verdutzten Privatforscher ein Röntgenbild, das in den 1960er-Jahren angeblich in einem Kairoer Spital aufgenommen wurde. Klarheit über die Authentizität können nur anatomische Untersuchungen am Relikt selbst sowie DNA-Analysen bringen. Spörri fragte den Besitzer, ob er den Mumienschatz verkaufen würde, doch Nagib lehnte vehement ab.

Ab 2009 unternahm Spörri vor Ort erneut Nachforschungen, die leider ins Leere liefen. Nach einer Umsiedlungsaktion in den 1990er-Jahren im Gebiet von Bir Hooker verlor sich die Spur des monströsen »Gruselfingers« und seines Besitzers. Gregor Spörri hegt dennoch keinen Zweifel an der Echtheit des Reliktes. Er kann sich noch gut an die Worte des Ägypters erinnern, bevor ihm der menschenähnliche Riesenfinger gezeigt wurde:

> »Nachdem ich Nagib von den Fehlschlägen meiner esoterischen Versuche in der Großen Pyramide und meinem nächtlichen Aufenthalt in der Felsenkammer erzählt hatte, sagte er zu mir: ›Wenn du gesehen hast, was ich dir zu zeigen bereit bin, wirst du die Pyramide mit ganz anderen Augen betrachten.‹ Nagibs Worte waren später der Auslöser für mich, die Große Pyramide mit den in der *Bibel* beschriebenen Riesen in Verbindung zu bringen.«

Spörris fantastische These lautet: Die »unvollendete Kammer« war weder für König Cheops bestimmt, noch sind es Teile eines antiken Wasser-Pumpwerks, sondern eine Grabstätte für die Gebeine von Riesen, die nie fertiggestellt wurde. Die noch vorhandenen Felsreste auf der linken und rechten Seite des Raumes, seien demnach nichts anderes als die rohen Umrisse von zwei gewaltigen Sarkophagen! Diese Idee funktioniert freilich nur dann, wenn man wie Spörri glaubt, dass die großen Pyramiden von Gizeh aus vorsintflutlicher Zeit stammen und nicht erst im Auftrag von Königen wie Cheops erbaut wurden. Soll heißen, die Architekturwunder bestanden bereits lange vor den Pharaonen, wurden von diesen lediglich übernommen und für ihre Zwecke weiterverwendet.

Totenreich Rosetau

Spörris Interpretation ist spannend. Was leider fehlt, sind greifbare Zeugnisse wie Knochen oder Artefakte. Dafür lassen sich interessante mythologische Zusammenhänge finden. Eine stammt aus unverdächtiger Quelle – aus der ägyptologischen Schule. Ein prominenter Vertreter war der deutsche Ägyptologe Prof. Dr. Rainer Stadelmann, der 2019 verstarb. Er bezweifelte, dass die Anlage unter der Großen Pyramide jemals als endgültige Grabkammer für König Cheops bestimmt war. Schon das Fehlen von Sicherheitsvorrichtungen beim Eingang in die Gruft und die Unmöglichkeit, den Sarg durch den Korridor zu zwängen, sprächen dagegen.

> »Nach einer alten Tradition ist in Gizeh die ursprüngliche Kultstätte des Gottes Sokar namens Ra-setjau zu suchen, die man sich nach der Etymologie als eine Höhle vorstellen muss«, schreibt der Altertumsforscher in seinem Buch *Die ägyptischen Pyramiden,* und weiter: »Vielleicht hat Cheops mit der Felsenkammer unter der Pyramide ein persönliches Rosetau einschließen wollen, eine Höhle mit einem unendlichen oder blind endenden Korridor, *ägyptisch sṯ'w(setau),* in der der tote König als Abbild des Sokar ruhte.«

Die »Felsenkammer« als modellierte Kopie des Totenreiches Rosetau, übersetzt »Tor der Wege«? Beweisen oder widerlegen lässt sich das ebenso wenig wie alle anderen Thesen, die bisher als Erklärungen angeboten wurden. Trotz aller Bemühungen bleibt die ursächliche Bedeutung der »Felsenkammer« ein Rätsel-Krimi.

Veronica Ions notiert zur mysteriösen Gestalt des Sokar (griechisch Sokaris) in ihrem Fachbuch *Ägyptische Mythologie:*

> »Sokaris wurde bereits seit dem Alten Reich mit Osiris identifiziert. Auch mit Ptah von Memphis wurde er gleichgesetzt. Diese drei Götter schloss man in einer Triade zusammen, die bald als Einheit empfunden und dann als ein Gott, Ptah-Sokaris-Osiris verehrt wurde.«

Diese Gottheit, die zu den ältesten Totengöttern des alten Ägyptens gehört, hat also ihre Gestalt im Laufe der Zeiten verändert. Meist aber wird das Wunderwesen als falkenköpfiger Mann abgebildet, was beim flüchtigen Anblick zu Verwechslungen mit dem Himmelsgott Horus führen kann. Älteste Darstellungen zeigen Sokar auf einem Stein sitzend, »der auf seinem Sande ist, in einer geheimen Höhle des Westens mit lebenden Erscheinungsformen«, die »unsichtbar« und für Uneingeweihte »nicht wahrzunehmen« sind. Könnte der aus dem Fels gewachsene Thron unter der Cheops-Pyramide sein heiliger Kultstein gewesen sein?

Die Mutmaßung einer unterirdischen Totenkultstätte lehnt sich an die Vorstellung an, wonach die Erde und die Unterwelt im Zentrum der Verehrung stehen und eine Vereinigung mit dem Himmel gesucht wird. Im alten Pharaonenreich spielten dabei die genannten erdgebundenen Götter Ptah (Schöpfergott und »Bildner der Erde«) und Sokar (Erd- und Fruchtbarkeitsgott) eine mächtige Rolle.

Hier gibt es tatsächlich einen Wink zu den Riesen, denn nach chthonischer Weltanschauung vieler versunkener Kulturen, besonders jener der alten Griechen, ging aus der Verbindung zwischen Himmel und Erde das olympische Göttergeschlecht hervor. Überliefert ist, dass aus der Vereinigung von Uranos (Himmel) mit Gaia (Erde) die Titanen und Titaninnen geschaffen wurden. Bei Dichtern wie Hesiod (um 700 v. Chr.) werden sie als »riesenhafte Wesen« beschrieben, »die die Welt beherrschten«.

Wer waren die »Göttersöhne«?

Legenden über Riesen gibt es jede Menge, sogar im Alten Testament. Das betrifft nicht nur den berühmten Kampf zwischen David und dem unterlegenen Giganten Goliath. Im 1. Buch Mose wird offenbart, woher die Riesen stammen:

> »Zu jenen Zeiten, und auch als die Göttersöhne zu den Töchtern der Menschen sich gesellten und diese ihnen Kinder gebaren, waren die Riesen auf Erden. Das sind die Recken der Urzeit, die hochberühmten.«

In der *Hebräischen Ur-Bibel* und den außerkanonischen Apokryphen wird es konkreter. Da ist von göttlichen Schöpfern die Rede, die einst vom Himmel herab zu den Menschen kamen. Man nannte sie die überirdischen Elohim. Sie erschienen als »Lehrmeister«, die den Menschen »verbotene Dinge« zeigten und über die »Geheimnisse des Himmels« aufklärten. Einige dieser fremden »Göttersöhne« hätten jedoch irdische Menschenfrauen begehrt und Kinder mit ihnen gezeugt. Nach mythologischer Lesart entstanden daraus riesenhafte Mischwesen. Sie wurden Nephilim genannt, was einer hebräischen Bezeichnung für »Riesen« entspricht. Nach anderer Definition wurden die Nephilim auch als »gefallene Engel« bezeichnet, abgeleitet vom Wort »naphal«, das »fallen« bedeutet. Missverständnisse in der Übersetzung? Von der Logik her dürften also nicht die riesenhaften Elohim per se in Ungnade gefallen sein, sondern nur ein Teil der »Göttersöhne«, eben jene aufsässigen Engel, die sich mit den Menschentöchtern versündigten und riesenhafte Geschöpfe zeugten. Im Christentum entwickelte sich daraus die Vorstellung des personifizierten Bösen, das nunmehr in Gestalt des »gefallenen Engels« Satan in die Welt gekommen war.

Wie bei Manetho und seiner Auflistung der vorpharaonischen »Götterdynastien«, bleibt auch hier zu klären: Wer waren diese »Göttersöhne«? Wer ihre riesenhaften Nachfahren, die Nephilim? Waren es nur erdachte Ausgeburten der Fantasie? Oder gab es sie als leibhaftige Wesen aus Fleisch und Blut? Hatten außerirdische Eindringlinge ihre Hände im Spiel, die dank ihrer hochzivilisierten Technik vor vielen Jahrtausenden als »Götter« verehrt wurden? Und welche Rolle spielten dabei die Urväter von Atlantis, die nach Platon in seiner um 360 v. Chr. verfassten Schrift *Kritias* vom Titanen-König Atlas abstammen sollen?

Wohin verschwanden die biblischen Riesen?

Fußspuren der Titanen in Aleppo

»Um Antworten zu bekommen, muss man zunächst einmal die richtigen Fragen stellen«, postulierte der britische Schriftsteller Eric Ambler (1909–1998).

Eine interessante Spur, die erst recht zum Grübeln einlädt, führt nach Nordwestsyrien zu den Ruinen von Ain Dara, einem kleinen Dorf, das nordwestlich von Aleppo liegt. 1954 entdeckten Hirten aus dem Erdboden ragende Statuen, die zu einem Heiligtum der Hethiter aus dem 13. Jahrhundert v. Chr. gehören. In der Folge legten Archäologen einen Tempel aus schwarzen Basaltblöcken frei, welcher der babylonischen Himmelsgöttin Ištar geweiht war. Es ist außergewöhnlich, denn bautechnische Elemente der Anlage gleichen dem in der *Hebräischen Bibel* beschriebenen Salomonischen Tempel in Jerusalem. Die häufigsten Motive dieser Hethiterstätte sind Skulpturen und Reliefs geflügelter Löwen sowie Mischwesen aus Mensch und Tier mit erhobenen Armen. Sie erinnern an überlebensgroße Atlanten und Himmelsträger der griechischen Mythologie.

Dazu passt ein Kuriosum: An der terrassenförmigen Schwelle zum innersten Allerheiligsten der Haupthalle sind auf erhöhten Bodenplatten vier Vertiefungen von Fußabdrücken zu sehen. Zwei liegen parallel zueinander, linker und rechter Fuß, und dann mit etwas Abstand, so als würde jemand zwei Schritte voranschreiten, der dritte und dann wieder mit etwas Abstand der vierte Abdruck. Sie alle haben die gigantische Größe von fast einem Meter! Es sind keine echten Fußspuren eines Titanen, sondern wurden von Steinmetzen in den Stein gemeißelt.

Das führt zu Fragen, auf die man gerne Antworten hätte: Warum haben die Bauherren diese Riesenabdrücke verewigt? Wessen Fußspuren sollten dargestellt werden? Jene von überirdischen Göttern oder ihren riesenhaften Abkömmlingen? Als kosmischer Spurensucher würde man gerne vor Ort weiterrecherchieren, doch die derzeitige unsichere politische Lage verhindert unbeschwerte Nachforschungen. Menschlich und kulturhistorisch ist es eine Tragödie, denn im Zuge des syrischen Bürgerkrieges war das bedeutsame Tempelheiligtum Ziel türkischer Luftangriffe. Bei diesem Bombardement im Januar 2018 wurde ein Großteil der Anlage zerstört. (Siehe Abb. 31 im Farbbildteil)

Haben sich Spuren der göttlichen »Nephilim« in Syrien und anderswo erhalten? Wohin verschwanden diese in den Mythen zahlreich dokumentierten Giganten der Vorzeit? Nach biblischer Version wurde das Schicksal ihres Geschlechts mit der gottgesandten Sintflut besiegelt. Anders in der griechischen Mythologie: Nach jahrelangem Streit unter den Göttern gewinnt Zeus mit Verbündeten die Oberhand und wirft seine Gegner in den Tartaros, in die tiefsten Tiefen der Unterwelt. An diesem Ort ewiger Finsternis werden die Titanen für immer hinter bronzenen Toren gefangen gehalten. Dem geheimnisvollen Erdgott Sokaris wäre zuzutrauen, dass er ein »Sesam öffne Dich« besessen hat, um in die unterirdischsten Erdgrotten zu gelangen. Wie groß sind die Chancen, dass wir irgendwann den Schlüssel zum Ursprung und zum Verständnis unserer immer noch rätselhaften Vergangenheit finden?

Ein altägyptischer Text, der dem Weisheitsgott Thot in den Mund gelegt wird, bezweifelt, dass uns vermeintlichen Alleswissern und Nachkommen Adams jemals ein Licht aufgehen wird:

> »O Ägypten, Ägypten! Von deiner Religion werden nur leere Geschichten, die die Nachwelt nicht mehr glauben wird, und in Stein geschlagene Worte bleiben, die von deiner Frömmigkeit erzählen.«

Teil 3

Untergrund-Mysterien nah und fern

»Die Wissenschaft kennt keinen zunftmäßigen Befähigungsnachweis. In der Aufsuchung der Wahrheit stehen wir uns alle gleich; und was dem einen von uns heute als unwahrscheinlich erscheint, kann morgen als wahr erwiesen worden sein. Darum gibt es gar kein anderes Forum als dasjenige der vollen Öffentlichkeit.«

Eduard Suess
(1831–1914)
österreichischer Geologe und Politiker

Unterirdischer Wohnsilo in Derinkuyu

Höllisches Hades-Reich, unterirdische Vorzeitstädte und geheime Kulträume der Templer

Hades und das Höllenreich von Kampanien

Wo Satan wohnt

Es ist ein heißes Thema, das viele Menschen seit der Antike beschäftigt: Gibt es die Hölle wirklich? Existiert eine unterweltliche Stätte der Verdammnis, wo teuflische Dämonen ihr Unwesen treiben? Ein satanischer Vergeltungsort für arme Sünder, irgendwo im Jenseits oder im Abgrund der Erde?

Aufgeklärte Rationalisten halten diese volkstümliche Vorstellung für reinen Aberglauben. Ein erlösendes Paradies für Selige zweifeln Atheisten ebenso an. Wenn aber alles nur Humbug ist, weshalb gibt es dann in fast allen Kulturen und Religionen den Glauben an das »Höllenreich«? Woher kommt die weltumspannende Vorstellung von einem Ort der Vernichtung, Läuterung oder ewigen Verdammnis der Verstorbenen?

Schon die vorchristlichen Germanen kannten die Hölle und bezeichneten damit den unterirdischen Aufenthaltsort der Toten. Aus dem althochdeutschen Wort *hellia* wurde schließlich »Hel«, die Göttin der Unterwelt.

Ähnlich im altägyptischen Jenseitsglauben: Da bedrohen »Feuerströme« und feuerspeiende Kreaturen das Weiterleben nach dem Tode. Entsprechendes lesen wir in den heiligen Büchern altindischer Sanskrittexte, wo es heißt, dass die Seelen in einem finsteren Verlies den Höllenqualen wehrlos ausgesetzt sind.

Auch die großen Weltreligionen Buddhismus, Judentum und Islam wissen davon. Nach dem Koran (Sure 11, 108) kommen die Verdammten ins Feuer und bleiben darin, solange Himmel und Erde bestehen.

Das schaurigste Höllenbild ist im Christentum verwurzelt. Von »Heulen und Zähneknirschen« werden die Qualen der in die Hölle Verdammten begleitet, verrät uns das Neue Testament (Matthäus 13, 42). Nach katholischer Doktrin ist es die unwiderrufliche »Endstation«, ein Ort der ewigen Strafe und Sühne, in welchem der Mensch nach Tod und Gottesgericht das Heil nicht erlangt hat.

Da liegt die Frage nahe, ob es einen *realen* Auslöser für diese kulturübergreifenden Höllenvisionen gibt. Viele Historiker halten das für wahrscheinlich, denken dabei jedoch nicht an eine jenseitige Welt. Sie verweisen auf überlieferte Beobachtungen vulkanischer Phänomene und heißer Quellen, die von frühen Völkern zu Toren in die höllische Unterwelt erklärt wurden. Dazu passt zum Beispiel der alte Volksglaube auf der Kanarischen Insel Teneriffa, wonach im Inselvulkan Pico de Teide der Teufel in seinem Höllenreich haust. Einen weiteren Bezug zu vulkanischen Aktivitäten liefert bereits die griechische Mythologie: Demnach ist die tiefste unterirdische Strafregion Tartaros von einer dreifachen Mauer aus Feuerströmen umschlossen, die »glühende Steine« und »siedenden Schlamm« mit sich führt. Auch der christliche Kirchenvater Tertullian (um 150–220 n. Chr.) referiert darauf, indem er Vulkane als Beweis für die »Feuerhölle« anführt, die im Erdinneren brodeln soll.

Brennende Felder

Satan hat viele Fratzen. In der frühen Neuzeit des 16. Jahrhunderts hatten die Ängste um Höllenqualen, Flammentod und sadistische Quälerei Hochsaison in der europäischen Christenwelt. Inquisition und Hexenprozesse haben uns dieses gnadenlose Szenario in Dokumenten hinterlassen. In dieser finsteren Epoche entstanden auch die einprägsamsten Kunstwerke über die Hölle und den Teufel. Dazu kamen die fantastischen Erzähler mit überaus anschaulichen Schilderungen des Grauens. Als gewaltigstes Beispiel gilt die *Göttliche Komödie* des italienischen Weltliteraten Dante Alighieri (1265–1321). Das Werk ist angefüllt mit kryptischer Symbolik und philosophischer Vieldeutigkeit.

Dantes Hauptwerk wurde von antiken Überlieferungen über Jenseitswanderungen inspiriert. Ein historischer Schauplatz wird immer wieder genannt: die Region um die Metropole Neapel im mittelitalienischen Kampanien. Kein zufällig gewählter Ort, denn hier brodelt es aus dem Erdinneren seit Jahrtausenden. Was an Verwüstung

Luftaufnahme des Vesuv

geschehen kann, ist durch den vernichtenden Ausbruch des Vesuvs überliefert. Der Vulkan erhebt sich nur wenige Kilometer östlich vor Neapel. Am 24. August 79 n. Chr. brachte der erloschen geglaubte Feuerberg Zerstörung und tausendfachen Tod. Ein vernichtender Ausbruch begrub die blühenden Städte Pompeji, Herculaneum und Stabiae unter 20 Meter hohem Lavaschlamm und Asche. Seit seinem letzten Erwachen im Frühjahr 1944 mit zerstörten Dörfern und 26 Toten gibt der Riese Ruhe. Erloschen ist er keineswegs. Ein großer Ausbruch ist jederzeit möglich, warnen Vulkanologen.

Dabei ist der Vesuv nicht der einzige brisante Gefahrenherd am Golf von Neapel. Ein weiteres »heißes Pflaster« erstreckt sich westlich der Metropole entlang der Mittelmeerküste über dem Städtchen Pozzuoli bis zur Ebene von Cumae. Man kennt dieses Gebiet auch unter der Bezeichnung Phlegräische Felder (*Campi Flegrei*). Der Name geht auf die ersten griechischen Siedler zurück, die sich hier niedergelassen hatten. Der Ausdruck *flegraios* bedeutet wörtlich »brennend« oder »glühend« und bezieht sich tatsächlich auf hochexplosive Aktivitäten. Rund fünfzig Eruptionszentren sind im Umfeld von

150 Quadratkilometern lokalisiert worden. Sie stellen ein geophysikalisches Phänomen dar, das weltweit einzigartig ist. Die im Gelände verstreuten »brennenden Felder« sind niedrige Miniaturvulkane, wovon der höchste 460 Meter misst. 2008 wurde etwas Beunruhigendes entdeckt: Die Phlegräischen Felder und der Vesuv besitzen in 10 Kilometern Tiefe eine gemeinsame Magmakammer. Damit zählen sie in der Region um Neapel zu den zwanzig bekannten und gefährlichsten Supervulkanen auf unserem Planeten. Im Gegensatz zu »normalen« Vulkanen hinterlassen sie bei Eruptionen keine Vulkankegel, sondern gewaltige Kraterkessel, die sogenannten Calderen. (Siehe Abb. 36 im Farbbildteil)

Solfatara und die Katakombe des Heiligen Gennaro

Hauptsehenswürdigkeit der *Campi Flegrei* ist der Vulkankrater Solfatara. Er gilt als beliebtes Ausflugsziel für Touristen. Als ich den Ort mit meiner Partnerin Elvira aufsuchte, war vom Schwefel nichts zu bemerken – mutterseelenallein spazierten wir in der brütenden Hitze umher. Als uns der Schwefeldunst von einer Sekunde auf die andere einhüllte, wussten wir auch warum: An diesem öden Ort stinkt es bestialisch! Wir harrten dennoch aus und hielten uns brav auf dem vorgegebenen Rundweg mit seinen Absperrungen. Sicher ist sicher. Wer will schon in einem bis zu 250 Grad heißen Gemisch aus Wasserdampf, Schwefelgasen und Quecksilberverbindungen baden gehen?

Auf Schautafeln wird Besuchern der Solfatara versichert, dass dem stinkenden Kraterschlamm heilende Wirkung innewohnt. Daran erinnert auch eine altertümliche »Sauna« an der Nordwand des Kraters, genannt »Le Stufe«. Ursprünglich sollen es zwei alte Grotten gewesen sein, die von den Römern als Schwitz- und Thermalbäder genutzt wurden. Auch im Mittelalter wurden sie für therapeutische Zwecke verwendet und in der Spätrenaissance mit Mauerwerk beschichtet. Durch starkes Schwitzen und Inhalieren der schwefelhaltigen

Dämpfe erhofften sich Menschen Heilung bei Beschwerden der Atemwege, Hauterkrankungen und Rheuma. Heilung aus der Hölle? Welches infernale Geheimnis bergen die gemauerten Rundbögen tatsächlich? Wie tief führt der Gang hinab in die Unterwelt?

200 Meter von der Schwefelgrube entfernt liegt ein eher unauffälliges Kirchlein: Die »Chiesa San Gennaro«. Sie ist dem Bischof von Benevent geweiht, der unter dem Namen San Gennaro (zu Deutsch: Heiliger Januarius) bekannt ist. Während der Christenverfolgung starb er im Jahre 305 den Märtyrertod: Er wurde unter Kaiser Diokletian enthauptet. Viel Wunderbares ist über Gennaro überliefert. Berühmt ist seine Blutreliquie im Dom zu Neapel. Traditionell verflüssigt sich das Blut des Heiligen bei einer Prozession. Das Ausbleiben des Phänomens gilt als schlechtes Omen für die Bevölkerung. Just im Pandemiejahr 2020 versagte das Blutwunder.

Kaum einer weiß, dass des Bischofs ursprüngliche Grabstätte tief im Innern der Erde lag – in der größten Katakombe Neapels, in der nach ihm benannten »Catacombe di San Gennaro«. Wer den Abstieg in die neapolitanische Nekropole wagt, wird es nicht bereuen.

Eingang zur Katakombe des Heiligen Gennaro

Ihr Eingang liegt gleich neben der Kirche »Madre del Bon Consiglio«, einer Miniaturnachbildung des Petersdoms. Der unterirdische Friedhofskomplex aus Tuffstein war ursprünglich im 2. Jahrhundert als Familiengrab einer römischen Adelsdynastie angelegt worden. Die Gänge sind kilometerlang und vermitteln einen atemberaubenden Anblick. Wer sie gesehen hat, weiß, dass sie den Katakomben aus dem frühchristlichen Rom in nichts nachstehen. Dazu tragen vor allem die farben-

Das Grab des Heiligen Gennaro

frohen Fresken und Mosaiken bei, die bei der Begehung unvermutet an den Wänden und Decken der Grabnischen hervorblitzen.

Ein Deckenfresko von Adam und Eva – vielleicht die älteste Darstellung der Sünde überhaupt – beeindruckt ebenso wie das älteste bekannte Porträt von San Gennaro aus dem 5. Jahrhundert. Es ist in der zweiten Etage zu bewundern und zeigt den Märtyrer zwischen einem Kind und einer Frau. Im Zentrum der Anlage stoßen Besucher auf die Reste einer Basilika. Die Kirche aus dem 4. Jahrhundert ist die älteste von Neapel. Und an anderer Stelle blickt man metertief hinunter in eine Gruft. Ein Steinsarg ist erkennbar, in dem ein Bischofsstab liegt. Es ist jener Platz, an den die sterblichen Überreste von San Gennaro nach seiner Hinrichtung überführt wurden.

Dantes Inferno und Vergils Hades

Kampaniens Unterwelt und die Phlegräischen Felder verbindet eine interessante gemeinsame Mythologie: Griechen und Römer waren davon überzeugt, dass sich in dieser Region ein Tor ins Jenseits befindet. Ein unterirdischer Ort mit mythischen Titanen, einem riesenhaften Geschlecht, das von den Göttern ins Höllenreich verbannt wurde. Einig sind sich die Mythen darüber, dass im Gebiet der Phlegräischen Felder einst Gottvater Zeus mit den Titanen gekämpft habe.

Die siedende Umgebung war auch der Aufenthaltsort des römischen Feuergottes mit dem passenden Namen Vulcanus (er entspricht dem griechischen Gott des Feuers und der Schmiedekunst Hephaistos, einem Sohn des Zeus).

Eine besondere mythologische Bedeutung wird dem kleinen kreisrunden Kratersee Lago d'Averno beigemessen. Das Gewässer liegt etwa 15 Kilometer westlich von Neapel. Dem Philosophen Dante muss die vulkanische Bedeutung des trichterförmigen Gewässers wie auch der Phlegräischen Felder bewusst gewesen sein, beschreibt er doch einen »Höllentrichter«, der über neun konzentrische Kreise und steile Sündenstufen bis ins Innere der Erde führt. Im tiefsten Höllengrund, den man durch das Höllentor betritt, wartet Luzifer auf Verräter und Gottlose, die kaltblütig zermalmt werden. Das kraterartige »Loch« ins Erdinnere soll Satan bei seinem Sturz aus dem Himmel hinterlassen haben, weiß Dante. Geleitet von Vergil, steigt der literarische Jenseitsvagabund selbst in die Unterwelt (Inferno) hinab, um hier den ewigen Sinn zu ergründen, ehe er das Fegefeuer und das Paradies besucht.

Dantes Begleiter ist keine Fantasiegestalt. Lange vor dem Weltliteraten notiert der römische Dichter Vergil (70–19 v. Chr.) in seinem römischen Nationalepos *Aeneis*, dass über dem Lago d'Averno »Vögel tot vom Himmel fallen«. Ein Hinweis auf giftige Dämpfe, die noch vor wenigen Hundert Jahren aus dem Kraterschlund spuckten. Antike Gelehrte wollen hier den Eingang in den unterirdischen Hades (manchmal auch Orcus oder Erebos genannt) ermittelt haben. Es heißt, das Totenreich bestünde aus dem höllengleichen Tartaros, dem himmlischen Elysium und den Asphodelischen Feldern, wo die Seelen von Menschen herumirren, die im Leben weder gut noch böse waren.

Läuterung im Fegefeuer

Der vorchristliche Jenseitsglaube vom Hades dürfte die katholische Kirche zur Idee des Fegefeuers inspiriert haben. Ein jenseitiger Ort der demütigenden Reinigung, an dem von satanischen Geistern gepeinigte Sünder ihre Verfehlungen und Gottesferne bereuen können. Nach einer auferlegten Bußzeit werden die Geläuterten dank himmlischer Gnade doch noch ins glückselige Paradies aufgenommen. In der *Bibel* wird das Fegefeuer mit keinem Wort erwähnt. Der Begriff kam über die Gnosis des antiken Persiens und den Hellenismus in die christliche Theologie. Erst Papst Gregor I. führte im 6. Jahrhundert die Doktrin vom Fegefeuer im Christentum ein.

Gemäß mythologischem Glaubensbekenntnis der alten Griechen steigen die unsterblichen Seelen der Verstorbenen in den Hades hinab. Der greise Fährmann Charon versperrt ihnen den weiteren Weg. Nach speziellen Begräbnisriten und einem Obolus in Form einer Geldmünze unter der Zunge überqueren Neuankömmlinge den Totenfluss Styx und gelangen zur Pforte ins Jenseits. Bewacht wird der Eingang von einem dreiköpfigen Ungeheuer – dem Höllenhund Kerberos. Er verwehrt eindringenden Lebenden den Zutritt und verschlingt die Seelen der Verstorbenen, die dem Hades entfliehen möchten.

Irritierenderweise trägt der König der Unterwelt ebenfalls den Namen Hades. Er regiert das Totenreich mit seiner Gattin Persephone. Wiederum gibt es umgedeutete Anklänge zum Christentum, wenn wir vom religiösen Hintergrund um den griechischen Sänger und Dichter Orpheus erfahren. In Mythen wird behauptet, dass er mit seinen Melodien wilde Tiere zähmte, Bäume und Steine bewegte und bei seinem Abstieg in die Unterwelt selbst Hades und Kerberos so sehr bezauberte, dass sie seine verstorbene Gattin mit ihm ins Diesseits zurückkehren ließen. Im *Lexikon der Symbole* von Manfred Lurker heißt es dazu:

Christus in der Unterwelt. Relief auf dem »Nonnenaltar« der Universitätsbibliothek Rostock, um 1500.

> »Als Sänger und Harfenspieler erscheint er auch im christlichen Altertum auf Fresken in Katakomben, auf Mosaiken und in der Kleinplastik, mit der Harfe in der Hand, umgeben von Tieren. Er gilt als Symbol Christi, des wahren Orpheus, der durch sein Lied, den Logos, Menschen und Kosmos die Harmonie bringt. Singulär ist das Orpheus-Kreuz auf einer Gemme mit der Umschrift: *Orpheus backchijós*. Hier ist Orpheus in seiner Unterweltsfahrt Symbol Christi, der nach dem Tode in den Hades hinabsteigt, um die Menschheit als seine Braut herauszuführen.«

Die Vorstellung von einem »Unterwelt-Jesus« und seiner Menschheitsbraut mutet etwas seltsam an. Sie wird volkstümlich mit der »Höllenfahrt Christi« erklärt. Theologen berufen sich dabei auf Textstellen im Neuen Testament, wonach der Erlöser in der Nacht seiner Kreuzigung in die Unterwelt hinabgestiegen sei und dort die Seelen der Gerechten seit Adam befreit habe.

Die Grotte des Cocceius

Jenseits, Fegefeuer und Hölle sind für aufgeklärte Zeitgenossen imaginäre Begriffe. Orphische Orakelstätten, wo Gläubige den Hades an geheimen Unterweltsorten aufsuchten, gab es jedoch tatsächlich.

Rund um den Lago d'Averno verbergen sich unterirdische Hinterlassenschaften dieses fast vergessenen Hades-Kultes. Bereits die ältesten Überlieferungen des Abendlandes nehmen darauf Bezug. Der griechische Dichter Homer, der mutmaßlich im 8. Jahrhundert v. Chr. lebte, gilt als Verfasser der berühmten Heldenepen *Ilias* und *Odyssee*. Darin werden die Irrfahrten und Abenteuer des Odysseus erzählt, die ihn bis zum Eingang des Hades in Kampanien führten. Nach einem Trank- und Tieropfer erschienen die Toten aus dem Schattenreich. Beim Kontakt mit der Unterwelt prophezeite der Geist des blinden Sehers Teiresias Odysseus sein weiteres Schicksal.

Auf Homers Grundlage ließ der Poet Vergil im 1. Jahrhundert v. Chr. seinen Helden Aeneas mit der Orakelpriesterin Sibylle von

Grotte des Cocceius

Cumae in die Unterwelt absteigen. Der griechische Geschichtsschreiber Strabon (um 63 v. Chr. bis ca. 23 n. Chr.) erwähnt ebenfalls unterirdische Kultstätten Kampaniens. Hades als Jenseitsreich oder in namensgleicher Verkörperung des Unterweltherrschers setzt er indirekt mit Pluton in Verbindung. Dieser galt als »Gott der Unterwelt in der Erdtiefe« und wurde von den Römern mit Hades gleichgesetzt. Strabon gibt an, dass sich eines seiner wichtigsten Heiligtümer beim Lago d'Averno befand.

Wer dem mythenumwobenen Gewässer einen Besuch abstattet, findet am Westufer den Eingang zur Grotte Cocceio. Sie führt unter dem Hügel Grillo direkt zur nordwestlich gelegenen antiken Küstenstadt Cumae. Der römische Architekt Lucius Cocceius ist der Namensgeber des Tunnels. 37 v. Chr. hat er den Lago d'Averno zu einem Militärstützpunkt umgebaut. Dabei wurde vermutlich ein älterer etruskischer Stollen aus strategischen Gründen ausgehöhlt und befestigt. Er ist einen Kilometer lang, stellenweise 6 Meter breit und weist eine maximale Höhe von 12 Metern auf. Licht und Luft drangen durch neun in das Tuffgestein gegrabene Schächte ein. Römische Soldaten konnten durch diesen versteckten Bergstollen, der an einen modernen Autobahntunnel erinnert, schnell und unbeobachtet den Hafen erreichen.

Später wurde die Anlage für zivile Zwecke umfunktioniert. Nahe dem Eingang war der Tunnel mit einer Seitenstraße verbunden, auf der die Einwohner ins Amphitheater der Stadt gelangten. Mit der Zeit verfiel das Architekturwunder, der Tunnel verschlammte und geriet schließlich in Vergessenheit. 1844 wurde er wiederentdeckt und als Lagerhalle verwendet. Bis zum Zweiten Weltkrieg hatte sich das Bauwerk unbeschadet ins 20. Jahrhundert hinübergerettet. Bis zum Jahre 1943. Da diente das Areal als Sprengstoffdepot. Dabei kam es zu einer heftigen Explosion, die Teile der Anlage verschüttete. Bei der Renovierung des Bauwerks vor wenigen Jahren wurde eine Besonderheit entdeckt: Das Denkmal ist die Heimstätte von fünf vom Aussterben bedrohten Fledermauskolonien. Strenge Naturschutzauflagen haben vorerst das ursprüngliche Vorhaben verhindert, wonach die unterirdische Anlage ab 2020 für den Tourismus geöffnet werden sollte. Die Besichtigung archäologischer Raritäten in Cumae ist jederzeit möglich.

Die Orakelstätte der Sibylle von Cumae

Über Jahrhunderte hinweg haben sich Gelehrte bemüht, die von Vergil beschriebene Orakelgrotte der Sibylle zu finden. Existiert das Heiligtum wirklich oder beruht es auf einer erfundenen Schöpfung antiker Dichter? Dort, wo Vergil die Wunderstätte lokalisierte – nämlich in

Schlusskammer im Heiligtum der Sibylle von Cumae

unmittelbarer Nähe zum Apollontempel der Akropolis von Cumae –, wurde nie gegraben.

Erst der Archäologe Amadeo Maiuri (1886–1963) kam auf die richtige Spur. Wie Schliemann seinen »Homer«, hatte er seinen »Vergil« in der Tasche. 1932 legte der Italiener einen bis dahin verschütteten Höhlenbereich frei, der den Beschreibungen Vergils entspricht und heute »Antrum Sibylles« genannt wird. Es ist ein 131 Meter langer, 2,4 Meter breiter und 5 Meter hoher Gang. Er verläuft schnurgerade in Nord-Süd-Richtung und wurde trapezförmig aus dem Tuff geschlagen. Wehten hier niedergelegte Blätter mit Orakelsprüchen durch die Anlage? Vorstellbar ist es. Will man es beweisen, ist guter Rat allerdings teuer. Die wichtigsten Zeugnisse sind zerstört.

Nachdem Tarquinius, der letzte Etruskerkönig, die Weisheitsbücher der Sibylle erwarb, gelangten sie nach Rom. Dort wurden sie im Jupitertempel auf dem Kapitol gehütet und bei wichtigen Staatsangelegenheiten konsultiert. 84 v. Chr. kam es im Tempel zu einem verheerenden Brand, bei dem Sibylles Weisheitsbücher den Flammen zum Opfer fielen.

Die Sibyllinischen Bücher und das Heiligtum von Cumae bestätigen die Angaben von Vergil, aber es fand sich keine von ihm ebenfalls beschriebene Anlage, die man als Tor in die Unterwelt identifizieren könnte. Dennoch versichern antike Autoren wie Strabon, dass sich irgendwo in der erhitzten Schwefelzone der Phlegräischen Felder tatsächlich der Einstieg zum Hades befunden habe – aber wo genau? (Siehe Abb. 34 im Farbbildteil)

Die Hades-Kultstätte in Baiae

Die Frage nach der Hades-Pforte rief Anfang der 1960er-Jahre zwei Abenteurer auf den Plan: den Royal-Navy-Offizier Robert F. Paget und Keith Jones von der US Navy. Die Amateurarchäologen suchten monatelang die Küstenregion von Neapel ab und wurden im ehemaligen römischen Badeort Baiae fündig. Die Ortschaft liegt an der

Griechische Tempelruine mit römischer Umbauung in Baiae

westlichen Küste des Golfs von Pozzuoli, nur 2 Kilometer südlich des Lago d'Averno, der in der Antike als geografischer Bezugspunkt zur Hades-Pforte genannt wird.

1962 verkündete Paget gegenüber Medienvertretern:

> »Wir wissen jetzt, wo der Hades ist. Wir sind drin gewesen. Wir haben in der erstickenden Hitze und dem würgenden Staub gestanden und den Totenfluss Styx fotografiert. Es war unheimlich und schrecklich …«

Das Tor ins rituelle Totenreich war Jahrhunderte unter einem Weinberg versteckt. Es ist ein schmaler, leicht zu übersehender Spalt inmitten der Ruinen eines griechischen Tempels, der zu einem mysteriösen Tunnelkomplex führt. Maiuri hatte ihn 1958 entdeckt, aber wegen austretender vulkanischer Dämpfe nicht begangen. Wenige Jahre später zeigte sich der Höllenschlund sanftmütiger. Paget und Jones nutzten die Gelegenheit und drangen in ein unterirdisches Gangsystem

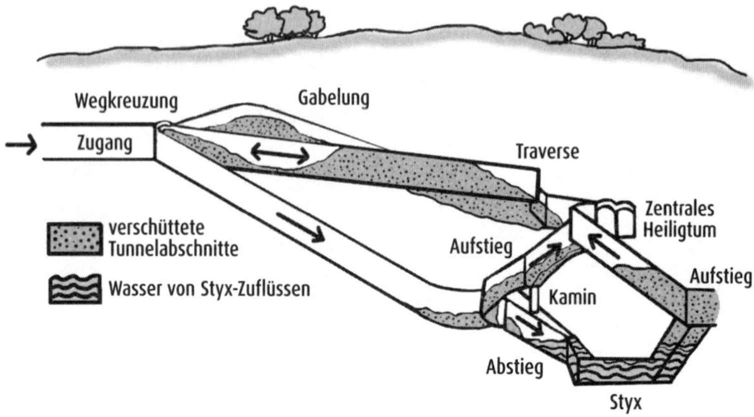

Schema der teils verschütteten Hades-Kultstätte

vor, das vermutlich seit 2 Jahrtausenden niemand mehr betreten hatte. Der Zugangstunnel ist über 2 Meter hoch, aber nur 61 Zentimeter breit. Er verschmälert sich auf 48 Zentimeter bis zu einer Wegkreuzung, an der weitere Gänge in die Tiefe führen. Der erforschte Bereich der Anlage wird mit circa 170 Metern Länge angegeben. In etwa 40 Metern Tiefe stießen die Forscher auf ein »verborgenes Heiligtum« und einen unterirdischen Wasserlauf. (Siehe Abb. 35 im Farbbildteil)

Heute ist die Hades-Kultstätte nur Insidern bekannt. Der unterste Bereich ist überflutet und Passagen des Gangsystems sind unpassierbar. Der deutsche Ökonom und Forschungsreisende Frank Heudorf ist über die alten Quellen gestolpert. Er folgte den durch die Archäologie vernachlässigten Spuren und wagte vor wenigen Jahren die Erkundung der verborgenen Orakelstätte. Heudorf bestätigt, was bereits Paget und Jones vermutet hatten:

> »Die unterirdische Anlage weist unübersehbare Parallelen zu Vergils Schilderungen auf. Der Zugang erfolgt über einen rund 130 Meter langen Einstiegsgang, der nach Westen orientiert ist. Er ist mit hellrotem *Opus*

signinum (italienisch: Cocciopesto) verputzt und besitzt an den Wänden über hundert Lichtnischen. Betreten wird der innere Teil der Orakelstätte durch zwei weitere abschüssige, gleichermaßen verputzte Gänge mit einer noch höheren Dichte an Lichtnischen – ein deutlicher Hinweis auf eine kultische Nutzung. Die ursprüngliche Größe der Anlage ist schwer zu beziffern: Da sie am westlichen Ende völlig verschüttet ist, kann sie nicht vermessen werden. Nach Paget führt der zweite Tunnel 47,70 Meter weiter ins Innere der Anlage. Soweit bekannt und nicht verschüttet, können alle Gänge ausnahmslos aufrecht begangen werden. Im untersten Bereich quert ein – früher heißes – Fließgewässer (›Styx‹) das Gangsystem, an dessen beiden Ufern Anlandungen möglich waren. Von der gegenüberliegenden Seite führte ein – heute verschütteter – Aufstieg zu einem Raum, der exakt über dem Styx liegt und als zentrales Heiligtum des Orakels gedeutet wird. Der Rückweg erfolgte über einen anderen Gang, der in zwei Pforten, genau wie Vergil sie beschreibt, in den Zugang mündet.«

Perfekte Illusion

1965 überredeten Paget und Jones Colonel David Lewis von der US-Army und seinen Sohn, den Fluss mit einem Tauchgerät zu untersuchen. Sie folgten dem Bach in einen tiefen Tunnel und entdeckten zwei kochende Zuflüsse, die von den Vulkankammern der Phlegräischen Felder erhitzt wurden. Laut dem *Smithsonian Magazine* drangen die Taucher bis in eine Tiefe von 75 Metern vor. Es gelang ihnen, die fremde Unterwasserwelt zu fotografieren, bevor sie wegen der hohen Temperaturen wieder an die Erdoberfläche zurückkehren mussten.

Die genialen Bauherren der unterirdischen Anlage haben offenbar von den heißen Quellen gewusst und kannten die mythologische Bedeutung des Totengewässers namens Styx. Sie installierten ein ausgeklügeltes Belüftungssystem mit Kamin und Traverse, mit der die Luft- und Dampfzirkulation beliebig gesteuert werden konnte. Auch astronomische Aspekte spielten bei der Konstruktion eine Rolle. Das zeigt der Zugang der Anlage, der nach dem Lauf der Sonne ausgerichtet ist. Die Identität der Architekten liegt im Dunkeln. In der Annahme, dass die Gänge zu einer Tempelanlage an der Erdoberfläche gehörten, wird von einigen Archäologen eine Bauzeit um 550 v. Chr. vermutet. Das war eine spätarchaische Zeit und lange bevor Vergil sein Epos verfasste. Wenn man allerdings weiß, dass der Dichter sich älterer griechischer Quellen bediente, könnte es sein, dass frühere Priester sich dieser ebenfalls bedienten. Infrage kommen griechische Kolonisten, die im 6. Jahrhundert auch die mystische Grotte der Sibylle von Cumae errichteten. Während der frühen römischen Kaiserzeit wurden die Tunnel allerdings bewusst zugemauert. Weshalb und wer dies in Auftrag gegeben hatte, ist nicht geklärt.

»Eine weitergehende Interpretation erfordert umfangreiche Ausgrabungen und Sicherungen«, erklärt dazu der Amateurarchäologe Frank Heudorf, der in Teilen der Anlage Ähnlichkeiten zum Erdstall-Phänomen erkannt hat. Die einzigartige Hades-Orakelstätte ist für die Öffentlichkeit gesperrt. Archäologische Ausgrabungen und aufwendige Sanierungen sind nicht zu erwarten. Die Altertümerverwaltung stuft die Bedeutung der unterirdischen Orakelstätte vorsichtshalber herunter. Sie vermutet im Gangsystem keinen Ort für Mysterienkulte, sondern nur eine »Zuführung vulkanischer Gase zum Zwecke der Erhitzung für den römischen Badebetrieb«. Dagegen spricht die auffällige Ähnlichkeit zum Totenreich Hades. Der Aufbau der Anlage stimmt mit den mythologischen Darstellungen überein. Für ihre Entdecker Robert F. Paget und Keith Jones war das kein Zufall. Ihre These: Das geheime Tunnelsystem wurde von Priestern gebaut, um reisende Besucher davon zu überzeugen, dass sie inmitten sengender Hitze und vulkanischer Dämpfe durch die mythische Unterwelt der Griechen gereist waren. Anders ausgedrückt: Die von antiken Autoren geschilderte Jenseitsreise von Aeneas und anderen Helden hat tatsächlich stattgefunden, wenn auch nur als inszenierter Schwindel der Orakelpriester.

Die Grotten der Nuraghen und die Pyramide von Accoddi

Seltsames Sardinien

Das italienische Sardinien im westlichen Mittelmeer ist eine archäologische Schatztruhe. Hier begegnen wir auf Schritt und Tritt haufenweise archaischen Kulturdenkmälern, die noch voller Rätsel sind.

Berühmt sind die Rundtürme und heiligen Quellen der Nuraghen-Kultur, die ab 1800–400 v. Chr. das Gesicht der spröden Landschaft prägen. Die imposantesten Anlagen finden wir in Albucciu, Ardasai, Arrubiu, Genna Maria, La Prisgiona, Madrone, Palmavera, Santu Antine und Su Nuraxi. Archäologen vermuten, dass es einst 20 000 dieser Monumente auf Sardinien gegeben hat.

»Nuraghe« kennzeichnet einen hinterlassenen bienenstockförmigen Steinturm. Inselbewohner sprechen von *su nurake*. Die Etymologie des vorindogermanischen Wortes ist unsicher und umstritten.

Großer Nuraghenkomplex Palmavera auf Sardinien

Eine Deutung leitet sich von der Verwandtschaft sardischer Ortsnamen wie Nurra, Nurri oder Nurru ab. Sie werden in Beziehung zu »Steinhaufen« und »Hohlraum unter der Erde« gesetzt. Wie sich die Erbauer der Wunderwerke selbst nannten und woher sie kamen, wissen wir nicht. Diese Kultur hat uns keine schriftlichen Zeugnisse hinterlassen. Dafür nahezu 8000 gigantische Rundtürme mit einer ursprünglichen Höhe von 10 bis 30 Metern. Ihre Durchmesser betragen um die 15 Meter. Die Spitzen wurden von einer Plattform umfasst, die einen Panoramablick ins weite Land ermöglichte.

Derartige Gebäude findet man sonst nirgendwo auf der Welt. Ihre Bauformen sind im Detail unterschiedlich. Als zentrales Element besitzen die meisten erhaltenen Nuraghen-Anlagen einen nach innen geneigten Hauptturm, der von einer Befestigungsmauer mit bis zu vier kleineren Seitentürmen umgeben ist. Das erweiterte Areal umfasste Rundbauhütten, Keller, Brunnen, Pfeiler, Korridore und äußere Mauereinfriedungen.

Den Nuraghen-Hauptturm betritt man über einen offenen, meist trapezförmigen Eingang in Bodenhöhe. Im Erdgeschoss führt ein Gang zu einer Kammer. Die höher liegenden Räumlichkeiten sind durch eine Wendeltreppe miteinander verbunden. Allerdings beginnt diese nur selten ebenerdig, sondern erst in einer beachtlichen Höhe von einigen Metern, sodass man annehmen muss, der eigentliche Zugang erfolgte über Holzleitern oder Seilkonstruktionen. Es gibt auch Anlagen, wo die Treppen gänzlich fehlen.

Jede Etage bestand aus einem einzigen Zimmer mit kuppelartigem Kraggewölbe, das durch fortschreitende Verkleinerung des Kreises der einzelnen Steinreihen entsteht. Bei einem Kraggewölbe werden die Mauersteine »auskragend« aufeinander zugeschoben und bilden somit eine Treppenform, die sich nach oben hin immer weiter verjüngt. Architekten nennen diese Bauart auch »falsches Gewölbe« oder »Tholos«. Es ist verblüffend: Die teilweise tonnenschweren Blöcke wurden ohne Mörtel in Trockenbauweise einsturzsicher übereinandergeschichtet.

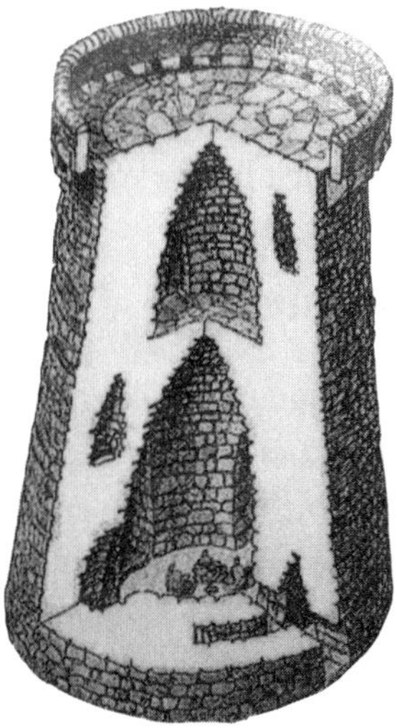

Rekonstruktion eines von ehemals 8000 Nuragehn-Türmen

Wir kennen diese megalithische Baukunst von jungsteinzeitlichen Vorbildern wie der Grabanlage von Newgrange in der irischen Provinz County Meath. Nicht weniger erstaunlich ist, dass die präzise astronomische Ausrichtung vieler Heiligtümer aus grauer Vorzeit stammt.

Das gilt gleichermaßen für die Nuraghen-Bauten. Die Stockwerke verband ein ausgesparter vertikaler Schacht zwischen den Mauern, der als »Akustischer Kanal« bezeichnet wird. Archäologen vermuten, dass sie der Kommunikation zwischen Personen der oberen und unteren Räume dienten. Einleuchtender wäre eine astronomische Bedeutung. Das gilt vor allem in Zusammenhang mit einem zentralen Durchlass im Deckengewölbe. Heute ist er oft mit einer Steinplatte abgedeckt. Die Beleuchtung in der Anlage war insgesamt sehr spärlich. Sie erfolgte mittels natürlichen Sonnenlichts, das durch enge Öffnungen ins Innere gelangte. Je nach Sonnenlauf bündelte sich das Licht zu einem starken Strahl und richtete die Leuchtstärke auf bestimmte Nischen und Steinklötze im Inneren des Gebäudes.

Im Jahr 2002 machten die Archäoastronomen Juan Belmonte und Mauro Zedda eine interessante Entdeckung. Sie überprüften die Eingangsorientierungen von 272 einfachen und 180 komplexen Nuraghen mit ihren zentralen Haupttürmen. Die Studien der Wissenschaftler zeigten, dass die Anlagen auf den Sonnenaufgang zur Wintersonnenwende und auf den Mond an seiner südlichsten aufsteigenden Position orientiert sind. In der gesamten Nuraghen-Geschichte blieb diese geodätische Ausrichtung konstant. Die astronomischen Messungen lassen zudem vermuten, dass bei der Errichtung der Gebäudekomplexe das Doppelsternsystem Alpha Centauri und das Kreuz des Südens als angepeilte Zielorte eine besondere Rolle gespielt haben könnten.

Das Labyrinth des Minotaurus

Das Sternbild der Zentauren ist in der griechischen Mythologie mit Cheiron verknüpft, einem Mischwesen aus Pferd und Mensch. Er ist ein Sohn des Titanen Kronos. Nach seinem Ableben wurde er von Zeus in den Nachthimmel versetzt. Das führt zur Kunde aus antiker Zeit. Der griechische Geschichtsschreiber Diodor von Sizilien berichtet im 1. Jahrhundert v. Chr., dass es auf Sardinien viele große Bauten gäbe, die *daidaleia* genannt würden. Er meinte die Nuraghen-Bollwerke, die einer Legende zufolge der Techniker und Erfinder Daidalos erbaut haben soll, nachdem er das Minotaurus-Labyrinth auf Kreta und einen Apollontempel auf Sizilien vollendet hatte.

In den Mythen wird die schreckliche Kreatur des Minotaurus als Menschenkörper mit Stierkopf beschrieben. Er soll von König Minos' Ehefrau Pasiphae und einem weißen Stier gezeugt worden sein. Erzählt wird, dass das Monstrum, dem alljährlich Knaben und Mädchen geopfert werden mussten, im Zentrum eines unterirdischen Irrgartens auf Kreta gefangen gehalten wurde. Erst dem Athener Prinzen Theseus gelang es, die blutigen Opferungen zu beenden. Ariadne, die Halbschwester des Minotaurus, hatte sich in Theseus verliebt und schenkte ihm ein magisches Wollknäuel des Baumeisters Daidalos. Indem er es vom Eingang her abrollte, gelangte der Held in die Mitte des Labyrinths, tötete das menschenfressende Ungeheuer und konnte mithilfe des Fadens mühelos wieder herausfinden.

Der sagenhafte Irrgang ist kein Märchen. Er liegt nicht, wie Touristeninfos und Lehrbücher behaupten, im Palast von Knossos, sondern 30 Kilometer südwestlich davon auf einem Hügel nahe Goryn. Dort, am Nordrand der Messara-Ebene und südlich des Idagebirges, versteckt sich eine gewaltige künstliche Höhle mit zwei Eingängen und

Seit 1944 eingestürztes Höhlensystem auf Kreta. War es die mythologische Vorlage zum »Labyrinth des Minotaurus«?

verwirrenden Korridoren. In diesem verborgenen Reich mit seinen vielen Säulen und verwinkelten Sackgassen vermuten viele Kreter das wahre »Labyrinth des Minotaurus«. (Siehe Abb. 37 im Farbbildteil)

Die unübersichtliche 2,5 Kilometer lange Anlage ist durchzogen von einem Gewirr an Gängen, die oft nur einen halben Meter hoch sind, manchmal aber auch 6 Meter bis zur Felsdecke reichen. Der Ursprung des Gangsystems ist ungeklärt. Mutmaßlich soll es ein antiker Steinbruch gewesen sein, der zum Bau minoischer Paläste diente. Leider ist die Stätte heute größtenteils zerstört. Im Zweiten Weltkrieg nutzten deutsche Truppen die Höhle als Munitionsdepot. Als die Besatzer 1944 abzogen, sprengten sie Teile des Lagers, wodurch es zum Einsturz des Höhlenlabyrinths kam.

Verbotene Zone, 30 km südwestlich von Heraklion

1961 erschütterte eine heftige Explosion erneut das Innere des Berges. Vier Jugend-

Der Minotaurus, ein mythisches Wesen mit menschlichem Körper und Stierkopf. Wer stand dafür Pate?

liche hantierten mit verbliebenen Munitionsresten und wurden dabei getötet. Nach dem tragischen Vorfall ließ die griechische Armee die Eingänge mit Steinen und Zement versiegeln. Für Einheimische und Touristen ist das Betreten weiterhin streng verboten. Nur für wissenschaftliche Studien werden Ausnahmen gemacht. 1985 unternahmen Höhlenforscher behutsam mehrere Erkundungen. Dabei sind die Gänge neu kartiert worden. Die ursprüngliche Form lässt sich aufgrund der Schäden allerdings nicht mehr exakt eruieren.

Zuletzt hatten Wissenschaftler der Universität Oxford im Jahre 2009 das Areal durchsucht. Knochen des Minotaurus und seiner Opfer zu finden, daran glaubte niemand. Trotzdem machten die Forscher eine überraschende Entdeckung: Am Boden lagen unzählige Fäden aus uralter Zeit. Offenbar wurde das Höhlenlabyrinth als Minotaurus-Kultstätte genutzt, indem Besucher die Legende von Theseus und Ariadne nachspielten. Davon zeugen ebenso Graffitis auf den Felswänden, mittels derer Pilger sich dort verewigten. Die älteste Inschrift reicht zurück bis ins Mittelalter. Als gesichert gilt, dass Griechen und Römer das Gangsystem nutzten. Doch wie alt ist es wirklich? Ist es tatsächlich jener mythische Ort, an dem Daidalos im Auftrag von König Minos das »Labyrinth des Minotaurus« errichten ließ?

Kein Konsens

Von Kreta zurück nach Sardinien. Hat die griechische Mythologie die Nuraghen-Kultur beeinflusst, wie Diodor von Sizilien und andere antike Historiker behaupten? Archäologen der Gegenwart schließen bautechnische »Entwicklungshilfe« aus dem ägäischen Raum aus. Weder die Typologie noch die Chronologie lassen kulturelle Gemeinsamkeiten erkennen, heißt es ablehnend. Gleichzeitig wird nicht bestritten, dass es ab dem 14. Jahrhundert v. Chr. Handelskontakte vor allem zur Mykenischen Kultur gegeben hat.

Zufall oder nicht, analog zu Kreta waren auf Sardinien im Altertum Stierkulte weitverbreitet. Einen Hinweis geben rund 1500 Bronzestatuetten, die aus dem 9. Jahrhundert v. Chr. oder früherer Zeit stammen. Manche sind nur wenige Zentimeter groß, andere bis zu 40 Zentimeter hoch. Sie wurden in Gräbern, Brunnen und Siedlungen der Nuraghen-Kultur ausgegraben. Die Archäologie bezeichnet die Relikte unbestimmt als »Votivgaben« und »sakrale Gegenstände«. Manche Figuren stellen Stiere und Mischwesen dar. Eine Bronzestatue sticht besonders hervor: Der »Dämon von Teti«, heute ausgestellt im Archäologischen Nationalmuseum in der Regionalhauptstadt Cagliari. Die Gestalt hat vier Augen, vier Hände und zwei lange Hörner, die aus dem Kopf ragen. Ein weiteres Unikat ist der »Stiermensch von Nule« aus dem 8. Jahrhundert v. Chr. Die

Bronzefigur »Der Dämon von Teti« mit vier Armen und vier Augen

18,5 Zentimeter lange Bronzefigur hat einen pferdeähnlichen Körper, aus dem vorn ein Mensch mit erhobenen Armen und einem gehörnten Kopf herauswächst. Wer stand einst für diesen Nuraghen-Minotaurus-Zentauren Pate?

Wenn die alten Griechen nicht die Ideengeber der Nuraghen-Heiligtümer waren – wer dann? Ein fremdes kämpferisches Hirtenvolk? Phönizier, Karthager und andere eingewanderte Seevölker? Kulturelle Einflüsse gab es, aber was war davor? Hatte sich das sardische Inselvolk eigenständig aus seiner Kultur weiterentwickelt? Der Ursprung der Nuragher ist bis heute ungeklärt. Übrig blieben nur die bizarr anmutenden Steintürme mit unbestimmter Funktion.

Die Ungewissheit beflügelt bis heute die Fantasie. Im 18. Jahrhundert suchten Gelehrte nach einer Erklärung in der Volksetymologie, indem versucht wurde, die Herkunft unverstandener sardischer Begriffe mit lokalen Sagen in Beziehung zu setzen. Nuraghen-Türme bekamen von der Bevölkerung den Namen *domus de orcos*. Daraus wurde abgeleitet, es könnten »Häuser der Riesen«, »Wohnungen der Giganten« oder »Behausungen menschenfressender Orgos« gewesen sein. Vertreter der Kirche erklärten die Nuraghen zu »Werken aus der Zeit vor der Sintflut«. Die Verwirrung war perfekt.

Erst im 19. Jahrhundert wurden die sardischen Ruinen wissenschaftlich studiert, beschrieben, gezeichnet und fotografisch festgehalten. Seither wurden die Nuraghen unterschiedlich gedeutet. Ihre astronomische Verbindung zu Sonnenläufen und Sternkonstellationen wurde bereits erläutert. Damit im Zusammenhang steht noch eine andere These: Die Nuraghen könnten Kultstätten der großen Erdmutter gewesen sein. Ihre Baustruktur würde demnach eine Gebärmutter symbolisieren, die nur eine zum Sonnenlicht ausgerichtete kleine Öffnung hat. Gemäß dieser Interpretation wäre ein gebündelter Lichtstrahl, der durch die Gebäudedecke ins Nuraghen-Innere fällt, gleichzusetzen mit der männlichen Zeugungskraft.

Andere Autoren erklären Nuraghen zu »Türmen der Stille«, in denen man die Leichen verstorbener Angehöriger verwesen ließ, bevor ihnen das endgültige Begräbnis zuteil wurde. Noch mehr kreative Lösungsangebote für die Bestimmung der runden Monumente: Herrscherresidenzen, Versammlungssäle, Orakeltempel, Hochöfen oder Gebäude für die Feuerverehrung, Statussymbole der Nuraghen-Völker, befestigte Getreidespeicher oder Initiationsorte. Besonders abstrus mutet die These der »Schlaftürme« an. Ihr zufolge flüchteten die Nuragher vor stechwütigen Mückenschwärmen. Hirten zogen sich rettend in die Rundgebäude zurück, wo sie ungestört ihr Power-Nickerchen halten konnten.

Nach wie vor fragt man sich, wozu diese eigenwilligen Steintürme wirklich gedient haben. Eine Mehrheit unter den Fachgelehrten der klassischen Archäologie bevorzugt inzwischen eine ganz banale Erklärung. Hier geht man davon aus, dass es solide Wehranlagen mit Wachtürmen waren. Eine Annahme, der man da und dort folgen kann, denn etliche Nuraghen befinden sich an strategisch bedeutsamen Plätzen, etwa auf einer Anhöhe. Doch weshalb nicht alle? Ein strategischer Nutzen zur Verteidigung ist vielerorts nicht erkennbar. Und wie lassen sich andere Komponenten, etwa die Funde religiöser Artefakte oder die astronomische Ausrichtung der Anlagen, mit der »Wehrturm-These« in Einklang bringen? Endgültige Antworten gibt es noch nicht. Wie wäre es mit einer Kombination verschiedener Funktionen? Warum sollte ein antikes Observatorium nicht gleichzeitig auch ein militärisch nutzbarer sowie ein heiliger Ort für die Ahnen gewesen sein?

Brunnenheiligtümer und Gigantengräber

Die Mysterien wachsen, je tiefer wir in der Vorgeschichte Sardiniens vorstoßen. Brunnenheiligtümer der Bronzezeit, die in der Übergangsphase der Bonnanaro-Kultur (2200–1600 v. Chr.) zur Nuraghen-Epoche entstanden sind, gehören dazu. Architektonisch ähneln sie den rätselhaften Steintürmen. Mit dem Unterschied, dass sie 180 Grad auf den Kopf gestellt unterirdisch gebaut sind. Rund sechzig dieser Brunnentempel wurden bisher ausgegraben, Sie liegen in geografischer Nähe zu den Nuraghen-Bastionen und Quellen, die als heilig galten.

Die bedeutendste Kultstätte liegt wenige Kilometer südlich des Dorfes Paulilatino in der westlichen Provinz Oristano. Santa Christina heißt der Kraftplatz. Er ist benannt nach einer nahe gelegenen Kirche aus dem 12. Jahrhundert. Sie besteht zum Teil aus antiken Steinquadern, die ursprünglich Bestandteile des alten Brunnenheiligtums waren.

Bis 1953 wusste man wenig von dem Wassertempel, danach begannen erste Ausgrabungen, die bis 2010 fortgesetzt wurden. Der heilige Platz wird von einer niedrigen Außenmauer mit Vorraum zum Brunnen markiert. Dahinter öffnet sich auf Bodenniveau ein dreieckiger Zugang. Man kann ihn als Schoß der Erdgöttin deuten. Über 25 sich verjüngende Stufen gelangt man hinab in die Tiefe zu einem runden Wasserbecken mit einem Durchmesser von etwa 2,5 Metern. Wände und Decke wurden als konzentrisch gemauerte Steinringe zu einem Kraggewölbe geformt, so wie man es von der Bauweise der Nuraghen-Türme her kennt. Die Wände des Untergrund-Bauwerks sind perfekt bearbeitet. Man

Blick ins Brunnenheiligtum von Santa Cristina

Der Eingang zum Brunnenheiligtum

könnte annehmen, die Konstruktion stamme aus der Blütezeit der Römer oder sei ein Bauwerk aus dem Mittelalter.

Das Besondere daran: Der unterirdische Raum ist 7 Meter hoch und besitzt an seiner Spitze eine 27 Zentimeter große Öffnung ins Freie. Prof. Dr. Arnold Lebeuf, Dozent am Institut für Religionsgeschichte der Krakauer Jagiellonen-Universität, hat im Zuge seiner vermessungstechnischen Studien etwas Interessantes herausgefunden: Durch das Loch in der Kuppelmitte fällt alle 18 Jahre und 6 Monate das Licht des Vollmondes und erleuchtet das Innere des Heiligtums. Außerdem fällt immer genau zur jährlichen Tag- und-Nachtgleiche im Frühling und im Herbst das Licht der Sonne präzise auf das Wasserbecken. Verblasste Erinnerungen an einen Sonnen- und Mondkult?

Was die wahre Funktion dieser Anlage war, ist nicht bekannt. Spekuliert wird darüber, dass »Santa Christina« einem Fruchtbarkeitsritus diente und der »Mutter Erde« geweiht war. Das ist durchaus möglich, aber dahinter darf ein noch weit größerer und fortschrittlicherer Wissensschatz angenommen werden. Um ihn anzuzapfen und zu durchschauen, müsste man ein eingeweihter Priester der Prä-Nuragher gewesen sein. Eines aber wird beim Blick in die Vergangenheit immer klarer: Die Nuragher und ihre Vorgänger, die als einfache Hirtenvölker und erste Siedler Sardiniens beschrieben werden, waren meisterhaft geschickte Steinmetze und geniale Bauingenieure. Darüber hinaus waren sie ebenso mit den komplexen Gesetzen der Astronomie vertraut. Die Verbundenheit mit den Sternen muss in der Religion der sardischen Urvölker eine ganz entscheidende Rolle gespielt haben. Woher aber kam dieses profunde Wissen?

Die Gigantengräber *tumbas de sos zigantes* lassen ebenfalls einen Bezug zum Weltall erkennen. Genannt werden sie deshalb so, weil sardische Volkslegenden von Riesen berichten, welche die Nuraghen-Anlagen gebaut haben und selbst in den Gräbern mit den gewaltigen Ausmaßen begraben liegen sollen. Dass übermenschliche Titanen auf Sardinien weilten, davon erzählen ebenso antike Schriftsteller in ihren Heldensagen. Einer wird in der griechischen Mythologie Iolaos genannt, der als treuer Freund seinem Onkel Herakles (lateinisch: Herkules) zur Seite stand. Über Thespiai und Athen soll er gemeinsam mit anderen Heroen Einwanderer auf die Insel geführt haben. Diese Helden sollen nach ihrem Tode scheinbar schlafend in ihren Gräbern gelegen haben, ohne zu verwesen. Und das stimmt, denn die Prä-Nuragher haben ihre Toten tatsächlich in den Gigantengräbern bestattet, was Skelettfunde belegen. Allerdings waren diese mit einer durchschnittlichen Körpergröße von 1,55 Meter nicht gerade Hünen.

Das typische Merkmal der Gigantengräber ist ihre halbrunde Frontalseite. Sie kann bis zu 28 Meter Spannweite betragen und besteht aus in einer Reihe angeordneten Steinblöcken. In der Mitte ragt eine erhöhte halbspitzbogige und bis zu 4 Meter hohe Felsplatte empor, die sogenannte »gebogene Stele«. An ihrem Fuß befindet sich eine kleine Öffnung. Sie ist der Zugang zu einem meist 10–15 Meter langen Korridor, der zu den Überresten der Verstorbenen führt. Die Bauform und die Dimensionen sind in der Architektur einzigartig. Einige Hundert dieser Gräber wurden bislang entdeckt und restauriert, viele liegen wohl noch unter der sardischen Erde verborgen, andere sind längst zerstört. Die imposantesten Kultbauten können besichtigt werden, darunter die Monumente von Li Lolghi, Su Monte de s'Ape und Coddu Vecchiu – alle in der Provinz Sassari – sowie Osono in der Provinz Nuoro.

Außerordentlich ist nicht nur die Gestaltung der Gräber, sondern auch, was daraus abgeleitet werden kann. Ihre Konstruktion verbindet als harmonisches Doppel männliche und weibliche Prinzipien. Betrachtet man die Monumente aus der »Vogelperspektive«, entspricht der Grundriss dem lateinischen Buchstaben »T« oder einem stilisierten Stierkopf mit Hörnern. Gleichzeitig erkennt man die schematische Wiedergabe einer Gebärmutter oder einer Gebärenden. Es sind entsprechende Effekte, die wir auch in den Nuraghen und Wassertempeln feststellen.

Zum Sternbild Stier ausgerichtet:
Gigantengrab auf Sardinien

Interessant ist die astrologische Korrelation zu den Stierkulten: Etwa alle 2160 Jahre durchwandert der Frühlingspunkt ein neues Ekliptiksternbild. Derzeit befinden wir uns in der Übergangsphase ins »goldene« Wassermannzeitalter. Zu Zeiten der Prä-Nuragher, während der Ozieri-Kultur, lebten die Menschen in Mittel- und Südosteuropa im Zeitalter von Taurus, dem Stier. Das war in etwa die Zeitstellung von 4300 v. Chr. bis 2150 v. Chr. Das Beste dazu haben wiederum Archäoastronomen herausgefunden: Die meisten Gigantengräber sind nach dem Sternbild Stier ausgerichtet, genauer gesagt nach seinem orangeroten Hauptstern Aldebaran!

Die Nekropole von Anghelu Ruju

Gigantengräber sind das bekannteste, aber nicht das einzige Vermächtnis eines vergessenen Astro-Stierkultes. Auf Sardinien sind unterirdische Nekropolen geradezu übersät mit Stierdarstellungen. Besonders häufig kommen sie vor im Ausdruck schematischer Stierköpfe oder als »schiffförmige« Hörner über dem Eingang von Fels- und Grubenanlagen. Kleine Gräber, die nur aus einer oder wenigen Kammern bestehen, werden wegen ihres Aussehens im Volksmund als »Backöfen« bezeichnet, sardisch *fórrus* oder *fórreddus.*

Der Reiseschriftsteller Rainer Pauli ergänzt dazu:

> »Diese ›Löcher‹, in die nur ein enger Schacht hinabführt, entsprechen genau der östlichen Gedankenwelt, nach der man die Toten vor allen Ruhestörungen tief im Schoß der Erdmutter zu verbergen suchte. Wesentlich häufiger und ›ansehnlicher‹ sind jedoch Gräber, die waagerecht in die sich überall anbietenden Felsflächen vorgetrieben wurden und weithin sichtbare Nekropolen bilden, sodass den vorgeschichtlichen Menschen ihre Ahnen stets gegenwärtig erscheinen mussten. Manche Anlagen, die in ihrer Monumentalität den Eindruck von Mausoleen oder Totentempeln erwecken, geben daher klare Hinweise auf einen stark entwickelten Ahnenkult, wie er auch an den Gemeinschaftsgräbern der westlichen Megalithkulturen üblich war.«

Die architektonische Anordnung dieser Gräber weist einen langen Zugangskorridor und eine Eingangshalle auf, um die sich »strahlenförmig« zahlreiche Nebenkammern angliedern. Gleich den Gigantengräbern entspricht der Grundriss wiederum dem Buchstaben »T« beziehungsweise einem Stierkopf oder einer Gebärmutter. Letzteres könnte erklären, warum etliche weibliche Idole als Grabbeigaben hinterlassen worden sind. Mit ihren abstrakten geometrischen Formen wirken sie bemerkenswert »modern«. Der charakteristische Stil gleicht Funden auf Kreta sowie den Kykladen und kann ohne frühe Kulturkontakte zwischen den Inselreichen nicht erklärt werden.

Die ältesten Gräber werden der jungsteinzeitlichen Ozieri-Kultur zugerechnet. Die in dieser Zeit lebenden Menschen gelten auch als die Erbauer von Dolmen und Steinkreisen. Um 4200 v. Chr. tauchten sie in Sardinien auf, aber ihr Ursprung verliert sich im Dunkel der Geschichte. Viele ihrer Gräber wurden bereits in der Antike geplündert, doch einige blieben glücklicherweise unversehrt. Sicher ist, dass die Totenstädte jahrtausendelang von verschiedenen Völkern als Begräbnisstätte genutzt beziehungsweise wiederverwendet wurden.

Hypogäische Nekropole von Anghelu Ruju

Das geschah zu einer Zeit, die lange vor dem offiziellen ersten Auftauchen der Nuraghen-Kultur lag.

Die unterirdischen Kammern dieser Gräber sind wie kleine Wohneinheiten angelegt und werden in Legenden als *Domus de Janas* bezeichnet. Der sardische Volksglaube erzählt, es seien im Boden versenkte Behausungen von Hexen, Feen und Kobolden gewesen. Das erinnert an das im ersten Buchteil beschriebene Phänomen der künstlich geschaffenen Erdställe, die im alten voralpinen Sagenschatz als Wohnungen der »Schrazeln« und »Erdweiblein« angesehen wurden.

Auf Sardinien wurden bisher Tausende dieser Höhlengräber entdeckt, besonders konzentriert in der nordwestlichen Provinz Sassari.

Rückblende: Kurz vor dem Corona-Spuk zieht es mich mit Lebensgefährtin Elvira an die malerische Westküste nach Alghero. Es ist eine katalanische Stadt, in der ein Viertel der Bevölkerung den alten katalanisch-spanischen Dialekt »Algherese« spricht. Darauf verweisen auch die Straßenschilder, die in katalanischer und italienischer Sprache beschriftet sind.

Hier, im bezaubernden Küstenstädtchen, beziehen wir Quartier und planen unsere Touren zu prähistorischen Inselheiligtümern. Ein Ausflug führt uns nach Anghelu Ruju, etwa 10 Kilometer nördlich von Alghero nahe dem Flüsschen Rio Filibertu. Dort, im flachen Hinterland, liegt fern von jedem Massentourismus unscheinbar eine der größten und wichtigsten Totenstätten im Mittelmeerraum. Am Zielort angekommen, freuen wir uns: Wir haben die »Feenhäuser« für uns allein. Die verborgene Nekropole wurde 1903 zufällig während Grubenarbeiten zur Gewinnung von Baumaterial entdeckt. In den Zellen fanden sich die Überreste von Dutzenden Toten aus der sardischen Urzeit, darunter auch Kinder. (Siehe Abb. 33 im Farbbildteil)

Muttergöttin der jungsteinzeitlichen Ozieri-Kultur

Anhand von Schautafeln wird anschaulich erklärt, dass sich auf dem Gelände 39 künstliche Grabhöhlen befinden. Wir nutzen die günstige Gelegenheit und schlüpfen in die unterirdischen Stollen und Kammern. Was wir zu Gesicht bekommen, hat uns überrascht: Stufen, Säulen, Rahmen, Bettnischen und geometrische Wandreliefs in der Gestalt von Stierhörnern und konzentrischen Kreisen. Teilweise sind die Kammern rot ausgemalt. Es ist die Farbe des Stieres, des Blutes, des Lebens und der Wiedergeburt. Wer sich in den Hohlräumen bewegt, stellt fest, dass die Gräber tatsächlich aus kleinen Wohneinheiten und heimeligen Details bestehen. Offenbar hat man Elemente aus den Häusern der Lebenden im Unterirdischen nachempfunden. Wüsste man es nicht genau, könnte man glauben, hier habe vor Kurzem noch jemand gehaust. In manchen Kammern sind runde Mulden im Boden eingelassen. Vielleicht, so die Vermutung archäologischer Befunde, waren es »Opferstellen für die Toten«. Aufgefundene Speisereste lassen auf ein Totenmahl schließen oder auf »Proviant« für den Verstorbenen bei seiner Jenseitsreise. Ein Totenkult, der an den Wiedergeburtsglauben der alten Ägypter erinnert.

Was dazu passt, ist eine Besonderheit, die ich vor allem aus Gräbern der Pharaonen und Etrusker kenne: An den Wänden finden sich – analog zu den Nekropolen von Santu Pedru, Tanca Bullittas und Tanca Calvia – eingemeißelte rechteckige Umrisse, die einen Durchgang symbolisieren. Es sind »Scheintüren«, die als Eingang zum Jenseits interpretiert werden. In der gesamten Geschichte der Pharaonendynastien galten diese Türen als Erscheinungsorte für Verstorbene und Götter. Der altägyptischen Religion zufolge konnte die Seele des Toten, durch eine »Scheintür« wiedergeboren, ins Diesseits zurückkehren. Entstand dieser vorgeschichtliche Totenkult eigenständig oder gab es eine kulturell-religiöse Beeinflussung? Wer hat wen und wann durch welche Triebfeder inspiriert? Und überhaupt: Wer waren die Toten von Alghero Ruju?

Der Archäologe Giovanni M. Demartis erwähnt die »stark gelängten Köpfe« des hier begrabenen Menschentyps. Zu den anthropologischen Daten heißt es weiter:

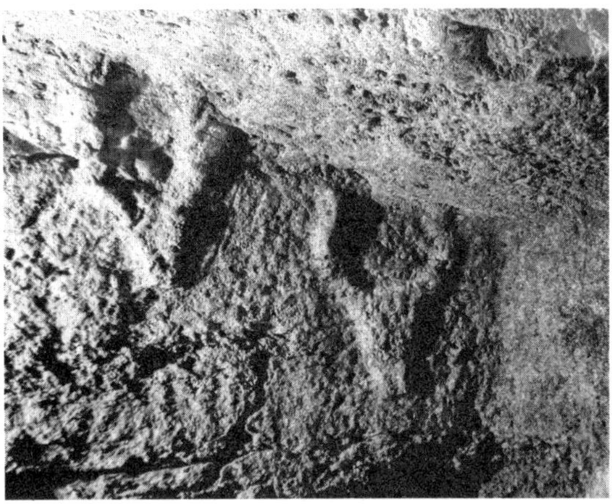

Stiersymbolik in den Felsengräbern Sardiniens

> »Die Verstreuung der menschlichen Reste, vor allem der Köpfe, hat dazu geführt, dass man kaum etwas über die physischen Charakteristika der die Nekropole nutzenden Personen aussagen kann. Die Schädel aus zehn Gräbern, die 1904 in der ersten Grabungskampagne erforscht wurden, sind ohne exakte Herkunftsangabe.«

Man würde annehmen, dass die Ruhestätten der Verstorbenen in der Nähe jener Dörfer gelegen haben, wo die Lebenden siedelten. Merkwürdigerweise fand sich in nächster Umgebung bisher keine Spur davon. Sind ehemals bestehende Niederlassungen längst zerstört oder noch nicht entdeckt worden? Oder waren es am Ende die Gräber fremder, eingewanderter Völker?

Der Altarberg Monte d'Accoddi

Könnten die Ureinwohner Sardiniens aus dem mesopotamisch-anatolischen Raum eingewandert sein und kulturellen sowie religiösen Einfluss genommen haben? Ein megalithischer Sakralbau stützt diese These. In Fachkreisen ist das Bauwerk als »Pyramide von Monte d'Accoddi« bekannt. Die Herkunft des Namens ist ungeklärt, aber der sardische Ausdruck *Monte de Code* für »Berg aus Stein« kann als Wink verstanden werden.

Monte d'Accoddi liegt abseits bekannter Touristenpfade, 10 Kilometer nördlich von Sassari, mitten im urtümlichen Gelände, eingebettet im Industriegebiet zwischen der ehemaligen Bundesstraße SS131 und der neuen E25.

Seine spektakuläre Entdeckung verdanken wir dem 2018 verstorbenen Architekten und Altertumsforscher Ercole Contu. Im Jahre 1952 erhielt er den Auftrag, einen offensichtlich künstlich angelegten Schutthügel zwischen der Provinzhauptstadt Sassari und dem Küstenort Porto Torres genauer zu untersuchen. Als der Wissenschaftler zu graben begann, vermutete er unter dem dicht bewachsenen meterhohen Steinberg einen weiteren trotzigen Rundturm der bronze-

Rekonstruktion des Terrassenaltars Monte d'Accoddi

zeitlichen Nuraghen-Kultur. Doch nach mühsamer Freilegung kam völlig unerwartet ein weitaus älteres Bauwerk ans Licht. Ein bis dahin unbekanntes Kapitel der sardischen Vorgeschichte wurde offenbart: die Entdeckung einer pyramidenförmigen Altarterrasse aus der Jungsteinzeit! Auf der Südseite führt eine 42 Meter lange Rampe hinauf zur obersten Ebene. Am Fuß misst sie 7 Meter und verbreitert sich ansteigend auf das doppelte Maß von 14 Metern.

In der ursprünglichen Form maß dieses Monument 27 mal 27 Meter und war bis zur Plattform knapp 5 Meter hoch. An seiner Spitze thronte ein rechteckiges Altargebäude, etwa 13 Meter lang und 7 Meter breit. Es wird als »Roter Tempel« bezeichnet, da rot bemalte Steinreste seiner Umfassung noch erhalten sind. Aufgrund der ungewöhnlichen Formen und Maße wird diese Kultstätte mit einer babylonischen Zikkurrat verglichen.

Die archäologische Untersuchung mit der C14-Methode ergab, dass die Errichtung der Pyramide von Monte d'Accoddi vor mehr als 5000 Jahren begann. Es gab mindestens zwei Bauphasen, denn der Altarberg wurde mehrmals aufgegeben, fiel Brand und Zerstörung zum Opfer. Die rechteckige Pyramidenbasis misst etwa 38 mal 30 Meter

5000 Jahre alt: Stufenpyramide von Accoddi auf Sardinien

mit einer Höhe von circa 10 Metern. Das stufenförmige Mauerwerk besteht aus grob behauenen Kalksteinblöcken und Füllmaterial aus Erde und Schotter.

Rund um die Pyramide gibt es Merkwürdigkeiten im Gelände. Dazu gehört ein 80 Zentimeter hoher Steinblock. Er zeigt reliefartig bearbeitet ein »anthropomorphes« schwer deutbares Wunderwesen mit einem großen runden Kopf. Die Fachwelt begnügt sich mit der lapidaren Bezeichnung »dargestellter Frauenkopf«. Ich habe Mühe mit dieser Interpretation.

Und was hat es mit einer metergroßen eiförmigen Steinkugel an der Ostseite der aufsteigenden Pyramidenrampe auf sich? Sie wiegt eine Tonne und hat einen Umfang von circa 1,5 Metern. Gleich daneben liegt ihr kleiner Trabant mit einem Durchmesser von 60 Zentimetern. Die »Steineier« haben Ähnlichkeit mit einem Omphalos. Gemeint sind kultische Rundsteine, die vor allem im hellenistischen Griechenland bis in historische Zeiten verehrt wurden. Am bekanntesten ist der als »Nabel der Welt« bezeichnete Orakelstein im Allerheiligsten des Apollontempels in Delphi. Er soll ein Kanal der überirdischen und göttlichen Kommunikation gewesen sein.

Genauso rätselhaft wie die eiförmigen Steine ist der Zweck zweier dolmenartiger Steintische – der eine wiegt 3, der andere 8 Tonnen. Offiziell werden sie als »Altartische für Opfergaben« interpretiert. Das wäre möglich. Ich würde auch eine Grabplatte nicht ausschließen. Oder hatte die größere Tafel eine gänzlich andere Aufgabe, von der wir Menschen der Jetztzeit keinen blassen Schimmer mehr haben?

Jedenfalls besitzt das Ding Bearbeitungsspuren, wie ich sie bisher auf keinem megalithischen Denkmal gesehen habe: faustgroße Öffnungen an den Rändern und Seiten der Platte, die Henkel bilden. Waren es Haltegriffe für den Transport? Oder dienten die Löcher zum

Fixieren von Tieren, die als göttliche Opfergaben auf dem Steintisch festgebunden wurden? Für Menschenopfer wie bei den Azteken, um die Götter gnädig zu stimmen, gibt es auf Sardinien keine Belege. Wiewohl ein Opferkult mit Tieren blutig genug wäre. In diesem Sinne könnten die Mündungen auf der Platte ebenso gut als Abflussöffnung für Blut und andere flüssige Substanzen gedient haben. Gefäße für Trankopfer sind in der Jungsteinzeit belegt, bevorzugt im östlichen Mittelmeerraum und in Mesopotamien. Es gibt *sieben* große Löcher auf der Platte, die auch auf einen astronomischen Aspekt hinweisen könnten. Sind es womöglich stilisierte Abbilder des Siebengestirns, besser bekannt als Plejaden im – richtig! – Sternbild des Stiers?

Interessant wäre zu erfahren, ob der Monte d'Accoddi ein verborgenes Innenleben besitzt. Man weiß es nicht, denn gezielt danach gesucht wurde noch nicht. Ein Hinweis findet sich im Bereich der Pyramidenstufen. Dort führt eine kleine Steintreppe hinauf zur letzten Ebene. Oben angekommen, ist jeder Besucher vom Panoramablick überwältigt. Was allerdings kaum bekannt ist: An der nordwestlichen Ecke der Pyramidenplattform ist ein kleiner Bereich ausgehöhlt. Hier machten Archäologen eine ungeahnte Entdeckung: Sie fanden das Skelett eines Kindes im Totengewand. Die Analysen ergaben, dass es um 2000 v. Chr. an eben dieser Stelle beerdigt wurde. Warum, das bleibt ein ewiges Geheimnis, genauso wie die Identität des Kindes. Es gibt noch einen anderen Fingerzeig zu unterirdischen Mysterien: Im Umfeld

»Anthropomorphe Stele«, die unter dem Schuttberg der Pyramide entdeckt wurde. Wen oder was stellt sie dar?

des Altarberges wurden Felsengräber lokalisiert. Ihr Grundriss zeigt den typischen T-förmigen Aufbau wie bei den Gigantengräbern und der Anlage in Anghelu Ruju. Und: Es sind genau *sieben* Felsengräber!

Die Stiersymbolik begegnet uns auch auf der westlichen Seite der Pyramide. Hier erblicken wir einen mächtigen phallusartigen Monolith aus weißem Kalkstein. Er hat eine beachtliche Höhe von 4,5 Metern und wiegt 6 Tonnen. Auf dem Gelände wurden noch zwei weitere Menhire entdeckt, ein weißer und ein rötlicher. Ihre Bestimmung ist ungeklärt. Aus der Mythologie vieler Kulturen wissen wir aber, dass der Stier als männliche Gottheit die »Große Mutter« befruchtet und damit den Naturkreislauf aufrechterhält. Ein pfeilerartiger »phallischer« Menhir gilt in vielen »heidnischen« Religionen als verschlüsselte Form des Stiersymbols. Beispiele dafür finden wir in den Mythen der Assyrer, Ägypter und Minoer, wo der Zusammenhang zwischen Pfeiler- und Stierkult unverkennbar ist. Die Ozieri-Leute indes, die auch als Erbauer der Pyramide gelten, waren ihrer Zeit voraus, denn sie schufen mit ihren Kultbauten stets einen gerechten Ausgleich zwischen männlichem und weiblichem Prinzip.

Aus dem Unterirdischen zum Überirdischen

Wenn man sich gleich einem Himmelsstier in die Lüfte begibt, zeigt sich ein altbekanntes Phänomen: Von oben betrachtet sieht der terrassenförmige Altarberg mit seiner langen Rampe wie eine Geoglyphe des Buchstabens »T« aus. Es ist erneut der gleiche Grundriss, den viele Felsengräber der Ozieri-Kultur und spätere Erbauer der Gigantengräber aufweisen. Denkt man sich an den nördlichen Außenkanten der Pyramide in der Verlängerung noch zwei geschwungene Linien, ergibt das im vereinfachten Schema schon wieder einen Stierkopf mit Hörnern. Es sieht so aus, als wäre diese Grundform von den Nachfolgerkulturen der Ozieri, den Bonnanaro und Nuraghern, ab 2200 v. Chr. bei der Errichtung ihrer einzigartigen Grabstätten vervollständigt worden! Was für ein Zufall! Nein, das überzeugt nicht. Meine Hypothese lautet: Der Monte d'Accoddi diente vor 5000 Jahren als Inspiration und war die Vorform späterer nuraghischer Kultbauten.

Angenommen, es stimmt, dann erklärt es aber nicht, weshalb die Ureinwohner Sardiniens ihren Altarberg genau an der Stelle errichtet haben, wo sich der eigentliche Berg erhebt. Lag dem Bau der Pyramide eine religiöse Vorstellung zugrunde, wie wir sie aus vielen Zeugnissen alter Kulturen kennen? Dann war der Stufenberg eine Treppe, die Himmel und Erde vereinte, ein heiliger Ort, wo in grauer Vorzeit eine Göttlichkeit zu den Menschen herabstieg. Die Altarpyramide als »Treffpunkt« zwischen Menschen und Sternengöttern? Nur symbolisch oder im Sinne der Paläo-SETI-Hypothese leibhaftig als außerirdische Lehrmeister, die in den Mythen der Welt missverständlich zu Göttern erklärt wurden? Es gibt keinen stichhaltigen Beweis für diese These, wonach der Entstehung des Monte d'Accoddi eine unheimliche Begegnung der dritten Art vorausgegangen wäre. Ein Blick hinauf zu den Sternen lohnt dennoch.

Ein Team von Archäoastronomen unter der Leitung von Prof. Dr. Giulio Magli, Physiker und Mathematiker an der Polytechnischen Universität Mailand, untersuchte den Terrassenaltar. Bei ihren Messungen stellten die Wissenschaftler fest, dass die Positionierung und Ausrichtung der Anlage nach gut beobachteten Erscheinungen am Firmament und genauen himmlischen Abläufen vorgenommen wurden. Die Pyramide ist exakt nach den Himmelsrichtungen orientiert, wobei die Zugangsrampe gen Süden weist. Davon wusste man bereits vor der Studie. Doch die komplexen topografischen Zusammenhänge, etwa zum großen Monolithen auf der südwestlichen Rampenseite, überraschten die Forscher. Blickt man von der Spitze der Pyramide in seine Richtung, lässt sich die Konjunktion (astronomisch die scheinbare Berührung beziehungsweise Bedeckung verschiedener Himmelskörper) von Sonne, Mond und Venus ideal beobachten. Ebenso sind am östlichen Horizont Beobachtungslinien zu dem weißen und dem roten Menhir gezogen worden, die Sonnenaufgang, Wintersonnenwende, Aufstieg von Sirius und andere astronomische Konstellationen anpeilen. Für die Forscher beruhen diese Übereinstimmungen nicht auf natürlichen Zufällen, sondern müssen bereits *vor* dem Bau der Pyramide geplant gewesen sein. Diese und weitere Ergebnisse zur »Topografischen und astronomischen Analyse des neolithischen Altars vom Monte d'Accoddi auf Sardinien« sind 2009 im renommierten *Mediterranean Archaeology & Archaeometry Magazine* (MAA, Vol., No 2, pp. 61-69) veröffentlicht worden.

Die zentrale Schlüsselfrage bleibt unbeantwortet: Was hat eine babylonische Pyramide auf Sardinien zu suchen? Liegen unterhalb des Altarberges noch weitere verborgene Geheimnisse versteckt, die Archäologen aufspüren können? Welchen Zusammenhang gibt es zu den sieben unterirdischen Grabanlagen nahe des Monte d'Accoddi? Archäologen haben darauf noch keine plausible Antwort gefunden.

Skeptiker werden einwerfen, Pyramidenbauten seien ein globales Phänomen, nichts Mysteriöses. Schließlich haben überall auf der Welt frühe Kulturen »Stufen zum Kosmos« errichtet, um den Göttern näher zu sein. Pyramidenförmige Bauwerke finden sich auf Sizilien und den Kanarischen Inseln genauso wie in Ägypten oder Mittelamerika. Selbst in meinem Heimatland Österreich, in Oberneustift im mystischen Waldviertel, steht eine vierstufige Rundpyramide unbekannten Alters. Sie wurde mit Steinblöcken errichtet und ragt sieben Meter in den Himmel empor. Das stimmt alles. Aber das ändert nichts an der Einmaligkeit des Monte d'Accoddi. Die Stufenpyramide ist in ganz Alteuropa der einzige und älteste Terrassenaltar im Baustil altbabylonischer Zikkurats! (Siehe Abb. 32 im Farbbildteil)

Die »Traumfrau« aus dem Hypogäum von Hal-Saflieni

Maltas einzigartige Totenstadt

Zwischen Sizilien und Tunesien liegen die Mittelmeerinseln Malta und Gozo. Es sind die Hauptinseln der Republik Malta, die vor Jahrtausenden ein Zentrum der mediterranen Megalithkultur war.

Ein Mysterium sticht nahe Hal-Saflieni und der Tempelanlage Tarxien besonders hervor: das einzigartige Hypogäum. Es ist ein von Menschenhand fein säuberlich aus dem Kalkstein herausgearbeitetes Höhlensystem, das als Katakombe und Kultstätte genutzt wurde. Kaum zu glauben, dass eine solche Genauigkeit nur mit primitiven Werkzeugen aus Feuerstein, Knochen und Felsgestein gelang. Das genaue Alter und die Bestimmung der Anlage sind bis heute ein Rätsel. Funde von Menschenknochen und Grabbeigaben lassen sich bis auf

Das Hypogäum von Hal-Saflieni auf Malta

die Zebbieh-Phase zurückdatieren, sodass angenommen wird, dass dieses unterirdische Labyrinth bereits 4000 v. Chr. als Begräbnisstätte genutzt wurde.

Als Arbeiter die Anlage 1899 zufällig entdeckten, wurde sie zunächst bewusst verschwiegen. Man befürchtete, dass durch archäologische Untersuchungen die weiteren Bauvorhaben behindert würden. Erst nach Abschluss des Bauprojekts konnten Archäologen Anfang des 19. Jahrhunderts mit der Erforschung beginnen. Verhängnisvoll, denn zu diesem Zeitpunkt war ein beachtlicher Teil des Hypogäums bereits unwiederbringlich zerstört worden und ging für die Wissenschaft verloren.

Während der 6 Jahre andauernden Ausgrabungskampagne gelangen dem maltesischen Archäologen Themistocles Żammit (1864–1935) und seinem Team dennoch aufsehenerregende Funde. Die spektakulärste Entdeckung waren die vollständig erhaltenen Skelette und Knochen von 7000 Menschen. Erstaunlich: Es sind vorwiegend die Überreste von Frauen aus unterschiedlichen Generationen. Noch erstaunlicher: Einige Schädel der Verstorbenen weisen eine künstlich erzeugte Anomalie auf, die man auch im alten Ägypten, bei den Ureinwohnern Südamerikas und bei den Steppenreitern Zentralasiens praktizierte: Sie wurden zu Lebzeiten künstlich deformiert und dabei in die Länge gezogen!

Das Autorenduo Hans Zaglitsch und Linda O'Bryan fragt zu Recht:

> »Warum gingen die megalithischen Menschen diesen mühsamen Weg, ihre Toten im Hypogäum zu bestatten, anstatt die unzähligen leichter zugänglichen Kalksteinhöhlen dafür zu verwenden? Und warum begruben sie ihre Toten nicht in der Nähe einer Tempelanlage, wie es in Skorba und Tarxien gebräuchlich war? Dort wurden im Umfeld der Tempel Grabtumben und Grabbeigaben gefunden. Dieser Umstand rechtfertigt die Schlussfolgerung, dass die Begräbnisrituale eine herausragende Rolle im Weltbild der megalithischen Menschen spielten.«

Garantiert! Aber welche? Eine These behauptet, dass das Hypogäum ein von Priesterinnen geleitetes Orakelzentrum war, wo die Toten ihre Reise ins Jenseits oder die Unterwelt antraten.

Sicher ist, dass die Erbauer der Steinzeitkultstätte fortschrittliche Ingenieure waren. Die Decken sind mit großer Sorgfalt bearbeitet und gestaltet worden. Bautechnisch eine Meisterleistung: leicht gebogene Gewölbe, die aus dem Fels herausgeschnitten worden sind, so als wären sie aus Butter. An den Wänden mancher Räume sind rote, weiße und schwarze Farbreste sowie spiralförmige Ornamente nachgewiesen. Hingegen fehlen Spuren einer künstlichen Beleuchtung. Dennoch dürften die Architekten magische Lichteffekte ins Konzept eingeplant haben: Die Hauptkammer ist topografisch so raffiniert ausgerichtet, dass das Licht zur Wintersonnenwende genau ins Innere der Grotte fiel. Heute ist davon nichts mehr zu merken, denn die Touristenpforte mit Wendeltreppe ist nicht mit dem ursprünglichen Eingang des Heiligtums identisch.

Orakelpriesterin im Tempelschlaf

Der Tempelkomplex besteht aus insgesamt drei miteinander verbundenen unterirdischen Etagen. Die Tiefste führt in fast 12 Meter Tiefe zum »Allerheiligsten«. Die zahlreichen Kammern, Nischen, Altäre, Portale und Stiegen erstrecken sich über eine Fläche von circa 800 Quadratmetern.

In der mittleren Etage befindet sich die sogenannte »Orakelkammer«. Sie besitzt eine verblüffende Akustik, die mit den Phänomenen in der Königskammer der Cheops-Pyramide vergleichbar ist. Diesen Bereich des Hypogäums halten Archäologen für jenen Platz, an dem Orakelpriesterinnern Träume deuteten, ähnlich wie dergleichen aus Cumae oder Delphi überliefert ist. Ein ungewöhnlicher Fund untermauert diese These: In einem Schacht des Hypogäums wurde zusammen mit einem androgynen Torso eine kleine Frauenstatuette gefunden, die auf einem Ruhebett liegt. Wegen ihrer äußerst üppigen Gestalt erhielt sie von den Maltesern den Spitznamen »dicke schlafende Dame«. Sie misst nur 12 Zentimeter in der Länge und 7 Zentimeter in der Breite. Im 4. vorchristlichen Jahrtausend soll sie angefertigt worden sein und den Höhepunkt der megalithischen Kultur auf Malta markieren. Der jungsteinzeitliche Bildhauer hat mit viel Detailverliebtheit Finger, Frisur und Rockfalten aus dem Alabastergestein herausgearbeitet.

Über 5000 Jahre alt: die schlafende Dame von Hal-Saflieni

Eine Deutung besagt, die Rubensgestalt sei die Verkörperung der rundlichen Fruchtbarkeitsgöttin »Magna Mater« (zu Deutsch: »Große Mutter«). Nach anderer Auslegung repräsentiert die Lady den Tod, dargestellt als ewigen Schlaf. Mir gefällt die Interpretation des »Tempelschlafes« am besten. Dabei versetzten sich Priester und Priesterinnen in tranceähnliche Zustände und gaben therapeutische Ratschläge, die Heilsuchenden bei der Behandlung ihrer Krankheit helfen sollten. Nach dieser These wäre die üppige Ur-Malteserin eine echte »Traumfrau« gewesen«.

Auf Malta wurden reihenweise ähnliche neolithische Idole von dicken Ladies gefunden. Einerseits stehende, viele aber sitzend auf einem Kissen mit überkreuzten Beinen. Die Arme sind in den Schoß gelegt. Manche Figurinen scheinen nackt zu sein oder tragen ein ärmelloses Kleid. Was fast allen fehlt, ist der Kopf. Er wurde nicht abgeschlagen, sondern konnte separat befestigt werden. Davon zeugen Aushöhlungen und gebohrte Ösen am Hals. Warum die Köpfe austauschbar waren, bleibt ungeklärt. Beim Betrachten könnte man meinen, es handle sich um kopflose Buddhafiguren aus dem fernen Osten. Da es bis auf wenige Ausnahmen auf Malta nur diese weiblichen Idole aus der Megalithkultur gibt und andere Götter kaum eine Rolle spielen, wird darüber spekuliert, ob in der Vorzeit auf Malta nur die Frauen etwas zu sagen hatten. War das Hypogäum das Zentrum eines matriarchalen Totenkultes, in dem vorwiegend Priesterinnen beigesetzt wurden?

Ebenso rätselhaft wie die Anfänge der megalithischen Orakelstätte ist ihr Ende. Die letzte Bestattungszeremonie im Hypogäum datiert um 2500 v. Chr. Danach bricht das gesellschaftliche und religiöse Leben abrupt ab. Zeichen einer Naturkatastrophe, die zum Zusammenbruch der frühen Hochkultur geführt haben könnte, sind nicht erkennbar. Was war die Ursache für die Auslöschung? Ein schreckliches Killervirus? Wer weiß.

Südanatoliens Vorzeit-Bunker und Untergrund-Metropolen

Die Entdeckung von Derinkuyu

Herbst 1963 in der zentralanatolischen Region Kappadokien. 29 Kilometer südlich der Provinzhauptstadt Nevşehir renoviert der Bauer Ömer Demir sein Haus. Als er im Keller eine Wand einreißt, stößt er unvermutet auf eine Öffnung ins Unbekannte. Nach anderer

Erzählung ist er auf einen Spalt aufmerksam geworden, als eines seiner Hühner darin verschwand. Nach einer weiteren Legende lagerte der Türke zwei Säcke Kartoffeln im Keller. Als er sie nach Wochen holen wollte, bemerkte er, dass sie halb leer waren. Auf der Suche nach den tierischen Räubern kam im Erdboden ein tiefes Loch zum Vorschein. Die Vorräte waren offenbar in einen dunklen Hohlraum hinuntergekullert.

Wahrscheinlich kursieren in der Bevölkerung Kappadokiens noch ein Dutzend verwandter Geschichten. Gerede eben. Wahr ist: Ömer beginnt zu graben. Das Loch wird immer größer und tiefer. Seine Kartoffeln findet er nicht mehr, dafür einen Gang, der immer weiter in den Untergrund führt. Im Schein der Taschenlampe erkennt der verdutzte Bauer Stufen, Säulen, Durchgänge, Kammern und Nischen, die von irgendjemandem irgendwann mit Hammer und Meißel aus dem Tuffstein geschlagen wurden. Unglaublich, aber Ömer Demir hatte unter seinem Eigenheim eine uralte verborgene Stadt entdeckt! Ein bizarres Szenario wie aus einem Fantasyfilm.

Der Sensationsfund verbreitete sich in ganz Anatolien wie ein Lauffeuer und lockte reihenweise Archäologen an. Die Untersuchungen führten 1965 zur Freilegung eines weitverzweigten Tunnelsystems, das Gänge und Säle in vielen Etagen miteinander verbindet. Soweit bisher bekannt, umfasst die gigantische Anlage mit dem Namen Derinkuyu eine Fläche von etwa 4 Quadratkilometern, in der 20 000 Menschen bequem Platz hätten. Bislang wurden dreizehn Stockwerke erkundet, die bis in eine Tiefe von 85 Metern reichen. Darunter werden weitere Geschosse vermutet.

Zivilisation im Untergrund

Die Tourismusbehörde in Kappadokien hat einen bescheidenen Teil des Wohnsilos zugänglich gemacht – etwa ein Zehntel der gesamten Anlage. Es reicht aus, um jedem Besucher atemberaubende Einblicke zu bieten. Mit jedem Schritt wächst das Staunen.

Weshalb zogen sich zigtausende Menschen der Vorzeit in unterirdische Wohnsilos zurück?

Das geheime Labyrinth besteht aus einem Gewirr an Durchgängen, Tunneln, Wohnräumen, Schlafzimmern, Küchen, Toiletten, Schulen, Vorratsspeichern, Weinkellern, Zisternen, Andachtshallen, Leichenkammern und Ställen für Tiere. Die Leute hatten alles, was sie zum Leben im Untergrund brauchten. Selbst für eine Aircondition und ein antikes »Telefon« hatten die prähistorischen Bauherren gesorgt: Derinkuyu durchzieht ein Netzwerk von nicht weniger als 15 000 Schächten. Es ist ein ausgeklügeltes Belüftungssystem, das noch heute funktioniert. Frischluftzufuhr ist bis in die untersten Stockwerke garantiert. Die Bewohner nützten die größeren Schächte zudem für den Transport von Wasser aus tiefen Brunnen. Die kleineren Röhren, die zwischen den Etagen durch den felsigen Tuff gebohrt wurden, dienten nicht nur zu Belüftungszwecken. Als cleveres Kommunikationssystem flüsterten sich obere und untere Nachbarn damit Nachrichten zu. Nicht weniger verblüffend ist, dass sich die Raumtemperatur von 13 Grad in der Anlage gleichbleibend im Sommer wie im Winter hält. Ungebetene »Gäste«, die von außen in die Unterwelt eindringen wollten, scheiterten kläglich. Sämtliche Tore konnten durch mühlsteingroße runde Türen von innen verschlossen werden.

Wer sich in Derinkuyu durch die schmalen, niedrigen Gänge zwängt, um unvermittelt in hallenartigen Zimmern zu landen, fragt sich unwillkürlich: Was hat unsere Altvorderen dazu veranlasst, sich im unterirdischen Anatolien wie Termiten einzugraben? Es ist schwer vorstellbar, dass diese geheime Residenz lediglich als Notunterkunft oder als vorübergehender Zufluchtsort vor Feinden gedient hat. Dafür sind ihre Ausmaße zu gewaltig. Es muss ein von langer Hand vorbereitetes Baukonzept für dieses Wunderwerk gegeben haben. Jahre, wahrscheinlich sogar ein Jahrzehnt wurden mühsam dafür aufgebracht, um diese verborgene Siedlung zu planen und dann im Fels zu errichten.

Noch mehr unterirdische Städte

Das Rätsel um Derinkuyu gerät gänzlich zum Mysterium, wenn man weiß, dass diese unterirdische Stadt nicht einzigartig ist. Inzwischen haben Archäologen in Kappadokien rund fünfzig ähnliche Untergrundstädte aufgespürt! Sie schätzen, dass in der Region noch bis zu 200 derartige Anlagen existieren. Mehr noch: Sie waren offenbar durch kilometerlange Tunnel miteinander verbunden, auch wenn diese heute als verschüttet gelten. In Derinkuyu lassen sich noch Spuren davon finden. Ein breiter Stollen im dritten Stockwerk führt in nördliche Richtung zur 9 Kilometer entfernten ähnlich großen Untergrundstadt Kaymakli. Sie ist in acht Etagen angelegt. Die obersten vier sind um Luftschächte herum angeordnet und für die Öffentlichkeit zugänglich. Im dritten Untergeschoss liegt ein tonnenschwerer Andesitblock. Er besitzt 57 in den Stein gemeißelte Mulden mit jeweils einem Durchmesser von 10 Zentimetern. Erst vor wenigen Jahren konnte der Nachweis dafür erbracht werden, dass dieser ominöse »Kultstein« einen praktischen Nutzen hatte: Er diente als Schmelztiegel bei der Metallherstellung.

Der Bereich der unterirdischen Städte in Kappadokien umfasst ein Gebiet von circa 70 Quadratkilometern. Dabei fällt auf, dass in diesem Areal Derinkuyu und Kaymakli auf einer geografischen Nord-Süd-Achse liegen. Wenn wir diese Linie weiter verlängern, erreichen wir die Stadt Nevşehir und von dort wiederum – auf gleicher Ausrichtung gegen Norden – das Dorf Özkonak. Hier wurde 1972 eine weitere Höhlenstadt gefunden; diese führt neunzehn Stockwerke in die Tiefe. Inschriften oder Ornamente fehlen auch hier, womit Archäologen bei der Altersbestimmung im Dunkeln tappen. Nur ein Bruchteil der Anlage ist für den Tourismus geöffnet. Die Anordnung der Gänge, Kammern und Schächte gleicht der in den anderen bekannten Anlagen. Einen Unterschied gibt es aber doch: Man fand in dieser verborgenen Stätte auffällig viele Kindergräber. Die Gründe dafür sind nicht bekannt.

Die bislang flächenmäßig größte Siedlung wurde 2013 unterhalb der Provinzhauptstadt Nevşehir entdeckt. Wie so oft durch einen Zufall. Im Zuge eines Stadterneuerungsprojektes rund um eine historische Burg aus byzantinischer Zeit waren Arbeiter mit dem Abriss von Hunderten Häusern befasst. Bei der Beseitigung von Schutt und Asche stieß der Bautrupp auf ein Netzwerk weitverzweigter Tunnel und Räume. Jüngsten Erkenntnissen zufolge soll die Anlage über zehn Ebenen bis zu 113 Meter in die Tiefe reichen. Es heißt, sie umfasse in ihren Ausmaßen eine dreimal so große Fläche wie der bekannte Höhlenkomplex von Derinkuyu. Anstatt wie geplant neue Wohnhäuser zu errichten, wurde das Gebiet zur archäologischen Schutzzone erklärt. Ab Sommer 2020 sollte die verborgene Unterwelt als neue Attraktion Kappadokiens schrittweise für Besucher geöffnet werden. Doch die strengen behördlich auferlegten Maßnahmen um Covid-19 durchkreuzten dieses Vorhaben. Angst ist kein guter Ratgeber. Manchmal wird damit Politik gemacht.

Wer waren die Architekten?

Wovor fürchteten sich die Erbauer der unterirdischen Wohnbunker? Wann und wozu wurden sie errichtet?

Die Anlagen konzentrieren sich nahe dem Tal von Göreme. Es wird erst seit 1928 so genannt; zuvor – und zwar seit byzantinischer Zeit – hieß es Matiana. Die Landschaft ist geprägt von bizarren Tuffsteinformationen, die optisch an bis zu 30 Meter hohe Kirchtürme, Raketen oder Phalli erinnern. Man nennt sie auch Erdpyramiden oder Feenkamine. Ab dem 4. Jahrhundert siedelten sich in dieser Gegend frühe Christen an, die im Tuffgestein imposante Höhlenkirchen errichteten. Später wurde das Tal zum Zentrum der griechisch-orthodoxen Kirche. Bislang wurden circa 350 felsige Gotteshäuser freigelegt. Die meisten sind mit prachtvollen Fresken geschmückt, die in der Zeit zwischen dem 9. und 13. Jahrhundert entstanden.

Als man in der Nähe die unterirdischen Städte entdeckte, gingen Archäologen davon aus, dass sie ebenfalls von Christen errichtet wurden. Zufluchtsorte sollen es gewesen sein, um sich vor Verfolgern zu schützen. Kapellenartige Andachtsräume legten diesen Schluss nahe. Mittlerweile weiß man, die Christen waren bestenfalls »Nachmieter«, die die Höhlenarchitektur in ihrem Sinne umgestaltet und erweitert haben. Baumeister waren andere. Und diese müssen weit früher gelebt haben. Verdächtigt werden die Hethiter, die neben den Ägyptern und den Babyloniern fast ein Jahrtausend lang ein großer geopolitischer Machtfaktor waren. Das Volk drang vom Kaukasus in Anatolien ein und gründete dort um 1700 v. Chr. ein Reich. Ihre Hauptstadt war Ḫattuša – das heutige Boghazköy mit dem religiösen Felsheiligtum Yazilikaya.

Nicht nur die Christen, sondern auch die Hethiter nutzten die gut getarnten Fluchtburgen als Wohnstätten und Schutzräume in Zeiten des Krieges. Doch ob sie die Bauherren waren, bleibt zweifelhaft. Nach den jüngsten archäologischen Studien der unterirdischen Anlagen von Nevşehir sollen diese bereits in der Jungsteinzeit vor 5500 Jahren entstanden sein. Das war lange vor den Hethitern.

Die Identität der ursprünglichen Baumeister ist also nach wie vor strittig. Ungeklärt ist ebenso die Frage, nach welchem Konzept und mit welchen Mitteln die Untergrundstädte realisiert wurden. Wie darf man sich zur damaligen Zeit den Abtransport abertausender Tonnen Stein und Geröll aus 100 Metern Tiefe in der Praxis vorstellen? Und schließlich die »Gretchenfrage«: Wozu das alles? Warum verkrochen sich die Menschen der Region für einen offenbar längeren Aufenthalt unter die Erde?

Eine Hypothese lautet: Extreme Klimaveränderungen waren dafür verantwortlich. Zum Schutz vor Wetterkatastrophen errichteten die Bewohner ein unterirdisches Reich. Konkrete Anhaltspunkte für diese Annahme fehlen. Ebenso unwahrscheinlich ist es, dass die Leute Angst vor einem Vulkanausbruch hatten. Die Lavamassen hätten die Luftschächte gefüllt und die »Unterirdischen« wären qualvoll erstickt. Nein, es muss einen anderen Grund für den Rückzug unter die Erde gegeben haben. Aber welchen?

Gefahr aus dem All

Freunde der Prä-Astronautik bringen eine utopisch anmutende Idee ins Spiel. Könnten die Bewohner Anatoliens einen Feind von »oben« gefürchtet haben? Waren die unterirdischen Städte womöglich prähistorische Luftschutzbunker? Ziehen wir die Mythen der Menschheit heran, ergibt der Bau von antiken Bunkern durchaus einen Sinn. In den alten Legenden verschiedenster Kulturen ist immer wieder von Konfrontationen zwischen himmlischen »Göttern« die Rede, die sich mit todbringenden Waffen bekämpfen. Verheerende Luftkriege in grauer Vorzeit? Fiktion oder in Vergessenheit geratene Wirklichkeit? Manche Überlieferungen lassen sogar an einen prähistorischen Atomkrieg der Vorzeit denken.

> »Es war eine unbekannte Waffe«, heißt es etwa in dem 4000 Jahre alten Sanskrit-Epos *Mausola Parva*: »ein eherner Blitzstrahl, ein gigantischer Todesbote, der alle Angehörigen der Völker Vrishnis und Andhakus in Asche auflöste. Die verbrannten Leichen waren unkenntlich, Haare und Nägel fielen aus, das Geschirr zerbrach ohne offensichtlichen Grund,

> die Vögel wurden weiß, alle Speisen waren im Verlauf einer Stunde ungenießbar.«

Genau das geschah Jahrtausende vor den Atombombenabwürfen auf Hiroshima und Nagasaki.

Der »Krieg der Götter« wird in vielen heiligen Schriften dramatisch beschrieben. Wer waren diese überirdischen Wesen? Aufgrund ihrer überlegenen Technik und Macht wurden sie von den Erdenmenschen als Gottheiten angesehen. Schließt man Hirngespinste als Sinndeutung aus und nimmt die Mythologie beim Wort, dann könnte es bereits im Altertum einen weltumspannenden Krieg mit todbringenden Waffensystemen gegeben haben. Mussten sich die Menschen vor rivalisierenden »Göttern« schützen? Könnten biblische Erzählungen über die Zerstörung der Städte Sodom und Gomorrha, das altbabylonische *Gilgamesch-Epos* oder Legenden vom Untergang sagenhafter Inselreiche wie Atlantis und Mu damit in Verbindung gebracht werden?

Freilich müssen nicht zwangsläufig kriegerische Außerirdische für ein bedrohliches Szenario herhalten. Im Scherz fluchen wir manchmal: »Irgendwann wird uns noch der Himmel auf den Kopf fallen!« Im übertragenen Sinne sind Asteroideneinschläge gemeint. Die Erde steht im ständigen Visier dieser Himmelsgeschosse. Astrophysiker gehen derzeit davon aus, dass die Flugbahn einiger Hundert Objekte eine Bedrohung darstellen. Gewaltige Killerasteroiden wie derjenige, der im Zuge seines Impacts zum Aussterben der Dinosaurier führte, sind keine Gefahr. Jedenfalls nicht in absehbarer Zeit. Es reicht allerdings bereits der Einschlag von einem 140 Meter großen Boliden, um eine größere Stadt oder ein komplettes Bundesland auszulöschen. Beträgt der Durchmesser 500 Meter, wäre eine Fläche in der Größe von Frankreich von verheerender Zerstörung betroffen.

Ein düsterer Brocken mit diesem Gefahrenpotenzial rast derzeit auf die Erde zu und könnte nach jüngsten Prognosen der NASA am 24. September 2182 einschlagen. Der Asteroid heißt Benno, benannt nach einem altägyptischen Totengott. Bis es ernst wird, will man technische Mittel und Wege der »planetaren Verteidigung« gefunden haben, um ihn aus seiner gefährlichen Flugbahn zu schubsen. Angedacht sind Laserstrahlen, die den Asteroiden erhitzen und genug Material verdampfen lassen, um ihn abzulenken. Einen ähnlichen Effekt erhofft man sich durch einen Satelliten, der auf Kollisionskurs geschickt wird und den Himmelskörper rammt. Oder eine Bombe, die per Sonde am Asteroiden angebracht wird und ihn in kleinere, ungefährlichere Stücke sprengt.

Fürchteten Anatoliens Ureinwohner Steine, die vom Himmel fielen? Beobachteten sie ein astronomisches Phänomen, eine Supernova oder einen Kometen, den ihre Stammeskrieger und Priester als unheilvoll empfanden? Wurden deshalb unterirdische Bunker errichtet, um die Bevölkerung zu schützen, so lange, bis das bedrohliche »Himmelszeichen« wieder verschwunden war?

Die großen Rätsel rund um die Untergrundstädte Kappadokiens sind nicht gelöst. Ungeachtet dessen sind und bleiben sie ein archäologisches Weltwunder. Das hat auch die UNESCO anerkannt. Seit 1985 gehört die Höhlenarchitektur Anatoliens verdientermaßen zum Weltkulturerbe.

Es ist auch eine Ehrung für Ömer Demir, der vor 6 Jahrzehnten in Derinkuyu zufällig die erste Anlage entdeckte. Er erkannte den kulturellen Wert für die Nachwelt und setzte sich zeitlebens für deren Erhalt ein. In Kappadokien wurde Ömer Demir als Tourismusförderer und Autor berühmt. 2017 starb der Türke im Alter von 85 Jahren. Sein Erbe lebt unter der Erde weiter. Bereits der türkische Begriff Derinkuyu gibt einen Tipp: Er heißt übersetzt »tiefer Brunnen« beziehungsweise »tiefer Schacht«.

Die Ratapignata-Höhle unter der Falicon-Pyramide

Legendäre Höhlenpyramide

Pyramiden in Frankreich? Könnte man für Unsinn halten, aber es gibt sie. Eine versteckt sich nahe Nizza, besser gesagt das, was von dem ehemals 9 Meter hohen Monument übrig geblieben ist.

Merkwürdig ist nicht nur die Pyramide selbst, sondern ebenso, was sich unter dem Bauwerk verbirgt. Irgendjemand hat irgendwann die Pyramide bewusst über unterirdischen Hohlräumen errichtet. Die Fachliteratur kennt das Denkmal unter der Bezeichnung »Pyramide von Falicon«. Eine recht großzügig gefasste Ortszuschreibung. Wer das Dorf Falicon anpeilt, wird ernüchtert feststellen, dass man sich 2 Kilometer östlich vom tatsächlichen Standort entfernt befindet.

Zum ersten Mal las ich als Jugendlicher bei Robert Charroux (1909–1978) über die französische Pyramide. In seinem Buch *Die Meister der Welt* vermerkt der französische Schriftsteller:

> »100 Meter vom Gipfel entfernt erhebt sich die Pyramide. Sie ist aus Quadersteinen errichtet, die mit Zement verbunden sind. Die Qualität des Zements ist besser als jene des römischen. Die Kanten der Pyramide sind ungleich, da sie auf einem steilen Abhang liegt. Sie erhebt sich über einer großen Höhle, die sich gleich einem riesigen, abgrundtiefen Rachen mit einem Durchmesser von 2 bis 3 Meter öffnet.«

Der in den Stein gebrochene Eingang an der südostseitigen Front soll ursprünglich mit einem Eisentor versiegelt gewesen sein. Es heißt, dass bis 1921 ein hakenkreuzartiges Swastika-Symbol über dem Giebel sichtbar war, das zerstört oder geraubt wurde. Ältere Erzählungen wissen außerdem von einer »unlesbaren« antiken Inschrift, die seit 1901 fehlt. Die Lage der Pforte erlaubt einen besonderen Lichteffekt.

An Sommertagen beleuchtet die Sonne zwischen 10 und 12 Uhr eine mächtige Kalzitsäule, die das Gewölbe des unterirdischen Saales trägt. Sie zeigt mit etwas Fantasie das Porträt eines Mannes im Profil.

Das Betreten der Höhle Ratapignata, wörtlich Fledermausgrotte, ist nicht ungefährlich. Die Pforte wurde vom Pyramidenerbauer so angelegt, dass ungebetene Besucher sofort mehrere Meter senkrecht hinunter in den Grottenschlund stürzen. Hier kommt man nur mit Strickleiter, Höhlen- und Bergsteigerausrüstung weiter. (Siehe Abb. 38 im Farbbildteil)

Unterirdischer Kultplatz

Das Innere gleicht einer Kathedrale aus Stalagmiten und Stalaktiten, die in bizarren Formationen tropfsteinartig vom Boden und der Decke wachsen. Sie dienen heute ausschließlich Schwärmen von Fledermäusen als Behausung. Das war nicht immer so.

Eine Art Tabernakelstein, schachtartige Vertiefungen und sieben Stufen, die gezielt von Menschenhand aus dem Fels herausgehauen wurden, geben Zeugnis davon. Der tempelartige Raum ist 22 Meter lang und misst an der breitesten Stelle etwa 15 Meter. Durch schmale Öffnungen gelangt man zu kleineren Hohlräumen, die eine Etage tiefer liegen. Zahlreiche Felsspalten, teils verschüttet, teils zu eng für Erkundungen, nähren die Gerüchteküche, wonach es noch etliche bisher unerforschte Geheimgänge geben soll, die bis an die Riviera führen. Die lokale Bevölkerung weiß von einer Volkssage, wonach einst eine Katze in

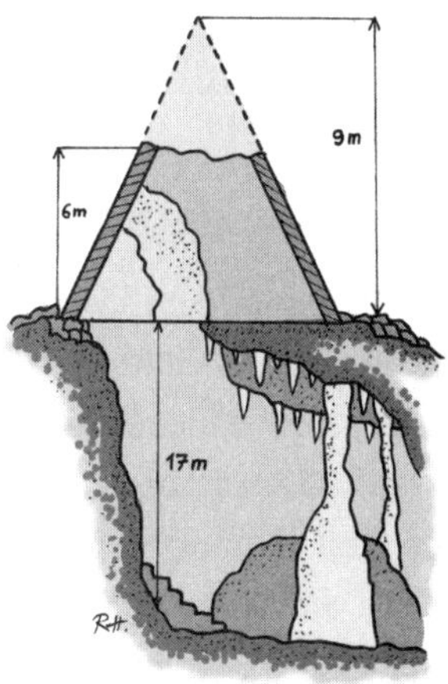

Querschnitt der Falicon-Pyramide mit Höhleneingang

die Höhle geworfen wurde, die schließlich über die Kanalisation im Hafen von Nizza wieder ans Tageslicht kam. Ein Ammenmärchen? Oder eine Geschichte mit einem wahren Kern?

Über das Alter und den Zweck des Bauwerkes wurden viele kühne Thesen verbreitet. Fantasten glaubten, es handle sich um das Grab eines ägyptischen Pharaos, der in Südfrankreich im Exil lebte. Andere erklärten, römische Legionäre seien die Bauherren gewesen und hätten im Inneren der Grotte einen Tempel zur Einweihung und Anbetung des Sonnenheros Mithras errichtet. Im Mittelalter soll die Stätte Leprakranken und Eremiten als Zufluchtsort gedient haben. Erzählt wird, der heiliggesprochene Ordensgründer Stephan von Thiers (um 1044–1124) alias Étienne de Muret hätte in der Höhle als Einsiedler gelebt. Da im 12. Jahrhundert angeblich Tempelritter in Falicon geweilt haben, wurde auch darüber spekuliert, die Felsgrotte beherberge geheime Verstecke mit einem Schatz des Ordens. Bis heute hält sich das Gerede, im Untergrund seien Einweihungsriten für Geheimbünde und esoterische Mysterienkulte zelebriert worden.

Domenico Rossetti zeigt auf die Pyramide von Falicon. Zeichnung von Sophie Lederk, veröffentlicht in *La grotta di Monte Calvo*, 1803.

Nichts von alldem lässt sich stichhaltig belegen. Und doch ist die Bestimmung der Stätte bis heute ungeklärt. Als historisch gesichert gilt, dass der italienische Literat, Anwalt und Forscher Domenico Rossetti (1772–1816) – nicht zu verwechseln mit seinem Namensvetter Graf Domenico Rossetti de Scander – bei seinem Aufenthalt in Nizza die Stätte entdeckt und erforscht hat. Das war anno 1803. Die Begeisterung darüber hat der Gelehrte im Gedicht »La Grotta di Monte Calvo« zu Papier gebracht und 1811 in Turin veröffentlicht.

Darin enthalten ist eine Grafik, die Rossetti mit der Pyramide (damals noch unversehrt mit Spitze!) zeigt.

Zu dieser Zeit wurde der Fundort in regionalen Reiseführern aufgelistet. Historische Dokumente belegen, Einheimische hätten interessierten Besuchern Leitern vermietet, damit sie ins Innere der Grotte Ratapignata steigen konnten. Frühere schriftliche Aufzeichnungen sind nicht bekannt. Für die meisten Archäologen steht daher fest: Das Denkmal kann nicht viel älter sein und wurde vermutlich erst in den frühen Jahren des 19. Jahrhunderts errichtet.

Anders die Höhle selbst. Sie ist uralt und könnte bereits Menschen der Vorzeit als Unterschlupf gedient haben. Manche Forscher unterstellen, Rossetti sei selbst der Architekt der Pyramide gewesen. Der Italiener war Logenbruder der Freimaurer, studierte Hebräisch und Griechisch und könnte – so wird spekuliert – mit dem für den Männerbund bedeutsamen Pyramidensymbol den Höhleneingang markiert haben.

Über 2 Jahrhunderte lang interessierte sich kaum ein Archäologe oder Höhlenforscher für die Pyramide und ihr geheimnisvolles Innenleben. Erst im August 2007 folgte die staatliche Anerkennung als »historisches Gebäude«, das seither unter nationalem Denkmalschutz steht. Die Patenschaft und weitere Untersuchungen haben Wissenschaftler des Instituts IPAAM (Institut de Préhistoire et d'Archéologie Alpes Méditerranée) in Nizza übernommen. In einer umfassenden Studie präsentierten die Forscher alle verfügbaren Dokumente zur Falicon-Pyramide und der Ratapignata-Höhle. Dabei drangen die Denkmalschützer, soweit technisch möglich, in die tiefsten noch unerforschten Winkel vor, führten topografische Messungen durch und lieferten faszinierendes Bildmaterial.

Und doch bleiben Fragen offen. Niemand vermag mit Gewissheit zu sagen, wohin die vielen schmalen Felsspalten unter der Falicon-Pyramide führen, die das Höhlensystem an Gewölben und Seitenwänden wie ein Netzwerk durchziehen.

Gesucht und gefunden!

Wer die Pyramide besuchen will, braucht viel Zeit und Geduld. Fragt man in Nizza Einheimische nach dem besten Reiseweg, erntet man ein müdes Lächeln und ungläubiges Kopfschütteln: »Eine Pyramide? Hier in der Umgebung von Nizza? Nie gehört!«

Eine gescheite Straßenkarte der Umgebung hilft weiter. Mein Ausflug mit Gefährtin führte zur Station Carnuschi im Norden der Stadt. Von dort ging es mit der öffentlichen Buslinie 25 weiter Richtung Falicon. Wir machten einige Stationen vorher zwischen Aire Saint-Michel und La Bastide Halt. Laut Plan konnte es nicht mehr allzu weit zum ersehnten Zielort sein, doch selbst hier, nicht unweit des markanten Bauwunders, schienen Einheimische das »historische Denkmal« nicht zu kennen. Nirgendwo eine Information, die auf das geschützte Monument hinweisen würde. Erst nach mehrmaligem Nachfragen

Blick von der Plattform hinunter zum Grottenschlund

Historische Aufnahme aus dem Inneren der Ratapignata-Höhle

erinnerte sich ein Anrainer daran, dass er vor Jahrzehnten im Gelände eine Ruine besichtigt habe, die die gesuchte Pyramide sein müsste. Er wies uns den Weg, der über schmale Gassen vorbei an Villen und Gartenhäuschen führte. Es ging steil bergauf bis zum Eingang des Naturparks La Vallièra. Stadtmenschen kommen hier leicht ins Schwitzen. Trampelpfade gibt es jede Menge, aber kein Wegweiser direkt zur Pyramide.

Nach einer knappen halben Stunde erblickten wir die alten Mauerreste eines Steinhäuschens. Dahinter führte ein schmaler Trampelpfad hinaus ins freie Gelände. Nach etwa 10 Minuten Spaziergang durch wilde Naturlandschaft tauchte vor uns ein großes Buschwerk auf und dahinter – endlich! – die Silhouette der legendären Pyramide! Ihre Spitze fehlt, aber die Hauptkanten und Grundlinien mit Längen zwischen 5 und 6,50 Metern sind noch gut erhalten. Dennoch haben natürliche Erosion und Vandalismus Spuren hinterlassen. An den kleinen abgerundeten Steinplatten, die vielleicht ursprünglich mit einer geglätteten Kalkschicht überzogen waren, wird das im Detail sichtbar. Der obere Abschnitt fehlt. Ob mutwillig zerstört, von Souvenirjägern abgetragen oder als Baumaterial anderweitig verwendet, bleibt ungeklärt.

Wandervögel würden spätestens hier ein Hinweisschild erwarten, das über das »geschützte Denkmal« Auskunft gibt. Nichts dergleichen. Das Bauwerk steht völlig isoliert am steilen Hang auf 430 Metern Höhe und ist nur mit Mühen zu finden. Selbst der Eingang in die Höhle präsentiert sich ungeschützt. Es gibt weder ein Sicherheitsgitter, noch warnt ein Schild vor der Gefahr, dass es hier senkrecht in den Kraterschlund geht. Behörden und Grundstücksbesitzer haben offenbar kein wirkliches Interesse daran, Touristen und Wanderer an diesen historischen Ort zu lotsen. Wer es dennoch bis zum begehrten Zielort geschafft hat, wird nicht enttäuscht. Schon der Panoramablick in die umliegenden Täler und Hügel bis hin nach Nizza und zur Mittelmeerküste ist atemberaubend und entschädigt für jede Strapaze.

Die Leuchtsteine der »Zwölf-Apostel-Zeche«

Kellerinspektion in Klosterneuburg

In Grotten, Gängen und Gräbern stoßen Entdecker immer wieder unvermutet auf Absonderlichkeiten, die nicht ins vertraute Geschichtsbild passen.

Im Norden von Wien, im niederösterreichischen Städtchen Klosterneuburg, lässt sich ein kurioses Beispiel dafür finden. Nahe der Pestsäule versteckt sich am Stadtplatz Nr. 6 eine geheime Unterwelt. Der Eingang führt zu einem Privatgrundstück, das früher Teil einer unterirdischen Anlage war, die »Zwölf-Apostel-Zeche« genannt wird.

Ein Durchgang führt in den idyllischen Garten mit mehreren Brunnen, Schächten und Eingängen, die in 8–10 Metern Tiefe zu einem weitverzweigten Labyrinth mit Kellern, Gängen und Gewölben führen. Der heutige Besitzer, Dr. Arbeo-Wolfram Scherer-Ottenfels, erzählte mir, dass das unterirdische Areal beim Erwerb im Jahre 2002 bis zur Decke komplett mit Schutt, Sand und getrocknetem Schlamm gefüllt war. Als er die Keller freilegen ließ, kam ein Füllhorn an unglaublichen Schätzen aus unterschiedlichen Epochen ans Licht: frühchristliche Krüge und Öllampen, Amphoren, Kacheln, Keramiken sowie ein Bad und eine Fußbodenheizung aus der Römerzeit. Ebenso bizarre Funde, die noch weiter zurück in die Vergangenheit reichen: keltische Idole, Steinobjekte mit unbekanntem Verwendungszweck, neolithische Werkzeuge und Knochenreste aus der Urzeit, darunter der Schädel eines Höhlenbären. Er weist ein sauber abgegrenztes Loch auf, das aussieht, als sei es durch ein Hochgeschwindigkeitsgeschoss entstanden.

Wenn wir weiter ins Herzstück der Unterwelt vordringen, gelangen wir zu einem 50 Meter langen und 4 Meter hohen und ebenso breiten Hauptgang mit verzweigten Nebenräumen. Hier fällt mir eine runde Tischplatte aus Granit ins Auge; sie misst etwa 40 Zentimeter im Durchmesser. Die Oberfläche zeigt winzige runde Vertiefungen, nicht unähnlich der Näpfchen, die man von Schalensteinen kennt. Die Mulden bilden ein geometrisch angeordnetes Spiralmuster. Wozu der »Opfertisch« diente, vermag niemand zu sagen. War es ein antiker Kalender oder ein »Gerät« für astrologische und astronomische Berechnungen?

Die geheime Welt führt tiefer hinein zu einem 6 Meter hohen kuppelförmigen Bau. In einer Nische steht ein kniehohes Steingefäß, vielleicht ein Taufbecken, und darüber ein ins Mauerwerk eingraviertes Y-förmiges Kreuzsymbol, das mit roter Farbe bemalt ist. Es wird als »Schächerkreuz«, »Gabelkruzifix« oder »Pestkreuz« bezeichnet und entstand unter dem Einfluss der Mystik im späten 13. Jahrhundert.

Die Magie der schwarzen Steine

Die merkwürdigsten Exponate befinden sich in einem Nebenraum: Schwarze Steine, die bei ihrer Auffindung in Holzkisten verpackt waren. Bis zu ihrer überraschenden Entdeckung lagen sie gemeinsam mit anderen Utensilien Jahrhunderte unter Tonnen von Steinschutt begraben. Das Interessante sind ihre Eigenschaften: Bei Sonnenlicht nehmen die Steine eine bläuliche Färbung an, und wenn sie im Dun-

Blick in einen Gang der »12-Apostel-Zeche« in Klosterneuburg

keln mit ultraviolettem Licht bestrahlt werden, offenbaren sie auf ihrer Oberfläche leuchtende Symbole wie etwa das Omega-Zeichen. (Siehe Abb. 39 u. 40 im Farbbildteil)

Ähnliche Steine kenne ich aus La Mana in Ecuador, wo in den 1980er-Jahren in einem aufgelassenen Bergwerksstollen hunderte leuchtende Steine und Plastiken in versiegelten Truhen entdeckt wurden. Da wie dort bleiben Herkunft und Bedeutung ein Rätsel.

Bei UV-Bestrahlung der Kellerwände hat sich zudem gezeigt, dass an manchen Mauern verborgene Muster sichtbar werden. Natürliche Mineralien mit Leuchtpigmenten, die Fluoreszenz bewirken, sind keine Hexerei. Hier aber wurden die Leuchteffekte *künstlich* und mit Absicht in den Stein eingearbeitet. Im 17. Jahrhundert haben Alchemisten gerne mit nachleuchtenden Stoffen wie Bariumsulfalt experimentiert. Sind die schwarzen Steine Produkte magischer Praktiken? Wer hat sie angefertigt und wozu genutzt? In einem anderen Nebenraum der Anlage fanden sich viele okkulte Gegenstände, die den Schluss zulassen, dass hier im Mittelalter ein alchemistisches Laboratorium bestand.

Doch es bleiben Fragen. Der Hausherr Dr. Scherer-Ottenfels hat mit seinen Unterstützern rund 800 Quadratmeter der unterirdischen Anlage ausgegraben. Wie tief und wie weit verzweigt die Gänge reichen, bleibt vorerst offen, da noch längst nicht alle Bereiche erforscht

Der Autor mit den »schwarzen Steinen« der »12-Apostel-Zeche«

sind. Doch der Verdacht liegt nahe, dass es einst eine direkte Tunnelverbindung zum nur 300 Meter südöstlich liegenden Chorherrenstift gegeben hat. Die rätselhaften Relikte wurden in der »Zwölf-Apostel-Zeche« wie in einer Zeitkapsel gehortet. Weshalb hat man das tiefliegende Reich im Zeitalter der Renaissance dann zugeschüttet? Deutete das Kirchenregiment die skurrilen Schätze als Werke des Teufels?

Im Kellerlabyrinth von Kronberg

Der Himmelkeller

Nomen est omen – der Name ist ein Zeichen. In der niederösterreichischen Weinbauregion namens Weinviertel gibt es hunderte malerische Kellergassen, die für ihren edlen Rebensaft berühmt sind. Einer dieser idyllischen Hohlwege befindet sich in Kronberg. Das 500-Seelen-Dorf liegt etwa 20 Kilometer nordöstlich von Wien innerhalb der Marktgemeinde Ulrichskirchen-Schleinbach.

Hier erhebt sich ein geheimnisumwitterter Hügel, der Kreuzberg oder Himmelberg genannt wird. Funde aus dem Neolithikum sowie der Bronze- und Hallstattzeit belegen, dass die Anhöhe schon in prähistorischen Epochen besiedelt war. Es soll ein »Kulthügel der

Kelten« gewesen sein. Später, zur Zeit der Völkerwanderung, wurde er durch Aufschüttung erhöht und zu einem germanischen Fürstengrab umgestaltet. Außergewöhnlich ist hier die Entdeckung von neun Skeletten. Fünf davon weisen am Schädel eine künstliche Deformierung auf, die durch Bindewicklungen im Säuglingsalter hervorgerufen wurde. Was ebenso überrascht: Die mutwillig verformten Langschädel stammen von Individuen, die teils europäische, teils zentralasiatische Merkmale aufweisen. Ähnlich bizarre Schädelkulte sind weltweit bekannt, vor allem aus der altägyptischen Amarna-Epoche und aus der südamerikanischen Paracas-Kultur.

Erzählt wird, dass einst im 12. Jahrhundert auf dem »Kronberger Hausberg« eine Templerresidenz gestanden habe. Urkundlich belegt ist ab Anfang des 14. Jahrhunderts die Bastion von Hermann von Chranperch (nach neuerer Lesart: Kranichperg). Raubzüge und Brandschatzungen durch Eroberer trugen dazu bei, dass die Festung über die Jahrhunderte verfiel. 1855 folgte der Abbruch der letzten

1991 im Kronberger »Himmelkeller«: Treffen mit Prof. Hermann Bauch

Burgreste, die als Baumaterial Verwendung fanden. Abgesehen von ein paar Säulen, Skulpturen und Steinrelikten ist von dem einst stolzen Bollwerk nur mehr der Hügel geblieben. Innerhalb des ehemaligen Burggrabens befinden sich heute 35 Weinkeller.

Das Besondere: Der Hausberg, die Keller und die angrenzenden Erhebungen sind von einem kilometerlangen unterirdischen Labyrinth durchzogen! Manche sind mehrere Stockwerke tief, andere gelten als verschüttet und bewahren ihr Geheimnis bis zum heutigen Tage. Ursprünglich soll in den unterirdischen Anlagen mindestens ein Erdstall existiert haben. Sichtbare Spuren sind verwischt, da er in das bestehende Gangsystem integriert wurde.

Die Rettung und Erhaltung der Kronberger Unterwelt verdanken wir dem Künstler Prof. Dr. Hermann Bauch (1929–2006). Ich hatte das Glück und das Vergnügen, den kreativen und humorvollen Bildhauer, Grafiker und Glasmaler kennenzulernen. Mit seiner verborgenen Wunderwelt machte mich der Kronberger erstmals im Sommer 1986 vertraut. Seitdem lockt es mich immer wieder zum mystischen Platz seines genialen Schaffens.

Hermann Bauch erzählte mir bei unserer ersten Begegnung, dass er 1965 damit begonnen habe, verfallene Weinkeller und Presshäuser seines verträumten Heimatdorfes zu retten. Bis zu seinem Lebensende hatte er ein Vermögen für Restaurationen und private Grabungen ausgegeben. Das Resultat verdient große Bewunderung. Zuvor wurde Kronberg von Archäologen und Historikern nur sehr stiefmütterlich behandelt. Das Multitalent Hermann Bauch wohnte und arbeitete zeitlebens in seiner Künstlerburg auf dem alten Himmelberg mit dem heute berühmten »Himmelkeller«. Der Name ist kein Werbegag. Frühere Besitzer trugen den Familiennamen Himmel. Wie passend, denn mit seinem privaten Knusperhäuschen, den Kellerschätzen, dem Atelier, dem Hermann-Bauch-Museum und den »Kunststadeln« hatte sich der Kronberger sein Paradies auf Erden geschaffen. Es ist ein einzigartiges Lebenswerk und Weinviertler Gesamtkunstwerk, das sein Sohn Hannes Bauch heute als Museum weiterpflegt.

Kronberger Kultraum

Professor Bauch verriet mir, dass in den 1960er-Jahren ein abrupter Geländeeinbruch auf seinem Grundstück ein archäologisches Rätsel offenbarte: Unter dem verschütteten Erdreich kam in 12 Metern Tiefe ein bis dahin unbekanntes Gewölbe zum Vorschein! Wie sich später zeigte, gehört es mit zum geheimnisvollen Gangsystem, das unter dem Kreuz- beziehungsweise Himmelberg mehrere Weinkeller und Häuser miteinander verbindet. Etliche Gänge gelten nach wie vor als verschüttet. Der Zugang von einem Keller zu diesem etwa 3 mal 4 Meter großen Raum war durch das Erdreich versperrt. Es ist nicht geklärt, ob dieser Teil der Kelleranlage schon früher aus statischen Gründen eingestürzt war oder von irgendjemandem ganz bewusst versiegelt wurde. Jedenfalls kam der Hohlraum nach Jahrhunderten unerwartet wieder zum Vorschein. Bei der Freilegung entdeckte Hermann Bauch im Sand und Geröll Reste einer ehemaligen Kapelle. Im Zuge der Renovierung wurde ihr Zugang vom Keller aus wieder geöffnet und mit neuen Ziegeln gewölbt. Bauch vermutete, dass zu jener Zeit, als oberirdisch auf dem Kronberger Hügel noch eine Burg stand, tief unter der Erde ein Versammlungsort des Templerordens existierte.

Sensitive Besucher, die den »Kultraum« betreten, berichten von einer Veränderung ihrer Wahrnehmung. Vermutlich deshalb, weil hier im Untergrund absolute Stille herrscht. Es ist ein magischer Ort der Besinnung. Wer für einige Sekunden den Atem anhält, nimmt bestenfalls das Rauschen des eigenen Blutkreislaufes wahr. Im Zentrum der halbkreisförmig angelegten Kapelle steht ein »Altarstein« und davor ein »Wasserbecken«. Ebenfalls erhalten ist ein rundes Steinrelikt mit sieben Vertiefungen. Es hat auffallende Ähnlichkeit mit jenem »Kultobjekt«, das im steirischen Kirchberg an der Raab gefunden wurde. Es soll ein »Lichtstein« oder »Fackeltöter« sein, der im Mittelalter Beleuchtungszwecken diente.

In der Kuppel der Kammer sind Teile eines Luft- oder Lichtschachts erkennbar, der einst bis an die Oberfläche führte. Was auffällt: Die

Architektur des »Kultraumes« erinnert an die unterirdische Templerkapelle von Gisor in der französischen Normandie. Der Legende nach soll sich dort immer am 24. Dezember im Wasserbecken eine bestimmte Sternenkonstellation gespiegelt haben. So jedenfalls will es Gérard de Sède (1921–2004) herausgefunden haben. Folgt man der heiligen Geometrie, könnte damit der gesamte Bauplan der Templerfestung entschlüsselt werden. Sind der Andachtsraum und das geheime Gangsystem in Kronberg nach ähnlich astronomischen Gesichtspunkten errichtet worden? Archäoastronomische Studien dazu fehlen. Unbestritten ist, dass der anno 1312 vom Papst aufgelöste Templerorden über erstaunliche Kenntnisse der Geometrie verfügte und die größten Sakralbaumeister ihrer Zeit hervorgebracht hat. Aber ist der Geheimbund wirklich in Kronberg aktiv gewesen? Es gibt mehr Gerüchte als Beweise.

12 m unter der Erde: »Kultraum« oder »Kapelle« mit unbekannter Bestimmung

Spuren der Templer

Urkunden über einen Templerbesitz in Kronberg sind nicht bekannt. Dennoch stolpern wir über etliche Hinweise, die für einen Aufenthalt der geistlichen Ritter in Kronberg sprechen. Urkundlich belegt ist, dass der Orden in dem circa 60 Kilometer nordöstlich gelegenen südmährischen Ort Čejkovice (deutsch Scheikwitz) eine Komturei besaß. Von diesem Hauptsitz führte eine Kreuzfahrerroute über das Weinviertel nach Wien und weiter die Donau entlang Richtung Jerusalem. Kronberg liegt auf diesem alten Pilgerweg.

Sagen behaupten, dass die Templer in Niederösterreich von der Bevölkerung anzüglich als »rote Pfaffen« und »Rotkäppchen« bezeichnet wurden. In einem Dokument des Vereins für Landeskunde Niederösterreich ist im Jahre 1903 zudem vermerkt:

> »Es gab in Kronberg außer der Residenz auch ein Spital, am Fuße des Berges eine Priesterwohnung und weiters noch einen Meierhof mit einer Schäferei. In dieser konnten die Schafhirten, die in Diensten der Templer standen, auch wohnen.«

Ergänzend dazu erzählte mir Professor Bauch von einer Überlieferung, wonach

> »unter der Kronberger Pfarre früher ein riesiges Gewölbe existierte, das mit den Geheimgängen verbunden war und in späterer Zeit absichtlich verschüttet wurde. Dort will man auch einige Skelette gefunden haben, an deren zerfetzten Gewändern noch Teile des achteckigen roten Templerkreuzes zu erkennen waren.«

Man könnte nun meinen, die Templer hätten irgendwo auf den Wänden der unterirdischen Gänge typische »Tatzenkreuze« zum Zeichen ihrer Präsenz hinterlassen. Gefunden habe ich keines, sehr wohl aber in dem nur 2 Kilometer südwestlich vom »Himmelkeller« entfernten Nachbarort Ulrichskirchen. Auf einem äußeren Strebepfeiler der Dorfkirche (urkundlich erstmals 1163 erwähnt) ist ein Steinmetzzeichen in Form eines Templerkreuzes angebracht.

Mit dem Templerorden in Beziehung gesetzt wird auch ein Steinrelief, das in den Ruinen der Burg Kronberg gefunden wurde. Es zeigt den dreigesichtigen Kopf eines bärtigen Mannes mit nur vier Augen. Ähnliche Darstellungen tauchen im Mittelalter mehrfach auf. Nur wenige Motive des wundersamen Antlitzes sind erhalten. Wir entdecken sie zum Beispiel in Basel auf einem romanischen Chorpfeiler aus dem 12. Jahrhundert oder auf einem Gemälde in der Basler

Peterskirche. Im Mariendom zu Zwickau in Sachsen versteckt sich die Symbolik als Schlussstein sowie auf einem Eckpfeiler. Ganz ähnlich auf einer Steinkonsole im niederösterreichischen Guntersdorf, 25 Kilometer nordwestlich von Kronberg. Die gängigste Interpretation lautet: »Wiedergabe der Heiligen Dreifaltigkeit, die aus der göttlichen Einheit Gottvater, Gottsohn und Heiliger Geist besteht.«

Wer nun denkt, die Trinität einer dreigesichtigen Gottheit sei eine Erfindung der Christenwelt, der irrt. Weit älter sind vergleichbare Abbilder aus dem keltischen Gallien, von den Unterweltsgöttern im alten Griechenland oder dem indischen Hinduismus.

Nicht anders im alten Ägypten. Im »Leidener Amunhymnus« aus dem 14. Jahrhundert v. Chr. heißt es:

> »Drei sind alle Götter: Amun, Re und Ptah, keinem gibt es ihresgleichen. Verborgen ist sein Name als Amun, als Re wird er wahrgenommen, sein Leib ist Ptah.«

Und die dreigesichtigen Abbilder in Templerkirchen? Einige Historiker deuten sie nicht als »Dreifaltigkeit Gottes«, sondern im Gegenteil als Teufelsfratze. Aus den Protokollen der Templerprozesse von 1307 geht hervor, dass man den in Ungnade gefallenen Ordensbrüdern unterstellte, sie würden »schwarze Messen« feiern und einem satanischen Idol namens Baphomet huldigen. Wer oder was letztlich auf diesem »Götzenbild« dargestellt war, bleibt umstritten. Die Deutungen spannen einen weiten Bogen, der von »Gottes wahrem Antlitz«, einem »sprechenden Haupt«, einer brotspendenden »Manna-Maschine« bis hin zum »Stein der Weisen« reichen.

Das »Kronberger Templerkreuz«

Rätsel gibt auch ein weiterer Fund auf, der als Indiz dafür gewertet werden kann, dass Kronberg einer der letzten geheimen Zufluchtsstätten des Templerordens in Österreich war.

Bei einem meiner jüngsten Besuche im »Himmelkeller« zeigte mir Hannes Bauch einen Schatz aus der Sammlung seines Vaters: das »Kronberger Templerkreuz«. Gemeinsam mit wertvollen Grabbeigaben wurde es vor genau 200 Jahren unter den Ruinenresten der ehemaligen Burg gefunden. Es war eines von vier Kreuzen, das im Besitz des Babenberger Burgherrn Hermann von Chranperch war. Der Legende nach trug er das Kreuz als Tempelherr beim Kreuzzug nach Jerusalem bei sich.

Das Kleinod wurde aus mehreren reich verzierten Plättchen zusammengesetzt und besteht aus vergoldetem Silber. Hergestellt wurden die Teile um das Jahr 400 aus Schmuckelementen, die zum Pferdezaumzeug eines Germanenfürsten gehörten. Im Mittelalter wurde daraus das »Kronberger Templerkreuz« angefertigt, das in der Mitte plastisch eine goldene Pyramide zeigt. Das Prachtstück ist exakt 12 Zentimeter lang. Bestimmt nicht zufällig, denn die Zahl 12 erinnert uns an biblische Ereignisse wie die »12 Stämme Israels«, die »12 Apostel« oder die »12 Tore«, durch welche die Geretteten ins himmlische Jerusalem eintreten. Das »Kronberger Templerkreuz« existiert nur mehr als originalgetreue Kopie, rekonstruiert anhand alter Fotos. Das echte Fundstück verschwand 1944 spurlos im Zuge der Kriegswirren, nachdem es zuletzt im Rollettmuseum in Baden bei Wien ausgestellt lag. (Siehe Abb. 42 im Farbbildteil)

Mit der Pyramide auf dem Kreuz verbinde ich einen kleinen Raum im unterirdischen Labyrinth von Kronberg, der erst in jüngeren Jahren entdeckt und zugänglich gemacht wurde. Man fühlt sich in diesem Kämmerchen wie in einem Miniaturkirchturm, in dem gerade mal zwei Menschen Platz finden. Es ist der einzige unterirdische Raum, der eine Decke in Pyramidenform aufweist. Hinzugefügt wurde ein nicht ganz stilgerechter Kerzenleuchter, der von der Spitze herabhängt. Auch interessant: Gegenüber dem Eingang befindet sich eine Nische mit einem dreieckigen Giebelabschluss. Die anderen Lösswände sind mit geometrischen Gittermustern graviert. Eine Ritzzeichnung gibt einen Kirchturm wieder, der bei näherer Betrachtung an das Porträt eines lächelnden Kapuzenmannes mit Bart erinnert. Hier mag meine Fantasie mit mir durchgehen, aber es würde zu anderen Absonderlichkeiten in den Kronberger Gängen passen.

Kurioser Kreuzweg

Ein Kuriosum erstreckt sich über viele Meter entlang einer Stollenwand, wo reliefartig der Kreuzweg Christi abgebildet ist. Die Szenen wirken recht drollig in ihrem einfachen und naiven Stil. Bei meiner ersten Besichtigung der Kronberger Unterwelt waren zwei Mystery-Freunde und Forscherkollegen mit dabei: der deutsche Germanist Peter Fiebag und sein 1999 verstorbener Bruder Dr. Johannes Fiebag. Was es an Merkwürdigkeiten zu sehen gibt, haben die beiden Autoren in ihrem 1989 veröffentlichten Sachbuch *Die Entdeckung des Grals* treffend wiedergegeben:

> »Das letzte Abendmahl mit Jesus in der Mitte (seltsamerweise ist sein Haupt mit einer Kapuze bedeckt, wie sie auch die Templer besaßen), vor ihm der Kelch, dann der das Kreuz tragende Christus, Christus am Kreuz und schließlich – für einen Kreuzweg ebenfalls ungewöhnlich – seine Auferstehung: Jesus, die Hände emporgehoben, neben ihm zwei Engel, unter ihm zur Linken eine Gruppe von fünf, zur Rechten eine Gruppe von sieben Personen (fünf und sieben sind die mystischen Zahlen für Juden wie für Christen). Weiter rechts ist noch eine zweite Person abgebildet, die auf ihrem Gewand das Abbild eines von einer Strahlenaureole umgebenen Kopfes trägt. Das Sonderbarste dieses gesamten Bilderreigens ist jedoch – und hier ist uns keine entsprechende Tradition in der christlichen Kunst bekannt – die Darstellung der Geburt Jesu am Ende des Kreuzweges: Das Jesuskind in der Krippe, links seine Mutter Maria, rechts Josef auf einen Stab gestützt und den Arm zum nächtlichen Himmel erhoben, an dem der Stern von Bethlehem, zwei weitere Sterne und die Mondsichel zu erkennen sind. Sollte all das vielleicht überhaupt kein Kreuzweg im üblichen Sinne sein?«

Viele Gravuren der Kelleranlagen tragen Zahlen und Namen aus dem 19. Jahrhundert. Es findet sich sogar ein Relief, das offenbar den Wiener Stephansdom zeigt. Über das wahre Alter aller Sandsteinbilder sagt das wenig, aber eine mittelalterliche Entstehung bleibt zweifelhaft. Die meisten Historiker halten den Bilderzyklus für kaum älter als 150 Jahre. Selbst wenn das stimmt, was keineswegs bewiesen ist, wäre dies es wert, den Verdacht der Brüder Fiebag zu prüfen: Enthalten die Figuren, Symbole und Szenen vielleicht eine geheime Botschaft? Bisher hat sich noch kein Experte für historische Kryptologie gefunden, der einen Dechiffrierungsversuch wagt. (Siehe Abb. 41 im Farbbildteil)

»Nicht von Menschenhand geschaffen!«

Im Bilderzyklus irritiert mich ein Motiv besonders, das mir in dieser Form noch nirgendwo untergekommen ist: Hierbei handelt es sich, wie es scheint, um einen Priester, der mit seinen Händen ein ausgebreitetes Tuch mit dem Antlitz des Erlösers hält – das Schweißtuch der Veronika.

Nach christlicher Überlieferung war Veronika eine Jüngerin Jesu Christi, die ihm auf seinem Weg zur Kreuzigungsstätte Golgatha ein Schweißtuch gereicht hat. Auf dessen Stoff soll sich dann das »wahre Bild« von Jesus auf wunderbare Weise eingeprägt haben. Ob eine Jüngerin namens Veronika lebte, ist sehr zweifelhaft. Plausibler ist die Annahme, dass der Name Veronika aus dem lateinischen Begriff *vera* (zu Deutsch: »wahr«) und dem grie-

Ein Relief im »Himmelkeller« zeigt einen Priester mit dem »Schweißtuch der Veronika«

chischen Wort *Εικών* (»ikon«, zu Deutsch: »Bild«) entstanden ist. Selbst wenn die Heilige eine Erfindung sein sollte, muss das nicht auch für die Reliquie gelten.

»Nicht von Menschenhand gemacht«: Die Wunderreliquie von Manoppello

Über Bedeutung und Verbleib des Wundertuches wird viel spekuliert. Eine Spur führt auf den Tarignihügel in der italienischen Berglandschaft der Abruzzen. Dort thront das kleine Kapuzinerkloster von Manoppello. Hier wird ein einzigartiger Schatz der Christenwelt aufbewahrt: Ein heiliger Schleier, das *Volto Santo* (ital. »Heiliges Gesicht«) genannt, der das wahre Antlitz Gottes zeigen soll. Niemand kann überzeugend begreiflich machen, wie darauf das Bild eines bärtigen Mannes entstanden ist: Gesichert ist, der Stoff besteht aus hauchdünner Muschelseide (Byssus), auf dem keine Farbpigmente nachweisbar sind. Es wirkt wie eine Holografie und erzeugt unter bestimmten Lichtverhältnissen die Illusion, dass das Antlitz auf dem Tuch scheinbar im Nichts verschwindet und später ebenso plötzlich wieder sichtbar wird. Es stimmt wirklich – ich habe diesen Effekt selbst vor Ort überprüft und fotografiert.

Herkunft und Entstehung der 17,5 Zentimeter breiten und 24 Zentimeter hohen Ikone sind ungeklärt. Schriftlich belegt ist lediglich, dass es bereits seit 1506 in der Kirche von Manoppello aufbewahrt wird. Der deutsche Jesuit und Kunsthistoriker Heinrich Pfeiffer ist überzeugt davon, dass dieses Wundertuch identisch ist mit dem echten Schweißtuch der Veronika. Heilige Tücher gleichen Namens, die in der Basilika Sankt Peter in Rom und in der Schatzkammer in Wien aufbewahrt werden, hält er für Fälschungen.

Ob die Templer im Besitz dieser meistverehrten Reliquie waren, wissen wir nicht. Es könnte eine Verbindung zum berühmten Grabtuch von Turin geben, das offenbar dieselbe Person porträtiert, aber doch anders ist. Das Turiner Leichentuch entspricht eher einem Fotonegativ mit dreidimensionalem Effekt und zeigt den ganzen Körper eines Mannes. Der heilige Schatz soll von den Templern im Jahre 1204 aus Konstantinopel gerettet und ins Abendland gebracht worden sein. In gefaltetem Zustand zeigt die Reliquie wiederum das Gesicht eines bärtigen Mannes. Ist dieses Abbild identisch mit jenem Kopf, den die Templer als das »wahre Antlitz Gottes« verehrten?

»Wolkersdorfer Relief« mit ungewöhnlicher Szenerie

Wenn wir aus dem unterirdischen Gangsystem Kronbergs wieder zurück an die Oberfläche gelangen, kommen wir an einem Steinrelief vorbei, das in einen Mauerbereich des »Himmelkellers« eingearbeitet ist. Es wird »Wolkersdorfer Relief« genannt. Das Original, entstanden um 1300, befindet sich im Landesmuseum Niederösterreich. Die Steintafel ist in drei Felder unterteilt: Links ist Christus betend am Ölberg abgebildet. Auf der rechten Seite findet sich eine Szene, die für die Ikonografie des Mittelalters ungewöhnlich ist und zweideutige

Gefühle wecken könnte: Der Kopf von Lieblingsjünger Johannes liegt im Schoß von Jesus und wird von ihm liebevoll gehalten. In der Mitte groß hervorgehoben: *Vera icona Jesus Christus* (»Das wahre Bild von Jesus Christus«), umringt von himmlischen Engeln.

Bemerkenswert ist, dass von beiden Tüchern – in Manoppello und in Turin – behauptet wird, sie zeigten das »wahre Antlitz von Jesus Christus« und sie seien »nicht von Menschenhand geschaffen«. Vom Unterirdischen ins Überirdische ist es nur ein Katzensprung.

Das gilt umgekehrt genauso. Einige Schritte weiter, und wir stehen vor der letzten Ruhestätte von Professor Hermann Bauch. Die Familie hat dem großen Kronberger Künstler auf dem Himmelberg eine würdevolle Grabstätte errichtet. Die Aura des Meisters ist im »Himmelkeller« nach wie vor spürbar, so als wäre Hermann Bauch noch mitten unter uns. In seinem Mausoleum brennt ein ewiges rotes Kerzenlicht, und daneben auf einem Hocker steht eine edle Flasche Wein mit einem Weinglas. (Siehe Abb. 43 im Farbbildteil)

Beim jüngsten Besuch im Oktober 2020 verweilte ich ein paar Minuten vor dem Grab des großen Künstlers. Dabei machte ich mir Gedanken über die Vergänglichkeit und darüber, dass wir bestrebt sein müssen, die Zeit, die uns gegeben ist, sinnvoll zu nutzen. Hermann Bauch hat brillant vorgelebt, wie es gehen kann. Beim Ausgang des »Himmelkellers« stand ich dann vor dem »Kronberger Tor«. Hermann Bauch hat es mit Reststeinen der Burg Kronberg errichtet. An der Spitze thront sein Markenzeichen, mit dem er gerne signierte – die Skulptur eines Hahnes.

In einer Mauerecke erblickte ich einen Grabstein. Ich betrachtete ihn mir genauer und musste über den zugehörigen Text schmunzeln:

> »Wanderer, steh und weile, hier ruhen meine Gebeine,
> ach, wären es doch deine!«

Epilog: Zurück ans Licht!

»Man weiß durchaus nicht, wie man als geistiges Wesen in diese sonderbare Unterwelt gekommen ist; aber wissen sollte man früh und immer, wie man mit Ehre wieder hinaus kommt.«

Nikolai Abramowitsch Putjatin
(1749–1830)
russischer Fürst, Philosoph und Sonderling

Unser Streifzug durch unerforschte Gefilde der Unterwelt neigt sich dem Ende zu. Zum Ausklang noch ein paar Worte in eigener Sache: Es heißt, Kleider machen Leute. Wer, wie der Autor dieser Zeilen, gerne durch finstre Erdställe, sandige Labyrinthe und enge Pyramidenkorridore kriechen möchte, sollte die Sonntagsmontur im Kleiderschrank lassen. Eine Latzhose ist für ein staubiges Abenteuer im Untergrund ratsamer. Oder man hat ein Ersatzoutfit dabei, in das man schlüpfen kann, falls hinterher die Zivilisation ruft. Das Szenario ist immer das gleiche: Nach beendeter Erkundung eines unterirdischen Ganges ist man garantiert zum »Erdferkel« mutiert. Allerdings gibt es Tunnelexkursionen, bei denen man selbst mit passender Ausrüstung und Gummistiefeln am Ende noch verdreckter aus der Wäsche guckt als vorstellbar. Jedenfalls ist es mir beim »Kontrastprogramm« zu den steirischen Erdställen so ergangen.

Rückblende: »Sub Terra«-Obmann Johann Schweighofer zeigt mir einen aufgegebenen Bergwerksstollen, der im Mittelalter unter der Obhut des Augustiner-Chorherrenstifts Vorau stand. Die jährlichen Steuerbelastungen hatten die Stiftskasse sehr belastet, und so suchte der damalige Probst Konrad nach neuen Einnahmequellen. In der Hoffnung, ergiebige Gold-, Silber-, Blei- und Eisenvorkommen zu finden, wurden auf der Vorauer Liegenschaft zahlreiche Stollen gegraben. Einer davon liegt in der Nähe der Hummelmühle und wird »Vorauer Goldloch« genannt.

Johann Schweighofer öffnet die versperrte Gitterpforte ins Bergwerk. Wir betreten eine ungemütliche, nahezu schaurig anmutende Unterwelt. Ich nehme die beklemmende Aura armer Menschen wahr, die hier vor Jahrhunderten schuften mussten. Die aus dem rohen Gestein gehauenen Felsenklüfte sind feucht und glitschig. Teilweise im Matsch und Schlammwasser stehend, hangeln wir uns weiter vor ins finstere Berginnere. Ein unbedachter Schritt und prompt verliere ich das Gleichgewicht. Statt im Goldloch, sitze ich im Dreckloch. Der Hosenboden ist nass und mit braunem Erdreich verschmiert. Kein schöner Anblick. In diesem Moment bin ich froh, dass es ringsum recht dunkel ist. Nur der Schein der Taschenlampe erhellt ein paar Meter vor uns den Stollenbereich. Ich lasse mir nichts anmerken und stapfe, verschmiert und durchnässt, in der Schlammbrühe tapfer vorwärts.

Unterwegs erzählt mir mein engagierter Höhlenguide, dass der »Sub Terra«-Verein den alten Stollen als Schaubergwerk für interessierte Besucher öffnen will. Im Stillen denke ich: Allmächtiger! Was für eine Herausforderung! Die Anlage besitzt mehrere Etagen und soll mindestens 8 Kilometer lang sein. Erst 80 Meter sind freigelegt und mit Schmutzgarantie halbwegs »begehbar« gemacht worden. Danach kommt eine Weggabelung, die in zwei verschiedene Richtungen führt. Man erkennt zwischen morschen Brettern und bedenklichem Morast, dass der Tunnel weiterführt, aber wohin? Als ich sorglos ins Unbekannte weiterstapfen will, mahnt Obmann Schweighofer zur Vorsicht: »Hier besser nicht über diese Bretter steigen!« Naiv frage ich: wieso? »Wegen dem 2 mal 2,5 Meter großen Wasserloch; da geht es 80 Meter in den Abgrund!«, lautet die unmissverständliche Warnung. Herrschaftszeiten noch einmal, jetzt reicht es aber! Ich dränge zum Ausgang.

Wenige Meter vor der Öffnung in den Berg fließt der rettende Löffelbach. Mit seinem Wasser befreie ich mich vom ärgsten Matsch. Im Zuge dieser notdürftigen Reinigungsarbeit frage ich Johann Schweighofer, ob man hier wirklich Gold gefunden hat. »Ja«, bestätigt der Höhlenforscher, »laut Kirchenchronik wurde es im Bergwerk als Nebenprodukt gewonnen und zum Vergolden von Engelfiguren im Vorauer Stift verwendet.« Nebenprodukt? Was wurde denn hauptsächlich abgebaut? »Arsen!«, erwidert der Steirer. Die giftige weiße Substanz wurde in der Leder- und Glaserzeugung verwendet und galt als »Kokain der steirischen Bauersleute«. In kleinen Mengen wurde es als frühes Dopingmittel verspeist. Freilich, wer zu viel davon erwischte, hatte mit gegenteiligem Effekt zu kämpfen. Der steirische Heimatdichter Peter Rosegger (1843–1918) wusste vom Arsenkonsum seiner Landsleute. Der Verzehr sei »nichts anderes als ein Überrest des mittelalterlichen Gesundheitselixiers des Teufels«, schreibt Rosegger. »Man trank es, wurde jung und nach einiger Zeit vom Teufel geholt.«

Ein stiller Gedanke nicht ohne Ironie. Er passt zum Ausklang dieses Buches über verborgene unterirdische Reiche und dem Wissen um unsere irdische Sterblichkeit. Dazu kommt mir wieder etwas in den Sinn, das ich verdrängt hatte. Beim beengten Kriechen durch dunkle Korridore nahm ich subjektiv »Schwingungen« wahr, die an Nahtod-Erlebnisse erinnern. Menschen, die sich in lebensbedrohlichen Situationen befanden, berichten immer wieder von einem hellen weißen Licht, das sie am Ende eines Tunnels wahrgenommen hatten. Dieses übersinnliche Phänomen ist von der Antike bis heute bekannt und besteht unabhängig von Weltanschauung und Kultur.

Es ist bisher nie Thema gewesen, aber hier will ich es an dieser Stelle als Fußnote mit einbringen: Die Nahtoderfahrung ist mir

Der Autor im Vorauer Goldloch

nicht fremd. Als ich 6 Jahre alt war, hatten die Ärzte einen Blinddarmdurchbruch nicht rechtzeitig erkannt. Die letzte Erinnerung im Wachzustand war, dass ich im elterlichen Schlafzimmer lag, mit Blick ins Wohnzimmer, wo besorgte Angehörige versammelt standen. Allmählich schwanden die Konturen meiner Sinneseindrücke und ich fiel ins Koma. 2 Monate lang war die Intensivstation in einem Wiener Spital mein unfreiwilliges Zuhause. Im Anschluss ging ich auf Anraten der Ärzteschaft 3 Monate in »Erholung« in ein Heim in Niederösterreich. Lustig war es dort nicht. Nach dem Krankenhausaufenthalt wäre ich lieber im behüteten Elternhaus geblieben. Immerhin musste ich die 1. Klasse der Volksschule wiederholen, und bis zur Pubertät begleiteten mich nächtliche Träume. Darin flog ich in einer Art Tunnel, umgeben von roten sich verengenden Spiralen, die auf ein Tor aus Licht zusteuerten. Es war immer der gleiche Traum. Dann als Halbwüchsiger erzählten mir meine Eltern von der Koma-Geschichte. Seltsam, aber von diesem Tag an hörten die traumatischen Erinnerungen schlagartig auf. Sie wiederholten sich nie wieder.

Verblüfft stellte ich fest, ich war mit diesem Erlebnis nicht allein. Vielen Autoren und Forschern des Paranormalen erging es genauso, darunter auch meinem Mystery-Freund Andreas von Rétyi. Heute bin ich dankbar für diese Nahtodbekanntschaft in Kindertagen. Denn wenn ich eingehender darüber sinniere, gelange ich zu der

Erkenntnis: Es war diese Wahrnehmung an der Schwelle zum Jenseits, die meine spätere Faszination für das Überirdische und allerlei »Dinge, die es nicht geben dürfte« geweckt hat. Ohne dieses schicksalhafte »Schlüsselerlebnis« wäre aus mir wahrscheinlich nie ein Autor für Grenzwissenschaften und Sonntagsforscher geworden. Vergelt's Gott!

Jeder Mensch, der aus einem Erdstall oder einem unterirdischen Labyrinth wieder an die Erdoberfläche gelangt, freut sich über die frische Luft, das Sonnenlicht und das heitere Leben. Jetzt, im gereiften Alter, frage ich mich: Was existiert auf der anderen Seite des Traumtunnels, das wir Paradies oder Himmelreich nennen? Folgt das absolute »Nichts« oder doch ein Weiterleben jenseits all unserer irdisch beschränkten Vorstellungen? Wenn es unterirdische und oberirdische Welten gibt, warum nicht auch *über*irdische, die unsere Materie in andere Zeiten und Dimensionen katapultiert? Wer weiß, vielleicht wird es ja eine Heimreise. Leitet sich doch der deutsche Begrifft »Himmel« von dem alten Wort »Heime« ab, sprich »Heimat«. Erinnerungen an die Zukunft?

Herz-Relief im »Himmelkeller« von Kronberg

Danksagung

»Dankbarkeit und Liebe sind Geschwister.«

Christian Morgenstern
(1871–1914)
deutscher Dichter

Meine Bücher entstehen nicht auf Knopfdruck oder über Nacht. Reisen, Recherchen und intensive Schreibarbeit benötigen knapp ein Jahr, bevor das fertige Manuskript im Verlag landet. Getan ist es damit noch lange nicht. Weitere Monate vergehen, ehe das Werk nach Lektorat, Layout und Druck schließlich auf dem Buchmarkt erscheint. Mit Fortuna findet der neue »Wurf« (für mich immer ein dickerer Brief an Freunde) eine interessierte Leserschaft. Naturgemäß ist der Autor allein, wenn er in die Tasten haut. Doch ohne Unterstützung wohlgesinnter Informanten, fachkundiger Experten und hilfreicher Freunde würde die Fertigstellung nicht glücken. Das war bei *Unterwelten*, meinem nunmehr 27. Sachbuch, nicht anders.

Bei meiner Spurensuche zwischen Unter-, Außer- und Überirdischem werde ich seit vielen Jahren von namhaften Persönlichkeiten, Wissenschaftlern, Forschern, Kollegen und Freunden begleitet und unterstützt. Sie tun das selbstlos auf verschiedenste Weise, sei es in Form von Interviewbeiträgen, mithilfe von zur Verfügung gestelltem Bildmaterial, durch Bekanntgabe brisanter Auskünfte oder dank wohlgemeinter Kritik. An dieser Stelle möchte ich vielen Menschen herzlich Dankeschön sagen. Nachfolgend führe ich ihre Namen in alphabethischer Reihenfolge auf. Die Nennung besagt jedoch nicht zwangsläufig, dass diese »hilfreichen Geister« die in diesem Buch vorgebrachten Thesen teilen. Sollte ich altersbedingt Unterstützer vergessen haben, bitte ich um Gnade und Vergebung.

A.A.S. – Forschungsgesellschaft für Archäologie, Astronautik und SETI, Dieter Ahlborn, Prof. Dr. Hermann Bauch (†2006), Hannes Bauch und Familie, Erich Brandl, Erich von Däniken, Ing. Anton Fink, Werner Betz, Luc Bürgin, Gisela Ermel und die Redaktion von *Sagenhafte Zeiten*, Claudia und StD. Dipl.-Hdl. Peter Fiebag, Robert Grabner, Galileo-Park-Gründer Wolfgang Schmidt (†2020) und Parkteam, Frank Heudorf, Historischer Verein für das Kirchberger Ländchen, Tomas Hrico, Gerhard Holischka, Lic. Phil. nat. Hans-Peter Jaun, Andreas »Desmond« Kirchner, Friedhelm Krämer, Prof. Dr. Heinrich und Ingrid Kusch, Prof. Dr. Johann Köhldorfer, Reiseveranstalter Ute Kopp & Cornelia Spangler, Walter-Jörg Langbein, Mag. Gabriele und Ladislaus Lukacs, Fritzi (†2020) und Karl Lukan (†2014), Bernhard Moestl, Bürgermeister Helmut Ofner und Mitarbeiter des Gemeindezentrums Kirchberg an der Raab, Prof. Dr. Ahmed Moustafa Osman, Brigitte Pölzl, Film- und Fotoproduktion Dr. Johanna Pötsch, Mario Rank, Bernd Rosenbaum und »Nofretete«, Dietmar Rücker, Hartmut Schäfer, Ing. Johann Schweighofer und der Verein Sub Terra Vorau, Gregor Spörri, Ekkehard Steinhäuser, Oliver Stummer, Thomas M. Waldmann, Johann Wansch und Familie, Yannick Weiss, Monika Zörrer-Buchas und der Verein Masenberg-Tours sowie Ramon Zürcher.

Mein spezieller Dank gilt meinem geschätzten Freund und Autorenkollegen Andreas von Rétyi. Uns verbindet nicht nur das gemeinsame Interesse an den Grenzgebieten des Wissens. Wir haben in der Kindheit ähnliche Schicksale durchgestanden, die uns die Augen für das Übersinnliche geöffnet haben. Von Rétyi ist Chefredakteur des populären Kioskmagazins *mystery* (gegründet 2004 von Luc Bürgin unter dem Titel *mysteries*), das ich seit 2007 als ständiger Mitarbeiter mitgestalte. Merci für das überirdische Vorwort zu diesem Buch!

Keine Publikation ohne meine Basler Lebensgefährtin Elvira Schwarz. Merci immer und ewig! Uns trennen 900 Kilometer, aber die Liebe überwindet jede Distanz. Seit 15 Jahren wandern wir zu wundersamen Schauplätzen in aller Welt. Viele Buchrecherchen haben wir gemeinsam unternommen und dabei oft schier Unglaubliches erleben dürfen. Elvira organisierte die wichtigsten Reiserouten, übernahm die E-Mail-Korrespondenz, übersetzte Texte und lieferte als »Testleserin« des Rohmanuskripts – wie schon bei vorangegangenen Titeln – wertvolle Anregungen für die weitere Abfassung. Allen Corona-Schikanen zum Trotz: Nach der Reise ist vor der Reise!

Zu guter Letzt danke ich meiner Lektorin Christina Neuhaus und dem Verlagshaus Kopp für die gute Zusammenarbeit und die bewährte Betreuung. Stellvertretend für alle emsigen Verlagsmitarbeiter danke ich namentlich Projektleiter Thomas Tritschler, Grafikleiterin Nicole Lechner, Layouterin Martina Kimmerle und besonders Verleger Jochen Kopp. Merci für das Interesse an meiner Spurensuche zu Themen, die es eigentlich gar nicht geben dürfte – und doch existieren sie in Buchform seit vielen Jahren! Kopp sei Dank!

Zum Abschluss eine Bitte an meine Leserinnen und Leser:

Vielleicht sind Sie selbst ein »Grenzgänger des Fantastischen«, haben Dinge erlebt und gesehen, die Sie zuvor für im wahrsten Sinne des Wortes unglaublich gehalten haben? Oder Sie wissen von einer verborgenen, »unmöglichen« Entdeckung, die Rätsel aufgibt? Oder Sie sind sogar selbst im Besitz eines kuriosen Gegenstandes mit ungeklärter Herkunft und Bedeutung? Dann würde ich mich freuen, wenn Sie mir schreiben. Alle Angaben werden vertraulich behandelt. Sie erreichen mich unter meiner E-Mail-Adresse:

info@reinhardhabeck.at

Quellen, Literatur und Kontakt

Alle hier aufgeführten Links waren bei Redaktionsschluss aufrufbar. Sollte dies bei Drucklegung nicht mehr der Fall sein, kann der entsprechende Link in der Regel beim Internetarchiv (*http://archive.org/web/*) gefunden werden.

Teil 1: **Steiermarks unbekannte Unterwelt**

Bücher und Zeitschriften:

Ahlborn, Dieter: *Geheimnisvolle Unterwelt – Das Rätsel der Erdställe in Bayern*, Aying 2010.

Augustin, Wilfried: »Wehrkirche in Kleinzwettl«, in: *Efodon-Synesis*, Nr. 6, Hohenpeißenberg 2005.

Falkenberg, Hans: »Die Erdställe – Zwischenbilanz einer rätselhaften Unterwelt in Oberösterreich«, in: *Oberösterreichische Heimatblätter*, Nr. 3 und 4, Linz 1982.

Fischer, Jan: »Hightech in der Steinzeit«, in: *Mysteries*, Nr. 5, Basel September 2015.

Habeck, Reinhard: *Das Unerklärliche*, Wien 1997.

Hebert, Bernhard (Hg.): *Urgeschichte und Römerzeit in der Steiermark*, Wien-Köln 2015.

Karner, Lambert: *Künstliche Höhlen aus alter Zeit*, Wien 1903.

Karner, Lambert: »Künstliche Höhlen in Niederösterreich«, in: *Blätter des Vereines für Landeskunde von Niederösterreich*, Nr. 18, Wien 1884.

Kießling, Franz: *Über das »Rätsel der Erdställe«*, Wien 1925.

Kirchberger Pfarrarchiv: »Protokoll von St. Florian zu Kirchberg an der Raab«, Kirchberg 1808.

Köhldorfer, Johann und Grabner, Robert: *Region Kirchberg im Wandel der Zeit*, Band 1 und 2, Kirchberg an der Raab 1998 und 2005.

Köhldorfer, Johann und Grabner, Robert: *Sagenhaftes Kirchberg*, Eigenverlag, Feldbach 2004.

Kusch, Heinrich und Kusch, Ingrid: *Geheime Unterwelt*, Graz 2021.

Kusch, Heinrich und Kusch, Ingrid: *Tore zur Unterwelt*, Graz 2009.

Kusch, Heinrich und Kusch, Ingrid: *Versiegelte Unterwelt*, Graz 2014.

Lukan, Karl: *Herrgottsitz und Teufelsbett*, Wien-München 1979.

Müller-Kasper, Ulrike: *Handbuch des Aberglaubens*, 3 Bände, Wien 1996.

Neuhold, Manfred: *Mythen, Kräfte, Phänomene – Kultplätze in der Steiermark*, Graz 1998.

Plach, Hans und Kubes, Karl: »Die Wehrkirche in Kleinzwettl – eine geschichtliche und kunstgeschichtliche Dokumentation«, in: *Arbeitsberichte des Kultur- und Museumsvereines Thaya*, Heft Nr. 2/3, Thaya 1981.

Schleich, Johann: *Oststeirische Volkssagen und Hausgeschichten*, Band 1 und 2, Feldbach 1991.

Schulz, Matthias: »Irrgärten der Unterwelt«, in: *Spiegel Online*, Hamburg, 18. Juli 2011.

Schwarzfischer, Karl: *Zur Frage der Schrazellöcher oder Erdställe*, Weiden 1968.

Urban, Otto H.: *Wegweiser in die Urgeschichte Österreichs*, Wien 1989.

Weichenberger, Josef: »Alter einer Holzkohle aus dem Erdstall Bauernhofer in Bad Zell, Oberösterreich«, in: *Der Erdstall*, Nr. 30, Roding 2004.

Weichenberger, Josef: »Erdställe – hochmittelalterliche Zufluchtsanlagen und Verstecke?«, in: *Beiträge zur Mittelalterarchäologie in Österreich*, Wien 2009.

Weichenberger, Josef: »Zeitstellung der österreichischen Erdställe«, in: *Der Erdstall*, Nr. 29, Roding 2003.

Zingerle, Ignaz Vinzenz: *Sagen aus Tirol*, Innsbruck 1850.

Persönliche Mitteilungen:

Johann Wansch, 21. Juni 1997, Bad Zell.

Ing. Anton Fink, Wien, 4. Mai 2018; Kirchberg an der Raab, 14. Mai und 3. Juni 2021.

Prof. Dr. Johann Köhldorfer, Kirchberg an der Raab, 14. Mai und 3. Juni 2021; E-Mail v. 25. Juni 2021, Kirchberg – Wien.

Dr. Johanna Pötsch, E-Mail v. 26. Juni 2021, Großwarasdorf-Wien.

Dr. Heinrich Kusch, E-Mail v. 7. und 13. September 2021, Graz-Wien.

Internetrecherche (Stand September 2021):

http://www.erdstallforschung.at/

http://www.erdstallforschung.de/

http://www.isbe-archaeologie.at/?page_id=3429

http://www.lochstein.de/erdstall.htm

http://www.mondesouterrain.fr/

https://austria-forum.org/web-books/docerdstall00de2017iicm

https://burgenland.orf.at/v2/news/stories/2944518/

https://de.wikipedia.org/wiki/Kinderschreckfigur

https://de.wiktionary.org/wiki/Lichterstein

https://dieunbestechlichen.com/2018/10/gab-es-vor-10-000-jahren-tunnelbohrmaschinen-mysterioese-hoehlen-in-der-steiermark-geben-raetsel-auf-video/

https://homepage.univie.ac.at/elisabeth.trinkl/forum/forum1215/77isbe.htm

https://steiermark.orf.at/v2/news/stories/2720883/

https://www.antenne.at/kaernten/die-erdst%C3%A4lle-rund-um-vorau

https://www.bergfex.at/sommer/steiermark/touren/wanderung/36213,strallegg--lochsteinweg/

https://www.bergfex.at/sommer/steiermark/touren/wanderung/58486,hoamatweg-hofkirchen/

https://www.derstandard.at/story/2000001711104/aelteste-befestigte-steirische-siedlung-entdeckt

https://www.derstandard.at/story/2000071486186/arsen-das-kokain-der-steirischen-bauersleut

https://www.e-periodica.ch/cntmng?pid=ban-001%3A2017%3A92%3A%3A260

https://www.geisternet.com/phaenomene/187-der-schwarze-mann.html

https://www.historischerverein-stmk.at/wp-content/uploads/M_H35_Ludwig-STAMPFER-Die-k%C3%BCnstlichen-H%C3%B6hlen-bei-Kaindorf.pdf

https://www.kirchberger-laendchen.at/filmdreh-in-den-unterirdischen-gaengen/

https://www.kleinezeitung.at/steiermark/oststeier/4730242/Vorau_Museum-ueber-unterirdische-Gaenge

https://www.meinbezirk.at/graz-umgebung/c-lokales/gangsystem-gibt-viele-raetsel-auf_a301228

https://www.meinbezirk.at/hartberg-fuerstenfeld/c-leute/das-vorauer-goldloch-neu-entdeckt-von-sub-terra_a1916841

https://www.museum-joanneum.at/archaeologiemuseum-schloss-eggenberg/sammlungen/der-kultwagen-von-strettweg

https://www.nationalgeographic.de/wissenschaft/2018/08/auf-der-jagd-nach-den-nachfahren-der-hobbits

https://www.ooegeschichte.at/fileadmin/media/migrated/bibliografiedb/hbl1987_1_11-35.pdf

https://www.scinexx.de/dossierartikel/wer-war-der-homo-floresiensis/

https://www.unterwelt-kusch.com/

https://www.unterwelt-kusch.com/wp-content/uploads/2020/12/256-261.pdf

https://www.vulkanland.at/vulkanismus/

https://www.zobodat.at/pdf/MittVerHoehlenkOOe_087_1986_0001-0069.pdf

Kontakt und Besichtigung:

Historischer Verein für das Kirchberger Ländchen
Kontakt: Robert Grabner, Mühldorf 497, A-8330 Feldbach
E-Mail: *verein@kirchberger-laendchen.at*
https://www.kirchberger-laendchen.at/verein/kontakt/

Masenberg Tours in Pöllau und Miesenbach
Kontakt: Monika Zörrer-Buchas, Puchegg 36a, A-8250 Vorau
E-Mail: *office@masenbergtours.at* *https://www.masenberg-tours.at/*

Sub Terra Vorau
Kontakt: Johann Schweighofer, Augustiner-Chorherrenstift, A-8250 Vorau
E-Mail: *verein@subterravorau.at* *https://www.subterravorau.at/*

Frauenhöhle Kaindorf-St. Stefan/Hofkirchen
Kontakt: Marktgemeindeamt Kaindorf, Kaindorf 29, A-8224 Kaindorf bei Hartberg
E-Mail: *gde@kaindorf.gv.at* *http://www.kaindorf.at*

Mystische Unter- und Oberwelten der Region Anger
Kontakt: Erich Brandl, A-8184 Anger
E-Mail: *erich.brandl@utanet.at* *https://www.friseur-erich.at/*

Felsbildmuseum Strallegger Bildstein und Lochsteine
Kontakt: Gasthof Mosbacher, Stralleg 18, A-8192 Strallegg
E-Mail: *gasthof.mosbacher@aon.at* *www.gasthof-mosbacher.at*

Erdstallmuseum Althöflein
Kontakt: Erich Vodicka, Am Kapellenberg, A-2143 Althöflein
E-Mail: *gemeinde@grosskrut.at*
http://kulturamkapellenberg.grosskrut.at/index.php/erdstallmuseum

Arbeitskreis für Erdstallforschung mit Erdstallmuseum
Kontakt: Birgit Symader, Fronauer Straße 5, D-92445 Neukirchen-Balbini
E-Mail: *info@erdstall.de* *https://www.erdstall.de/de/home*

Teil 2: Noch schweigt die große Pyramide

Bücher und Zeitschriften:

Abou-Assaf, Ali: »Der Tempel von Ain Dara in Nordsyrien«, in: *Antike Welt*, Nr.: 24, Mainz 1993.

Bauval, Robert und Gilbert, Adrian: *Das Geheimnis des Orion*, München 1994.

Bauval, Robert und Hancock, Graham: *Der Schlüssel zur Sphinx*, München 1996.

Brunton, Paul: *Geheimnisvolles Ägypten*, Zürich 1951.

Collins, Andrew: *Beneath the Pyramids*, Virginia Beach, Virginia, USA, 2009.

Daucher, Kurt: »Wie sich die ägyptischen Könige als Regenzauberer betätigt haben«, in *Oberösterreichische Nachrichten*, Linz, 15. Februar 2012.

Dunn, Christopher: *The Giza Power Plant – Technologies of Ancient Egypt*, 1998, Rochester 1998, Vermont, USA.

Edgar, John und Edgar, Morton: *The Great Pyramid Passages and Chambers*, Glasgow 1910.

El Gayar, El Sayed und M. P. Jones: »Metallurgical investigation of an iron plate found in 1837 in the Great Pyramid at Gizeh, Egypt«, in: *Journal of the Historical Metallurgy Society*, Vol. 23, Nr. 2, 1989, Tunbridge Wells, Kent, UK.

Erdmann, Stefan und Helsing, Jan van: *Die Jahrtausendlüge – Auf der Spur des Pyramidenrätsels*, Fichtenau 2008.

Görlitz, Dominique und Erdmann, Stefan: *Das Cheops-Projekt*, Rottenburg 2015.

Goyon, Georges: *Die Cheopspyramide – Geheimnis und Geschichte*, Bergisch-Gladbach 1990.

Grant, Michael/ Hazel, John: *Lexikon der antiken Mythen und Gestalten*, München 1973.

Haase, Michael: »Brennpunkt Giza – Die Schachtsysteme der Cheops-Pyramide«, in *Sokar*, Nr. 5, Berlin 2002.

Haase, Michael: *Das Rätsel des Cheops*, München 1998.

Haase, Michael: »Der Serviceschacht der Cheops-Pyramide«, in *Sokar*, Nr. 9, Berlin 2004.

Habeck, Reinhard (Hg.): *Erich von Dänikens Geflügelte Worte*, Rottenburg 2015.

Habeck, Reinhard: *Götter & Mysterien im alten Ägypten*, Wien 2001.

Habeck, Reinhard: *Texte, die es nicht geben dürfte*, Wien 2011.

Habeck, Reinhard: *Wesen, die es nicht geben dürfte*, Wien 2012.

Hancock, Graham und Hancock, Santha: *Spiegel des Himmels*, München 1998.

Helck, Wolfgang und Otto, Eberhard: *Kleines Wörterbuch der Aegyptologie*, Wiesbaden 1970.

Helck, Wolfgang: »Untersuchungen zu Manetho und den ägyptischen Königslisten«, Band 18 der Reihe *Untersuchungen zur Geschichte und Altertumskunde Aegyptens*, Berlin 1956.

Hoffmann, Lars (Hg.): *Herodot – Neun Bücher zur Geschichte*, Wiesbaden 2007.

Ions, Veronica: *Ägyptische Mythologie*, Klagenfurt 1968.

Kamel, Adel (Hg): »Giza«, in *Kemet – Die Zeitschrift für Ägyptenfreunde*, Jahrgang 19, Heft 2, Berlin 2010.

Krämer, Friedhelm: »Neuer Mini-Roboter erforscht Cheops-Pyramide«, in: *Highway zu den Sternen!*, Tagungsband der A.A.S – Forschungsgesellschaft für Archäologie, Astronautik und SETI in Leipzig 2020, Groß-Gerau 2021.

Krassa, Peter und Habeck, Reinhard: *Das Licht der Pharaonen*, München 1992.

Langbein, Walter-Jörg: *Bevor die Sintflut kam*, München 1996.

Lanta, Harald: »Die ›Waldhauser-Theorie‹ – und wie weiter?«, in: *Synesis-Magazin*, Nr. 1, München 2016.

Lehner, Mark: *The Complete Pyramids*, London 1997.

Lemesurier, Peter: *Geheimcode Cheops*, Freiburg i. Br. 1978.

Paganini, Rico und Risi, Armin: *Die Giza-Mauer und der Kampf um das Vermächtnis der alten Hochkulturen*, Neuhausen 2005.

Perring, John S.: *The Pyramids of Gizeh*, London 1839–1842.

Posener, Georges (Hg.): *Knaurs Lexikon der ägyptischen Kultur*, München-Zürich 1960.

Reisner, George Andrew: *A History of the Giza Necropolis*, Vol. I–II, Cambridge, MA, 1942–1955.

Rétyi, Andreas von: *Geheimakte Gizeh-Plateau*, Rottenburg 2005.

Schoch, Robert M. und Bauval, Robert: *Die Ursprünge der Sphinx*, Groß-Gerau 2019.

Semsek, Hans-Günter: *Ägypten und Sinai – Pharaonische Tempel und islamische Traditionen*, Ostfildern 2008.

Siliotti, Alberto und Hawass, Zahi: *Ägyptische Pyramiden – Monumente für die Ewigkeit*, Köln 2004.

Spörri, Gregor: *Lost God – Das Jüngste Gericht*, Magden 2017.

Stadelmann, Rainer: *Die ägyptischen Pyramiden – Vom Ziegelbau zum Weltwunder*, Mainz 1991.

Tompkins, Peter: *Cheops – Die Geheimnisse der Großen Pyramide*, Bern-München 1973.

Vyse, Howard: *Operations carried out on the Pyramids of Gizeh*, 3 Bände, London 1840–1842.

Waldhauser, Hermann: *Regenzauber der Pharaonen*, Behamberg 1976.

Yoshimura, Sakuji; Tonouchi, Shioji; Nakagawa, Takeshi und Seki, Kazuaki: *Non-Destructive Pyramid Investigation – By Electromagnetic Wave Method*, Waseda University, Tokyo 1987.

Persönliche Mitteilungen:

Rétyi, Andreas von, E-Mail v. 7. Juni und 23. August 2021, Coburg-Wien.

Friedhelm Krämer, E-Mail v. 5. September 2021, Mühlheim-Ruhr-Wien.

Bernd Rosenbaum, E-Mail v. 2. September 2018, Reutlingen-Wien.

Gregor Spörri, E-Mail v. 27. u. 28. August 2021, Magden-Wien.

Prof. Dr. Ahmed Osman, E-Mail v. 16. u. 17. September 2021, Kairo-Wien.

Internetrecherche (Stand September 2021):

http://patternsofevidence.de/blog/2018/02/12/abgetrennte-haende-in-avaris-entdeckt/

http://pyramidengeheimnisse.de/

http://www.richardgabriel.info/back2nc2.html

http://www.scanpyramids.org/

http://www.twitrer.com/ruinen-des-geschaftigen-hafen-in-agypten-die-pyramiden-von-gizeh-ausgegraben/

https://atlantisforschung.de/

https://commons.wikimedia.org/wiki/Category:Images_by_John_and_Morton_Edgar_(1910)

https://de.wikipedia.org/wiki/Aegyptiaca_(Manetho)

https://de.wikipedia.org/wiki/Nephilim

https://de.wikipedia.org/wiki/Pyramiden_von_Gizeh

https://evol-forum.ch/giza/

https://gregorspoerri.com/

https://hores.org/

https://nefershapiland.de/Cheops-Pyramide.htm

https://terra-mystica.jimdofree.com/

https://www.abovetopsecret.com/forum/thread935208/pg1

https://www.academia.edu/24800879/Die_Dixon-Relikte_und_die_Geheimnisse_der_kleinen_Sch%C3%A4chte_der_Cheopspyramide

https://www.ancient-origins.net/unexplained-phenomena/giants-ancient-egypt-part-ii-physical-evidence-giant-characters-008745

https://www.andrewcollins.com/

https://www.cheops-pyramide.ch/

https://www.earthancients.com/

https://www.fischinger-blog.de/

https://www.focus.de/wissen/videos/epochale-suche-nach-wahrheit-existiert-unter-der-sphinx-eine-kammer-des-wissens_id_5364188.html

https://www.freenet.de/nachrichten/wissenschaft/hawass-bestaetigt-hoehlensystem-unter-gizeh_1208060_4702462.html

https://www.grenzwissenschaft-aktuell.de/grosse-pyramide-von-gizeh-konzentriert-elektromagnetische-energie-in-ihren-kammern20180801/

https://www.grenzwissenschaft-aktuell.de/neue-scans-bestaetigen-grossen-hohlraum-und-unbekannten-korridor-in-der-cheops-pyramide20191126/

https://www.news.uzh.ch/de/articles/2017/gigantischer-pharao.html

https://www.newscientist.com/article/mg21028144-500-first-images-from-great-pyramids-chamber-of-secrets/

https://www.pravda-tv.com/2021/01/die-grosse-pyramide-von-gizeh-eine-alte-energiemaschine-wie-das-tesla-kraftwerk-videos/

https://www.sickleoftruthblog.com/2017/04/24/the-great-pyramid-part-18/

https://www.smithsonianmag.com/travel/inside-the-great-pyramid-75164298/

https://www.spektrum.de/news/einer-der-drei-funde-aus-der-cheops-pyramide-aufgetaucht/1810325

https://www.spiegel.de/kultur/fluch-des-pharao-a-cd94c68b-0002-0001-0000-000045562763

https://www.tum.de/nc/die-tum/aktuelles/pressemitteilungen/details/36733/

https://www.wissenschaft.de/geschichte-archaeologie/ueberraschung-in-der-cheops-pyramide/

Kontakt und Besichtigung:

Gizeh-Plateau und Pyramiden

Tägliche Öffnungszeiten. Tickets zum Gelände mit Innenbesichtigung der Pyramiden gibt es oberhalb des Mena-House-Hotels; wer die Tour auf das Gizeh-Plateau beschränkt, findet vor der Sphinx-Skulptur einen zweiten Eingang. Es ist möglich, bei der Altertümerverwaltung gegen eine Gebühr eine Erlaubnis für außerordentliche Besichtigungen außerhalb der offiziellen Öffnungszeiten zu erwerben.

Exklusive Angebote

Wer eine mystische Nacht in der Cheops-Pyramide verbringen will oder in den Osiris-Schacht hinabsteigen möchte, findet für diese einmaligen Erlebnisse exklusive Angebote bei den Reiseveranstaltern Kopp & Spangler (Rottenburg) und Lilly-Reisen (Berlin).

Kopp & Spangler oHG
Bertha-Benz-Straße 10
D- 72108 Rottenburg
E-Mail: *info@kopp-spangler.de* *https://www.kopp-spangler.de*

Lilly Reisen GmbH
Detmolder Straße 67
D- 10715 Berlin
E-Mail: *info@lilly-reisen.de* *https://lilly-reisen.de/*

Teil 3: **Untergrund-Mysterien nah und fern**

Hades und das Höllenreich von Kampanien

Bücher und Zeitschriften:

Bagnoli, Pierluigi Sanfelice di: *San Gennaro*, Neapel 2007.

Barrella, Giovanni: *Il Santuario di San Gennaro alla Solfatara il restauro dei dipinti*, Neapel 2010.

Bellinger, Gerhard J.: *Lexikon der Mythologie*, Augsburg 1996.

Brown, Dan: *Inferno*, Köln 2013.

Converso, Claudia: *Die Phlegräischen Felder*, Mailand ohne Jahresangabe.

Dante Alighieri: *Die Göttliche Komödie*, Klagenfurt 1975.

Flaum, Eric und Pandy, David (Hg.): *Enzyklopädie der Mythologie*, Essen 1995.

Grant, Michael und Hazel, John: *Lexikon der antiken Mythen und Gestalten*, München 1973.

Guzzo, Pier Giovanni und D'Ambrosio, Antonio: *Pompeji – Führer durch die Ausgrabungen*, Neapel 2010.

Heudorf, Frank: »Der Hades in Kampanien«, in *Der Erdstall*, Nr. 46. Neukirchen-Balbini 2020.

Leonhard, Kurt: *Dante Alighieri*, Reinbek bei Hamburg 1991.

Lurker, Manfred: *Wörterbuch der Symbolik*, Stuttgart 1991.

Maiuri, Amedeo: *Die Altertümer der phlegräischen Felder*, Rom 1983.

Minois, Georges: *Die Hölle – Kleine Kulturgeschichte der Unterwelt*, Freiburg i. Br. 2000.

Paget, Robert F.: *In the Footsteps of Orpheus*, London 1967.

Schlüter, Andreas und Amann, Peter: *Golf von Neapel*, Baedeker Reiseführer, Ostfildern 2010.

Temple, Robert K. G.: *Götter, Orakel und Visionen*, Frankfurt am Main 1982.

Vorgrimler, Herbert: *Geschichte der Hölle*, München 1994.

Persönliche Mitteilung:

Heudorf, Frank, Butzbach-Wien, E-Mail v. 27. September 2021.

Internetrecherche (Stand September 2021):

http://www.faz.net/aktuell/gesellschaft/reliquien-und-heilige-wunder-gibt-es-in-neapel-immer-wieder-12924474.html http://www.vulkane.net/

http://www.welt.de/wissenschaft/article110455449/Neapel-droht-Zerstoerung-durch-Supervulkan.html

https://de.wikipedia.org/wiki/Abstieg_Christi_in_die_Unterwelt

https://de.wikipedia.org/wiki/G%C3%B6ttliche_Kom%C3%B6die

https://napolitrip.com/2020/06/14/die-ausgrabungen-von-cumae/

https://oracleofthedead.com/

https://religion.orf.at/stories/3203634/

https://www.reise-nach-italien.de/solfatara.html

https://www.smithsonianmag.com/history/the-unsolved-mystery-of-the-tunnels-at-baiae-56267963/

https://www.spiegel.de/kultur/eingang-entdeckt-a-a2ceacef-0002-0001-0000-000046162751

Kontakt und Besichtigung:

Vulkan Solfataro und Campi flegrei
Adresse: Via Solfatara 161, 80078 Pozzuoli (Neapel), Italien
E-Mail: *info@solfatara.it*
http://www.solfatara.it/

Katakombe des Heiligen Gennaro
Adresse: Via Capodimonte 13, Eingang neben der Basilica del Buon Consiglio, 80136 Neapel, Italien
https://www.catacombedinapoli.it/
https://www.portanapoli.de/neapel/katakomben-des-san-gennaro

Die Orakelstätte der Sibylle von Cumae
Adresse: Parco Archeologico di Cuma, Via Monte di Cuma 1, 80078 Pozzuoli (Neapel), Italien
E-Mail: *pa-fleg@beniculturali.it*
http://www.pafleg.it/it/4388/localit/57/parco-archeologico-di-cuma
https://de.napolike.com/turismo/come-arrivare-a-cuma/

Der Averner See und die Cocceio Grotte
http://www.pafleg.it/it/4383/lago-d-averno
http://www.pafleg.it/it/4388/localit/71/grotta-di-cocceio

Archäologische Ausgrabungen in Baia
Adresse: Parco Archeologico delle Terme di Baia, Via sella di Baia 22, Bacoli, Neapel, Italien
E-Mail: *pa-fleg@beniculturali.it*
https://www.coopculture.it/it/poi/parco-archeologico-delle-terme-di-baia/

Die Grotten der Nuraghen und die Pyramide von Accoddi

Bücher und Zeitschriften:

Atzeni, Alessandro; Garau, Sandro und Mura, Tonino: *Manuale di Archeoastronomia in Sardegna*, Cagliari 2018.

Casula, Francesco C.: *Die Geschichte Sardiniens*, Pescia 2019.

Demartis, Giovanni M.: *Gypogäische Nekropole von Anghelu Ruju*, Viterbo 1999.

Hunger, Herbert: *Lexikon der griechischen und römischen Mythologie*, Reinbek bei Hamburg 1974.

Lebeuf, Arnold: »Nuraghic Well of Santa Cristina, Paulilatino, Oristano, Sardinia«, in: *Handbook of Archaeoastronomy and Ethnoastronomy*, 2015, New York (NY), USA.

Melis, Paolo: *Nuraghenkultur*, Sassari 2003.

Melis, Paolo: *Prehistoric Sardinia*, Sassari 2018.

Moravetti, Alberto: *Der nuraghische Komplex von Palmavera*, Sassari 1992.

Pauli, Rainer: *Sardinien – Geschichte, Kultur, Landschaft*, Köln 1978.

Pörtner, Rudolf und Niemeyer, Hans Georg (Hg.): *Die großen Abenteuer der Archäologie*, 10 Bände, Salzburg 1981–1987.

Sanciu, Giulia: *Oniferi. La necropoli ipogeica di Sas Concas*, Sassari 2018.

Sautner, Reinhold: *Lexikon der Mythologie*, Salzburg 1982.

Zedda, Mauro und Belmonte, Juan Antonio: »On the Orientations of Sardinian Nuraghes: Some Clues to Their Interpretation«, in: *Journal of the History of Astronomy*, Vol. 35, Erstveröffentlichung 1. Feb. 2004, Newbury Park (CA), USA.

Zedda, Mauro: *I nuraghi tra archeologia e astronomia*, Cagliari 2004.

Internetrecherche (Stand September 2021):

http://www.ciaosardinia.com/deu/sardinien/archaeologie/die-nuraghen

http://www.kreta-umweltforum.de/Merkblaetter/210-07%20-%20Grosse%20Labyrinth-Hoehle.pdf

http://www.labyrinthos.ch/Plaene.html

http://www.maajournal.com/

https://astrokramkiste.de/plejaden

https://de.wikipedia.org/wiki/Nuraghe

https://www.academia.edu/39184910/TOPOGRAPHICAL_AND_ASTRONOMICAL_ANALYSIS_ON_THE_NEOLITHIC_ALTAR_OF_MONTE_DACCODDI_IN_SARDINIA

https://www.ancient-origins.net/ancient-places-europe/monte-daccoddi-0012802

https://www.cretanbeaches.com/de/h%C3%B6hlen/gro%C3%9Fe-labyrinth-h%C3%B6hle

https://www.derstandard.at/story/2000052563718/sarden-sind-genetisch-sehr-spezielle-inselbewohner

https://www.duepassinelmistero2.com/studi-e-ricerche/arte/italia/sardegna/

https://www.pierluigitombetti.com/una-piramide-babilonese-in-sardegna/

https://www.spiegel.de/wissenschaft/technik/sagenhaftes-ungeheuer-wo-der-schreckliche-minotaurus-wirklich-hauste-a-658413.html

http://www.prehistory.it/ftp/proto-storia/archeo-astr_sarda/archeo-astr_sarda5.htm

https://www.sardinia4all.de/monte-d-accoddi-sassari-sardinien

Kontakt und Besichtigung:

Museo Archeologico Nazionale di Cagliari
Adresse: Piazza Arsenale 1, 09124 Cagliari (CA), Italien
E-Mail: *man-ca@beniculturali.it*
https://museoarcheocagliari.beniculturali.it/

Brunnenheiligtum Santa Christina
Adresse: Parco Archeologico Naturalistico di Santa Cristina,
09070 Paulilatino (OR), Italien
E-Mail: *info@pozzosantacristina.com*
https://www.pozzosantacristina.com/en/

Pyramidenaltar Monte d'Accoddi
Adresse: SV Monte d'Accoddi, I-07100 Sassari (SS), Italien
https://web.archive.org/web/20160507233509/http://www.turismosassari.it/it/esplora-it/arte-e-cultura/item/380-monte-d-accoddi-un-altare-preistorico-unico-nel-mediterraneo.html

Nekropole von Anghelu Ruju
Adresse: SP 42 dei Due Mari, 07041 Alghero (SS), Italien
https://www.sardegnaturismo.it/de/entdecken/gebiet-der-nekropole-von-anghelu-ruju

Nuraghe Palmavera (Beispiel)
Adresse: SS 127 bis Alghero, dann Richtung Capo Caccia, 07041 Alghero (SS), Italien
https://www.triphobo.com/places/alghero-italy/nuraghe-di-palmavera

Gigantengrab Li Lolghi (Beispiel)
Adresse: Strada di Li Lolghi, 07021 Arzachena (SS), Italien
E-Mail: *archeologia@gesecoarzachena.it*
https://www.gesecoarzachena.it/?page_id=1548

Minotaurus-Höhle auf Kreta
Adresse: Moires 700 12, 3 Kilometer nordwestlich von Gortyn
(Kretas Hauptstadt in der Römerzeit), Griechenland

Hinweis: Die Labyrinth-Höhle ist im Innenbereich aus Sicherheitsgründen für Touristen gesperrt. 500 Meter weiter nördlich liegt eine weitere Höhle, genannt »Kleine Labyrinth-Höhle«, die gefahrlos zu betreten ist. Zu ihr führt ein kilometerlanger beschilderter Weg, der südwestlich von der Straße zwischen Plouti und Moroni (Gemeinde Zaros) abzweigt.

https://www.crete.pl/de/jaskinia/labyrinthaki-i-labyrinthos.html

Die »Traumfrau« aus dem Hypogäum von Hal-Saflieni

Bücher und Zeitschriften:

Boulton, Susie: *Thomas Cook Reiseführer – Malta & Gozo*, München 1997.

Latzke, Hans E.: *Malta*, Köln 1996.

McMann, Jean: *Rätsel der Steinzeit, Zauberzeichen und Symbole*, Augsburg 1990.

Zaglitsch, Hans und O'Bryan, Linda: *Malta – Kunst und Kultur*, Wien 2005.

Internetrecherche (Stand September 2021):

https://at.wikinew.wiki/wiki/%C4%A6al_Saflieni_Hypogeum

https://www.spiegel.de/reise/staedte/malta-fat-ladys-im-heiligtum-a-143939.html

http://reise-geheimtipp.de/malta-urlaub/hypogaeum-hal-saflieni-malta-geheimtipp/

Kontakt und Besichtigung:

Das Hypogäum von Hal-Saflieni
Adresse: Triq Ic Cimiterju Raħal Ġdid (PLA) 1116, Malta
https://heritagemalta.org/hal-saflieni-hypogeum/

Archäologisches Nationalmuseum von Malta
Adresse: Republic St, Valletta (VLT) 1112, Malta
E-Mail: *info@heritagemalta.org*
https://heritagemalta.org/national-museum-of-archaeology/

Südanatoliens Untergrund-Städte und Vorzeit-Bunker

Bücher und Zeitschriften:

Ceram, C. W.: *Entdeckung des Hethiter Reiches*, Klagenfurt 1955.

Däniken, Erich von: *Neue Erkenntnisse – Beweise für einen Besuch von Außerirdischen in vorgeschichtlicher Zeit*, Rottenburg 2018.

Demir, Ömer: *Derinkuyu – Berceau de L'Histoire*, Istanbul 1975.

Demir, Ömer: *Kappadokien – Wiege der Kultur*, Ankara 1993.

Genzmer, Herbert und Hellenbrand, Ulrich: *Rätsel der Menschheit*, UK, Bath 2006.

Habeck, Reinhard: *Das Unerklärliche*, Wien 1997.

Rétyi, Andreas von: *Gefahr aus dem All*, Stuttgart 1992.

Warwick Bray und Trump, David: *Lexikon der Archäologie*, 2 Bände, Reinbek bei Hamburg 1975.

Internetrecherche (Stand September 2021):

http://www.mineral-exploration.de/mepub/kaymakli.pdf

https://www.alaturka.info/de/aktuelle-kulturereignisse/2922-tuerkische-forscher-finden-gigantische-unterirdische-stadt

https://www.fibhaber.com/turizm/omer-demir-in-olumu-kapadokya-yi-yasa-bogdu-h78600.html

https://www.fr.de/wissen/asteroid-nasa-erde-einschlag-simulation-esa-abwehr-planetare-verteidigung-90653993.html

https://www.ingenieur.de/technik/fachbereiche/raumfahrt/asteroid-bennu-einschlag-auf-der-erde-wahrscheinlicher-als-gedacht/

https://www.radio-utopie.de/2015/01/05/groesste-bisher-unbekannte-unterirdische-stadt-der-welt-nevsehir/

https://www.welt.de/reise/article147142893/Die-Stadt-die-ein-Mann-unter-seinem-Haus-fand.html

Kontakt und Besichtigung:

Höhlenstadt Derinkuyu
Adresse: Bayramli Mahallesi, Niğde Cd., 50700 Derinkuyu/Nevşehir, Türkei
https://www.triphobo.com/places/derinkuyu-turkey/derinkuyu-underground-city
https://muze.gov.tr/s3/MysFileLibrary/cbd66a65-27a7-4ff1-8a20-fcb3e4a7a650.pdf

Höhlenstadt Kaymakli
Adresse: 50760 Kaymaklı Belediyesi, Nevşehir Merkez, Nevşehir, Türkei
https://www.triphobo.com/places/nevsehir-turkey/kaymakli

Die Ratapignata-Höhle unter der Falicon-Pyramide

Bücher und Zeitschriften:

Charroux, Robert: *Die Meister der Welt*, Düsseldorf und Wien 1972.

Rossetti, Domenico: *La grotta di Monte Calvo*, Turin 1804.

Beoch, Henri: *La mystérieuse pyramide de Falicon*, éditions France-Empire, Paris 1976.

Habeck, Reinhard: *Ungelöste Rätsel*, Wien-Graz-Klagenfurt 2015.

Internetrecherche (Stand September 2021):

http://www.archeo-alpi-maritimi.com/pyramidedefalicon.php

http://www.ipaam.fr/

https://fr.wikipedia.org/wiki/Pyramide_de_Falicon_et_grotte_de_la_Ratapignata

Die Leuchtsteine der »12-Apostel-Zeche«

Bücher und Zeitschriften:

Kusch, Heinrich und Kusch, Ingrid: *Versiegelte Unterwelt*, Graz 2014.

Kusch, Heinrich und Kusch, Ingrid: *Geheime Unterwelt*, Graz 2021.

Habeck, Reinhard: *Überirdische Rätsel*, Wien-Graz-Klagenfurt 2016.

Habeck, Reinhard und Dona, Klaus: *Im Labyrinth des Unerklärlichen*, Rottenburg 2004.

Persönliche Mitteilung:

Scherer-Ottenfels, Dr. Arbeo-Wolfram: Klosterneuburg, 24. Juni 2016.

Internetrecherche (Stand September 2021):

https://www.meinbezirk.at/klosterneuburg/c-lokales/wundersame-klosterneuburger-unterwelt_a1603576

http://www.klosterneuburg1.at/5-Politik/03-Die%20historische-Vielfalt.html

Kontakt und Besichtigung:

Kellerlabyrinth »12-Apostel Zeche«
Adresse: Historische Keller der Familie Scherer-Ottenfels,
Stadtplatz 6, A- 3400 Klosterneuburg
E-Mail: *mgb@artibus.at*
https://artibus.at/

Im Kellerlabyrinth von Kronberg

Bücher und Zeitschriften:

Lukacs, Gabriele und Bouchal, Robert: *Das geheime Netz der Templer*, Wien-Graz-Klagenfurt 2010.

Volfing, Gerhard: *Auf den Spuren der Templer in Österreich*, Gnas 2001.

Lukacs, Gabriele: *Kraftorte im Weinviertel*, Wien-Graz-Klagenfurt 2012.

Lurker, Manfred: *Wörterbuch der Symbolik*, Stuttgart 1991.

Fiebag, Johannes und Fiebag, Peter: *Die Entdeckung des Grals*, München 1989.

Habeck, Reinhard: *Geheimnisvolles Österreich*, Wien 2005.

Habeck, Reinhard: *Überirdische Rätsel*, Wien-Graz-Klagenfurt 2016.

Bauch, Hermann: *Mein Kindheitstraum wurde wahr*, St. Pölten-Wien 1990.

Lukan, Karl: *Das Weinviertelbuch*, Wien 1992.

Persönliche Mitteilungen:

Prof. Hermann Bauch, Kronberg, 19. Januar 1991.

Hannes, Bauch, Kronberg, 12. April 2018, 18. Oktober 2020.

Internetrecherche (Stand September 2021):

https://www.ulrichskirchen-schleinbach.gv.at/Chronik_Kronberg

https://de.wikipedia.org/wiki/Schloss_Ulrichskirchen

Kontakt und Besichtigung:

Himmelkeller – Hermann Bauch Museum

Kontakt: Hannes Bauch, A- 2123 Kronberg 157
E-Mail: *office@himmelkeller.at* *http://www.himmelkeller.at/besuch-info/*

Bildnachweis

© Ing. Rudolf Gantenbrink: Seite 104 (rechts)
© Reinhard Habeck: Seite 20, 24, 46, 52, 58, 68, 71, 74, 75, 90, 93, 98, 100 (links), 104 (links), 108, 117 (unten), 127. 137, 143 (oben), 177, 178, 186, 189, 191, 203, 204, 205, 207, 208, 209, 227, 230, 234, 236, 239, 244, 245, 252
© Frank Heudorf: Seite 183, 185
© Historischer Verein für das Kirchberger Ländchen: Seite 40
© Gerhard Holischka: Seite 235
© Dr. Johann Köhldorfer: Seite 31
© Friedhelm Krämer: Seite 100 (rechts), 107, 113, 114, 117 (links), 132, 143 (unten), 145
© Dr. Heinrich Kusch: Seite 17, 79
© Sophie Lederk (im Jahr 1803): Seite 228
© Gabriele Lukacs: Seite 251
© Dr. Johanna Pötsch: Seite 50, 63
© Brigitte Pölzl: Seite 48, 49
© Elvira Schwarz: 22, 40, 73
© Shutterstock: Seite 34, 35 (1925069552) brandaohh; Seite 124, 125 (788284930) SAPhotog; Seite 174, 175 (1059109475) Versta,
© Thomas M. Waldmann Seite 193
© Wikimedia: Seite 102 Jon Bodsworth; Seite 119 John und Edgar Morten; Seite 124 Nobel Foundation; Seite 171 Cappo80; Seite 180 Peter Schmelzle; Seite 182 Ruthven; Seite 194 Marie-Lan Nguyen; Seite 195 Sailko; Seite 198 (links) Aga Khan (IT); (rechts) Cmussel; Seite 201 Mboesch; Seite 213 Hamelin de Guettelet; Seite 216 Jvdc; Seite 219 Nevit Dilmen
© Wikimedia gemeinfrei: Seite 29, 44, 139, 148, 167, 231

Farbbildteil

© Reinhard Habeck: Abb. 2, 3, 7, 8, 12, 13, 14, 17, 18, 19, 20, 22, 25, 27, 32, 33, 36,38, 39, 41, 42, 43
© Anton Fink: Abb. 1
© Frank Heudorf: Abb. 34, 35
© Gerhard Holischka: Abb. 10, 40
© Friedhelm Krämer: Abb. 15, 16, 21, 28, 29
© Dr. Heinrich Kusch: Abb. 11
© Brigitte Pölzl: Abb. 6
© Dr. Johanna Pötsch: Abb. 5, 9
© Gregor Spörri: Abb. 23, 24, 30
© Thomas M. Waldmann: Abb. 37
© Wikimedia: Abb. 4 Thilo Parg; Abb. 31 Wikimedia Verity
© Wikimedia gemeinfrei: Abb. 26